世界著名计算机教材精选

数字图像处理基础

Wilhelm Burger
Mark J. Burge 著
金　名　等译

清华大学出版社
北　京

图书在版编目(CIP)数据

数字图像处理基础/(德)伯格(Burger,W.)，(德)伯奇(Burge,M.J.)著；金名等译. —北京：清华大学出版社，2015(2023.1 重印)
(世界著名计算机教材精选)
书名原文：Principles of digital image processing：fundamental techniques
ISBN 978-7-302-38855-5

Ⅰ.①数…　Ⅱ.①伯…②伯…③金…　Ⅲ.①数字图像处理—教材　Ⅳ.①TP391.41

中国版本图书馆 CIP 数据核字(2015)第 004348 号

责任编辑：龙启铭
封面设计：何凤霞
责任校对：梁　毅
责任印制：朱雨萌

出版发行：清华大学出版社
　　网　　址：http://www.tup.com.cn，http://www.wqbook.com
　　地　　址：北京清华大学学研大厦 A 座　　**邮　　编**：100084
　　社 总 机：010-83470000　　**邮　　购**：010-62786544
　　投稿与读者服务：010-62776969，c-service@tup.tsinghua.edu.cn
　　质量反馈：010-62772015，zhiliang@tup.tsinghua.edu.cn
　　课件下载：http://www.tup.com.cn,010-83470236
印 装 者：涿州市般润文化传播有限公司
经　　销：全国新华书店
开　　本：185mm×260mm　　**印　　张**：12.75　　**字　　数**：317 千字
版　　次：2015 年 2 月第 1 版　　**印　　次**：2023 年 1 月第 8 次印刷
定　　价：39.00 元

产品编号：038329-02

译 者 序

互联网时代的到来，一般用户可以产生出大量的图像，并需要对这些图像进行必要的处理，使得数字图像处理变得与文字处理一样普及。这些发展使得一般用户也要求对数字图像处理基本技术进行初步了解，以便能够有效地进行数字图像的处理。

本书就是针对这种情况而编写的。本书不仅注重实际应用与实现，还给出了重要的公式和数学知识，以便深入理解相关算法。对于每个主题，本书从3个不同角度对问题进行分析：

(1) 以数学形式；

(2) 以抽象的伪代码算法；

(3) 实际编程语言的完整实现，从而得出解决方法。

本书由金名、张长富主译，蔡建章、李匀、张建安、邓铁洪、徐君、李强、蒋恩俊、杨文保、李强、苏辛、周成兴、魏敬安、朱建波、徐志平、赵杰辉、傅祎、郭碧莲、郭洵、洪晓煜、黄宣达、江松波、柯渝、赖曲芳、廖阳、刘文红、李伟、郭涛、高磊、王振营、冯哲、韩毅、马以辉、李腾、邓卫、邓凡平、周云、董武、郑晓蕊、陈占军、倪泳智、黄虹、吕巧珍、裘蕾、金颖、陈河南、王嘉佳、吴建伟、宋雁、贺军等人也参与了本书的翻译工作，在此一并表示感谢！限于译者水平，错误和遗漏之处，敬请读者批评指导。

前　　言

本书对数字图像处理进行了较新的算法介绍。本书不仅适用于那些希望得到坚实基础的初学者，而且考虑到了那些希望了解重要技术的关键分析和现代应用的从业人员。

学习一门新语言的一种方法是，掌握其核心词汇，并立即开始使用它。首先，你可能只知道如何问路、订购咖啡等，但一旦你掌握了其核心内容，就可以开始使用其他更多内容，并迅速掌握如何使用。这种逐步提高的方法，在科学与工程领域也同样适用。

数学、算法与"真实"代码

本书在关注实际应用与实现时，并没有忽略重要的公式和数学知识，以便深入理解本书所给出的算法。在准备编写本书时，我们的目标就很明确，只是编写一本图像处理的技术用书，而不是为了深入理解，以便把这些技术应用于问题的求解。

本书从3个不同角度来实现问题的解决方法(数学形式、抽象的伪代码算法以及实际编程语言的完整实现)，全书都是从这3个角度来分析问题，从而给出理解问题的多个不同但相关联的角度，并给出其解决方法。

软件

本书的所有实现都是基于Java和ImageJ的。ImageJ是一个广泛应用的、可扩展编程的图像软件系统，由德国国家卫生总局(NIH)[①]的Wayne Rasband进行开发、维护和发布。ImageJ完全用Java语言来实现，因此它可以在所有的主流平台上运行。它被广泛应用的另外一个原因是，它基于插件的结构使得它能够很容易地进行扩展。尽管本书中的所有示例都是基于ImageJ的，但都是经过精心设计的，因此可以很容易地移植到其他的环境和程序语言中。

本书选择Java作为实现语言，是因为它是一种优秀的语言，很多计算机专业的学生都熟悉该语言，且比通常想象的要更高效。虽然在大量处理光栅图像时，Java不是最快的语言环境，但它有很多优点，如动态数据结构、编译时调试等。然而，需要注意的是，本书使用Java语言，纯粹是作为一种教学工具，本书的任何内容，都可以很容易用其他现代编程语言来实现。尽管本书对Java与ImageJ进行了介绍，但毕竟本书不是Java程序设计的教材，也不是ImageJ的参考指南。

---

① http://rsb.info.nih.gov/ij/。

其他在线资源

作者为本书维护了一个网站，提供了一些辅助材料，包括本书示例的完整 Java 源代码，本书插图中使用到的测试图像以及本书的勘误，网址是：

www.imagingbook.com

此外，还为使用本书的教师提供了其他一些材料，包括本书的全部插图、表格、数学公式等，方便教师上课展示之用。欢迎把对本书的评价、问题和勘误发送邮件到如下地址：

imagingbook@gmail.com

致谢

没有家庭的理解和支持，本书不可能面世。感谢 NIH 的 Wayne Rasband 开发了 ImageJ，并在用户社区给予的指导和支持。感谢很多认真的读者给予了很多建议和帮助。最后，感谢 Wayne Wheeler 策划了本书，感谢 Springer 的 UK 和 New York 办公室的 Catherine Brett 和她的同事给予的专业支持。

目　　录

第 1 章　数 字 图 像

在过去的很长一段时间里，只有少数能够接触到昂贵设备的专业人员才有机会使用计算机操作数字图像(即数字图像处理)。这种专业人员与设备通常只会出现在一些研究型实验室，因此数字图像处理技术起源于学术领域。如今，台式计算机的处理能力已日益增强，而且几乎每个人都具有一些获取数字图像的设备，例如手机摄像头、数码相机、扫描仪。这些设备产生了大量的数字图像，使得数字图像处理变得与文字处理一样普及。

多年前，将一张照片数字化并以文件的形式存储在计算机中，是一项很费时的工作。这在如今拥有强大的硬件和支持各种类型数字媒体的操作系统的条件下，可能是难以想象的。但我们可以清楚地记得：20 世纪 90 年代初期，个人计算机还不够强大，甚至无法将现在典型数码相机拍摄的一幅图像加载进内存。而如今功能强大的硬件和软件包使得业余人士也能够像专业人士那样轻松地操作数字图像和视频。

这些发展使得一大批只对数字图像处理基本技术有初步了解的人，能够卓有成效地从事与数字图像相关的工作。就像成功地驾驶汽车并不需要对内燃机有深入的理解一样，对于那些仅仅想用假期里的照片来创建数字文档的一般消费者来说，也不需要对图像处理技术有深层次的理解。

如今，IT 专业人员不能局限于简单地熟悉数字图像处理过程，而是要能够有理论深度地操作图像及相关的数字媒体。在医学和媒体以及其他所有领域的工作中，这已经成为工作流程中越来越重要的一环。同样，软件工程师和计算机科学家在开发程序、数据库以及相关系统时，也越来越多地面临需要正确处理数字图像的情况。对图像处理实际经验的缺乏，加之对基础理论理解的模糊，以及对问题难度的低估，常使解决方案的效率低，甚至出现严重错误，使得我们对图像处理失去信心。

1.1　图像编程

尽管术语“图像处理”和“图像编辑”经常可以交换使用，但还是要引入下面更加精确的定义。数字图像编辑是指用已有的软件(如 Photoshop、Corel Paint)来操作数字图像；而数字图像处理是指数字图像处理程序的概念、设计、开发以及改进。

现代编程环境以及它们所提供的大量 API(应用程序接口)，使非专业人员也可以轻松获得几乎所有方面的计算处理功能，例如网络、数据库、图形、声音或者成像。开发一款能够深入处理图像，处理其内部单个元素的程序是很吸引人的。在正确的理论知识指导下，一幅图像最终会变为一个简单的数值矩阵；利用合适的工具，可以对它做任何想要的操作。

相对于数字图像处理，计算机图形学致力于从诸如三维模型之类的几何描述中合成数字图像。尽管图形学专家感兴趣的工作是虚拟现实场景，特别是计算机游戏中的快速渲染，该领域仍使用了大量源自图像处理的方法，比如图像变换（变形），从图像数据完成三维模型重建，以及基于图像的非真实渲染等专业技术。同样，图像处理也利用了许多源自于计算几何和计算机图形学的思想，例如，医学图像处理中的身体模型。这两个领域可能在进行电影或视频的后期数字制作、创建特效时最为接近。本书将全面介绍图像和图像序列（即视频）的有效处理方法。

数字图像是本书的核心主题，与多年前不同，数字图像这个术语在当今已被普遍使用，因此没有必要再去深入地解释它。然而，本书并非针对所有数字图像类型，而是将注意力集中在那些由排列在规则矩形网格上的图像元素（通常称为像素）构成的图像上。

人们每天都会接触到各种各样的数字图像，例如人物和风景的彩色照片、打印文档的灰度扫描、建筑平面图、传真的文档、屏幕截图、诸如 X 射线和超声波之类的医学图像等（见图 1.1）。不论这些图像源自哪里，它们最终会以图像元素构成的矩形有序阵列的形式呈现。

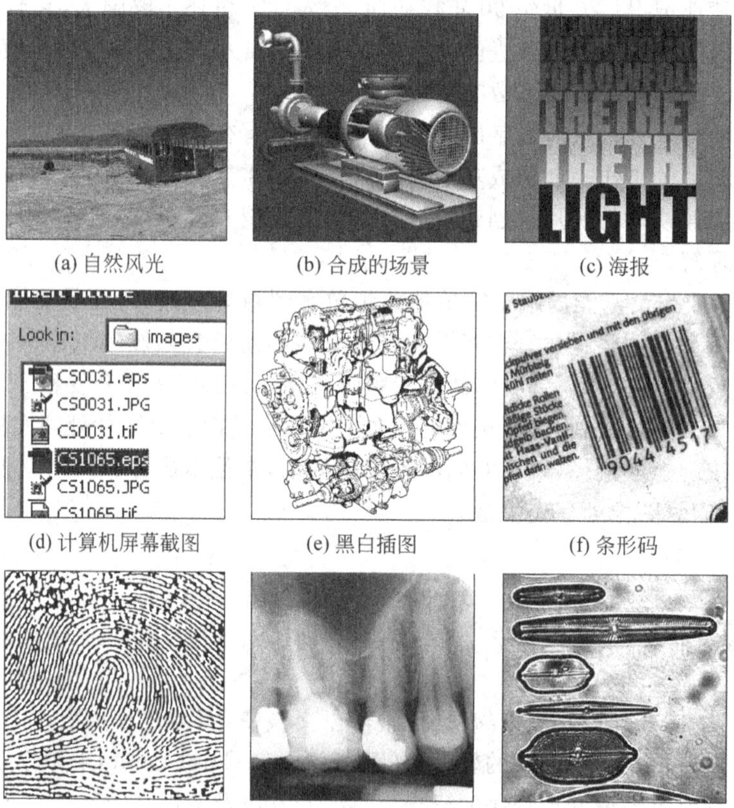

(a) 自然风光 (b) 合成的场景 (c) 海报
(d) 计算机屏幕截图 (e) 黑白插图 (f) 条形码
(g) 指纹 (h) X射线 (i) 显微镜幻灯片

图 1.1 数字图像

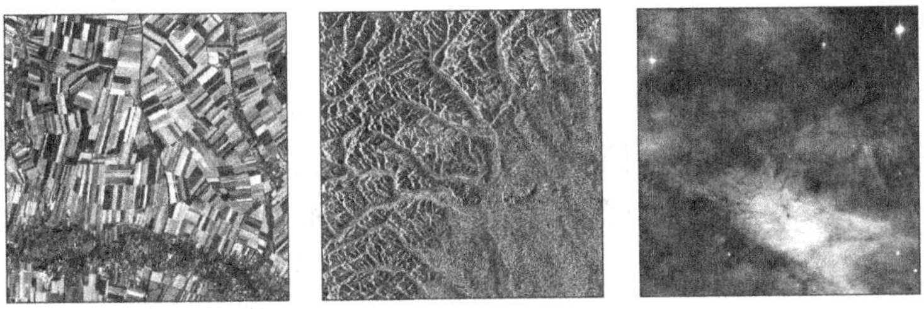

(j) 卫星图像　(k) 雷达图像　(l) 天文目标

图 1.1 （续）

1.2　图像获取

把真实场景变为数字图像的过程是复杂多样的，而且在大多数情况下所处理的图像已经是数字格式的，因此在这里只略述这个过程中的核心步骤。因为大多数图像获取方法在本质上都是基于典型光学照相机的变体，所以这里将从详细考察光学照相机的成像过程开始。

1.2.1　针孔照相机模型

从 13 世纪起，针孔照相机作为最简单的照相机模型被广泛使用，那时称它为“奥布斯古拉照相机”。除一些摄影爱好者外，现在已经没有人再用它了，但是针孔照相机模型对于理解简单照相机的核心光学组件仍然是十分有用的。

针孔照相机由一个密闭的盒子组成，在前侧面板上有一个小孔，光线透过这个孔在后侧面板上形成场景的缩小反转的像（见图 1.2）。

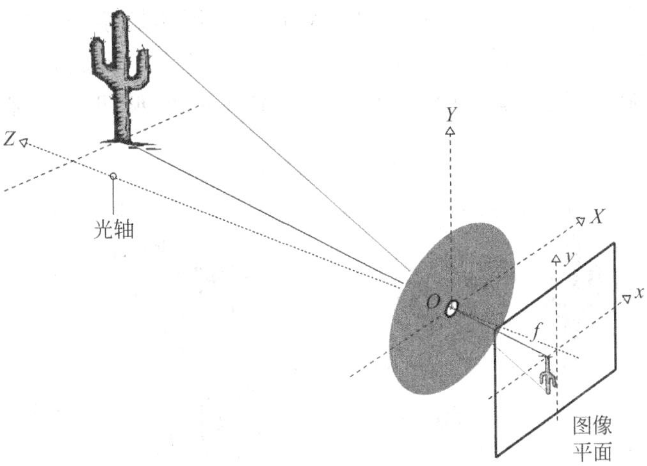

图 1.2　针孔照相机几何关系。以针孔作为场景所在的三维坐标系 (X,Y,Z) 的原点 (O)，通过针孔的光轴作为 Z 轴。用一个单独的二维坐标系 (x,y) 来描述像平面上的投影点。针孔和像平面间的距离 f（焦距）决定投影的比例

透视变换

针孔照相机的几何性质十分简单，光轴穿过针孔垂直交于图像平面。假设一个可见目标(如图1.2中的仙人掌)位于与针孔水平距离为Z、与光轴垂直距离为Y的位置，它的投影的高度y取决于两个参数：照相机盒子的固定深度f和坐标系原点与目标之间的距离Z。通过比较，

$$y=-f\frac{Y}{Z} \quad 和 \quad x=-f\frac{X}{Z} \tag{1.1}$$

随着图像的比例而变化，且与盒子的深度即f成正比，这与日常照相机焦距变化相似。对于一幅固定尺寸的图像，小的f(即短焦距)会产生较小的像和较大的视角，就像使用了广角镜头一样；而增加焦距f会产生较大的像和较小的视角，正如使用了远距镜头的效果。式(1.1)中的负号代表投影图像在水平方向和垂直方向经过了反转并且旋转了180°。式(1.1)描述了今天普遍认可的投影变换关系。难以想象的是，古代数学家所掌握的透视几何规则直到1430年才被文艺复兴时期的画家Brunelleschi重新发现，这个理论模型的两个重要性质是3D空间中的直线总是投影为2D直线，而3D空间中的圆投影为椭圆。

1.2.2 薄透镜

尽管针孔照相机的简单几何关系对于理解其基本原理很有用，但它从未被实际使用过。其中一个原因就是针孔照相机要求一个非常小的孔以形成清晰锐利的图像，因此就减少了光线的通量，从而导致需要极长的曝光时间。在实际中，是使用玻璃透镜或者光学透镜系统来代替针孔，它们具有多方面的优越性，但同时也复杂得多。用图1.3所示的“薄透镜”代替针孔，可以使模型更加现实并且不会过分地增加复杂度。在这个模型中，透镜被假设成是对称且无限薄的，使得所有通过它的光线都横穿透镜中间的一个虚拟平面，成像的几何关系与针孔照相机相同。这个模型还没有充分复杂到包含实际透镜系统的物理细节，例如几何失真和对不同颜色的不同折射特性，所以这个模型只是为了满足我们的目的(也就是理解图像获取的机制)。这些附加复杂的、更加细致的模型可以在有关文献(例如文献[24])中找到。

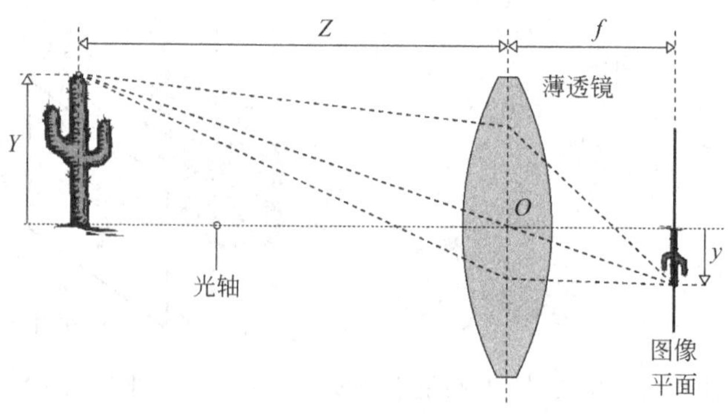

图1.3 薄透镜模型

1.2.3 数字化

投影在照相机像平面上的图像,本质上是一种二维的、与时间相关的、连续分布的光能量。为了把这种图像转换成计算机上的数字图像,需要经过以下三个主要步骤。

(1) 空间采样:在空间域采样连续的光线分布。

(2) 时域采样:在时间域采样步骤(1)的采样结果,以创建一幅图像。

(3) 量化像素值:把采样的值量化为有限范围的整数,这样才能在计算机中表示它们。

步骤 1:空间采样

图像的空间采样(即从连续信号到离散形式的转换)依赖于图像获取设备(例如数码相机或摄像机)传感器单元的几何特征。各个传感器单元排列在传感器平面(图 1.4)上有序的行中,彼此之间几乎总是保持着合适的夹角。另外,可以在某些特殊的产品中发现一些具有六边形单元和圆形传感器结构的成像传感器。

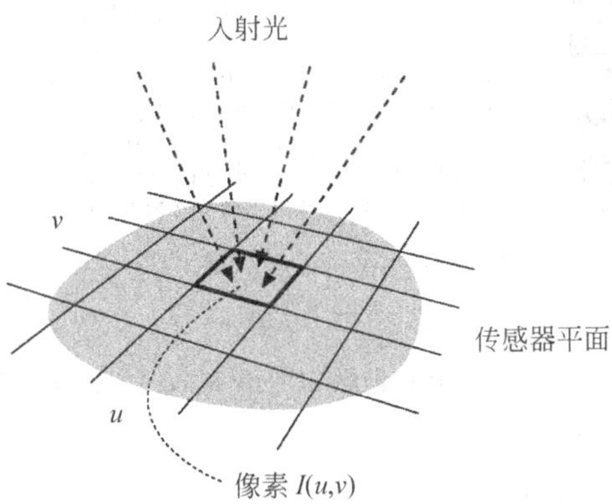

图 1.4 传感器单元的几何特征直接决定了对连续像的空间采样。在最简单的情况下,一个平面上的传感器单元排列在均匀的空间网格上,每一个单元测量落在其上的光线数量

步骤 2:时域采样

时域采样是通过在均匀的时间间隔上测量每个独立传感器单元上的光入射量来完成的。数码相机的 CCD[①] 或 CMOS[②] 感应器通过感应连续光束,触发充电过程,然后计算曝光时间内所接收的电荷数量来完成采样。

步骤 3:量化像素值

为了在计算机上存储和处理图像中的数值,通常要把这些数值转换为整数级(例如 $256=2^8$ 或者 $4096=2^{12}$)。在一些专业应用中(例如医学图像处理),偶尔会出现需要用到

① 电荷耦合元件(charge-coupled device)。

② 互补金属氧化物半导体(complementary metal oxyde semiconductor)。

浮点型的情况。这种转换是通过使用一个模数转换器进行的，这个转换器通常直接集成在传感器单元中（这样，该转换就发生在图像拍摄的过程中），或通过专门的接口硬件来完成。

把图像看作离散函数

以上三步的操作结果是以二维有序整数矩阵（图 1.5）形式描述图像。其形式化表述为，一幅数字图像 I 是一个将整数坐标 $\mathbb{N}\times\mathbb{N}$ 映射到某个范围的图像值 $\mathbb{P}$ 的二维函数，使得

$$I(u,v)\in\mathbb{P},\quad 且\ u,v\in\mathbb{N}$$

现在已经完成了把图像转移到计算机中的准备，因此可以把图像保存、压缩或者处理成所选择的文件格式。这时，图像源自何处已经不重要了，因为现在它就是一个简单的二维数值数据矩阵。在继续接收之前，还需要了解一些更重要的定义。

F(x,y)

→

148	123	52	107	123	162	172	123	64	89	…
147	130	92	95	98	130	171	155	169	163	…
141	118	121	148	117	107	144	137	136	134	…
82	106	93	172	149	131	138	114	113	129	…
57	101	72	54	109	111	104	135	106	125	…
138	135	114	82	121	110	34	76	101	111	…
138	102	128	159	168	147	116	129	124	117	…
113	89	89	109	106	126	114	150	164	145	…
120	121	123	87	85	70	119	64	79	127	…
145	141	143	134	111	124	117	113	64	112	…
⋮	⋮	⋮	⋮	⋮	⋮	⋮	⋮	⋮	⋮	

I(u,x)

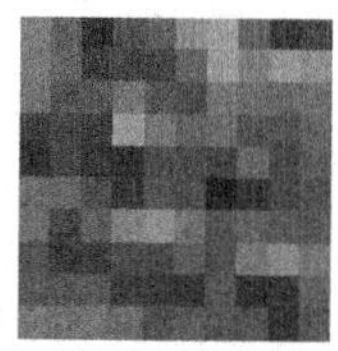

图 1.5 从连续的图像 $F(x,y)$ 到离散数字图像 $I(u,v)$ 的转换；图像细节见右侧小图

1.2.4 图像尺寸与分辨率

后面将假设图像是矩形的，尽管这是一个相对安全的假设，但仍然存在例外。一幅图像的尺寸可以直接由图像矩阵 I 的宽度 M（列数）和高度 N（行数）确定。

一幅图像的分辨率指定了它在真实世界中的空间尺寸，由每个计量单位的图像元素数给出，例如，印刷产品中使用的点每英寸（dots per inch，dpi）或者线每英寸（lines per inch，lpi），又如，卫星图像中的像素每千米。在大多数情况下，图像分辨率在水平方向和垂直方向上是相同的，因为图像元素是方形的。注意，情况并不总是这样，例如，在现今大多数视频摄像机的图像传感器中，图像元素就不是方形的。

除了一些处理几何运算的算法以外，一般没有必要了解一幅图像的空间分辨率。然而，在涉及几何元素的情况下，精确的分辨率信息就变得非常重要了，例如，要在图像上绘制圆或者测量图像中的某段距离。因此，大部分的图像格式和为专业用途设计的软件系统都包含精确的分辨率信息。

1.2.5 图像坐标系统

为了确定图像上哪个位置对应哪个像素，需要引入一个坐标系。与数学上惯用的坐标

系不同，图像处理中的坐标系在垂直方向经过了反转；也就是说，y 坐标自顶向下逐渐增大，原点位于左上角（见图 1.6）。尽管这种坐标系不论在理论上还是实际上都没有什么优越性，事实上它还使得几何变换描述起来更加困难，但几乎在所有图像处理软件系统中都是使用这种坐标系。此系统起源于电视电子学，图像中的各行随着电子束按照从屏幕顶部到底部的顺序被显示。这里让行和列的编号从 0 开始，因为 Java 中数组的下标是从 0 开始的。

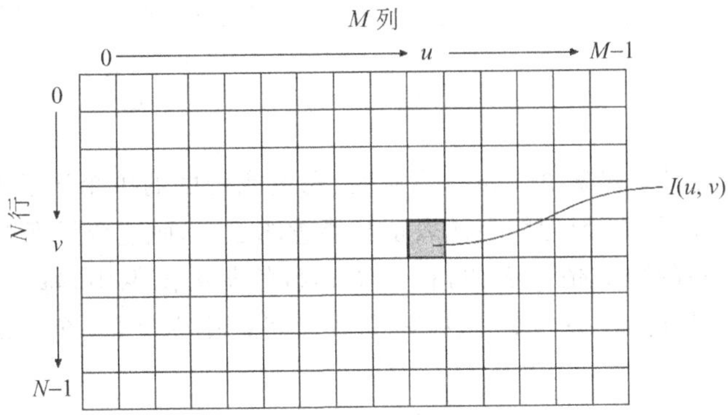

图 1.6　图像坐标。在数字图像处理中，传统上使用原点（$u=0$，$v=0$）位于左上角的坐标系，坐标 u、v 分别代表图像的列和行。对于一幅尺寸为 $M\times N$ 的图像，最大的列索引是 $u_{\max}=M-1$，最大的行索引是 $v_{\max}=N-1$

1.2.6　像素值

一个图像元素中所含的信息取决于用来表示它的数据类型。像素值实际上是长度为 k 的二进制字，因此一个像素可以表示 2^k 种不同的值。k 值由图像的位深度（或深度）决定，通常是处理器的字长。

一个单独像素的位数取决于图像的种类，例如，二值图、灰度图或 RGB 彩色图。表 1.1 给出了常用图像类型。

表 1.1　像素范围及其典型应用领域

灰度图像

通道数	每像素位数	范　围	用　途
1	1	0…1	二值图像：文档、插图、传真
1	8	0…255	一般图像：照片、扫描、打印
1	12	0…4095	高质量图像：照片、扫描、打印
1	14	0…16383	专业图像：照片、扫描、打印
1	16	0…65535	最高质量图像：医学、天文学

彩色图像

通道数	每像素位数	范　围	用　途
3	24	$[0\cdots255]^3$	RGB，一般图像：照片、扫描、打印
3	36	$[0\cdots4095]^3$	RGB，高质量图像：照片、扫描、打印
3	42	$[0\cdots16383]^3$	RGB，专业图像：照片、扫描、打印
4	32	$[0\cdots255]^4$	CMYK，数字预印

续表

特殊图像

通道数	每像素位数	范　围	用　途
1	16	−32768…32767	包括正负数，扩展范围
1	32	$\pm 3.4\times 10^{38}$	浮点数：医学、天文学
1	64	$\pm 1.8\times 10^{308}$	浮点数：内部处理灰度图像(强度图像)

灰度图像

一幅灰度图像的图像数据由代表图像强度、亮度或密度的单个通道构成。在大多数情况下，只有正的值才有意义，因为数字代表了光能量的强度，而这个强度不可能是负的，因此通常使用$[0\cdots 2^{k-1}]$中的整数值。例如，在一幅典型的灰度图像中，每个像素使用 $k=8$ 位(1 字节)，即强度值在范围[0…255]中，其中 0 代表最小亮度(黑色)，255 代表最大亮度(白色)。

在专业的摄影、印刷以及医学和天文学中，一个像素 8 位并不够用，在这些领域中经常会遇到 12、14 甚至 16 位的图像深度。注意，位深度是指用于表示单个颜色的位数，不是表示整个像素所需的位数。例如，一幅 8 位深度的 RGB 编码彩色图像每个通道需要 8 位，总共需要 24 位，而具有 12 位深度的相同图像总共需要 36 位。

二值图像

二值图像是一种特殊的灰度图像，其像素只能取两种值(黑或白)中的一种。这些值通常用每像素一位(0/1)来编码。二值图像经常用于表示线框图形、存档的文档、编码传真的传输以及打印机。

彩色图像

大多数彩色图像包含红色、绿色和蓝色(RGB)三种基色，并且通常每个分量使用 8 位。在这些彩色图像中，每个像素需要 $3\times 8=24$ 位来编码所有的三个分量，每个单独分量的范围是[0…255]。与灰度图像一样，深度为 30、36 和 42 位的彩色图像也经常在专业应用中使用。尽管业余级数码相机已经可以拍摄 36 位深度的图像，但是常用的数字图像处理软件并不完全支持具有很高位深度的图像。最后，尽管多数彩色图像包含三个分量，但在数字预印领域中，还有一些采用减色模型的具有 4 个或更多颜色分量的图像，例如 CMYK(青-洋红-黄-黑)模型(见第 8 章)。

索引图像或调色板图像与真彩色图像的差别在于彩色或灰度分量中能够同时使用的颜色数量不同(索引图像更少)。索引图像中的图像值本身只是一个颜色值表(见 8.1.1 节)的索引(最大 8 位)。

特殊图像

特殊图像是指那些用已介绍的标准格式不足以表示其图像值的图像。两个常见的示例是那些具有负数值或浮点型值的图像。具有负数值的图像会在例如曲线检测等的图像处理过程中产生，而具有浮点型值的图像经常可以在诸如医学和天文学的应用中见到，在这些领域中扩展值域的范围和精度是必要的。这些特殊格式几乎总是面向特定应用的，其他图像处理应用领域总体来说不太可能用到它们。

1.3　图像文件格式

在本书中，几乎总是认为图像数据已经以二维数组的形式准备好，可以由程序读取了，但实际上，图像数据必须首先从文件中读入内存。文件为存储、归档和交换图像数据提供了基本机制，正确文件格式的选择是一项重要决定。在数字图像处理研究的早期(1985 年以前)，大部分软件开发者都为他们所开发的新应用创建一种新的用户文件格式。结果是出现了文件格式不兼容的混乱局面，这在很长一段时间里限制了研究者之间图像的共享。如今存在着大量的标准文件格式，开发者们几乎总能从中找到一种适合其应用的文件格式。标准文件格式的使用极大地方便了图像的交流，从长远来看，还增加了图像被其他软件读取的可能性。然而，在许多工程应用中，选择正确的图像格式并不总是那么简单，不可避免地要采用一些折中选择。以下是在选择合适的文件格式时需要考虑的一些常见标准。

- 图像的类型：包括黑白图像、灰度图像、文档的扫描图像、彩色图像、彩色图形以及诸如使用浮点型图像数据的特殊图像。在许多应用中(例如卫星影像)，图像的最大尺寸也是一个重要的因素。
- 存储大小和压缩：文件的存储要求是不是一个潜在的问题？图像的压缩方法(特别是考虑有损压缩时)是否合适？
- 兼容性：图像数据的交流有多重要？对于存档文件，保持数据的长期可读有多重要？
- 应用领域：图像数据主要用于哪个领域？它们是否准备用于印刷、Web、电影、计算机图形学、医学或者天文学？

1.3.1　光栅和矢量数据

本书后面将无一例外地使用存储光栅图像的文件格式，也就是以离散坐标排列在规则矩阵中的像素值所构成的图像。相对于光栅图像，矢量图形表示的是使用连续坐标的几何对象，要在显示器或打印机等物理设备上显示这类图像，就要先将其光栅化。

有许多标准文件格式用于存储矢量图像，例如 ANSI/ISO 标准格式 CGM(Computer Graphics Metafile)、SVG(Scalable Vector Graphics)，还有一些专有格式，例如 DXF(Drawing Exchange Format from AutoDesk)、AI(Adobe Illustrator)、PICT(QuickDraw Graphics Metafile from Apple)以及 WMF/EMF(Windows Metafile and Enhanced Metafile from Microsoft)。这些格式中的大部分都可以在同一个文件中同时包含矢量数据和光栅图像。Adobe 公司的 PS(PostScript)和 EPS(Encapsulated PostScript)格式，以及 PDF(Portable Document Format)格式也具有这些功能，尽管它们通常用于打印机输出和存档①。

① PS、EPS 和 PDF 文件的特殊变体也可用于光栅和矢量数据的交换格式，例如 Adobe 的 Photoshop(Photoshop-EPS)和 Illustrator(AI)。

1.3.2 TIFF 文件格式

TIFF(Tagged Image File Format,标签图像文件格式)是一种广泛使用的灵活的文件格式,是为了满足不同领域专业需求而设计的。它最初由 Aldus 开发,后来经过 Microsoft 的扩展,现在由 Adobe 继续发展。这种格式支持灰度、索引和真彩色图像。一个 TIFF 文件可以包含多幅具有不同属性的图像。TIFF 规范中提供了多种不同的压缩方法(LZW、ZIP、CCITT 和 JPEG)和颜色空间,所以它可以以不同的大小和表现形式将一幅图像的多个变形存储在同一个 TIFF 文件中。TIFF 格式的灵活性使它成为一种几乎通用的交换格式,被广泛地用于文档的存档、科学应用、数码照片和数字视频产品中。

这种图像格式的强大之处在于它的结构(见图 1.7),它允许通过定义新的"标签"来创建新的图像类型和信息块。例如,ImageJ 中一幅浮点型图像可以顺利地被保存为一幅 TIFF 图像,之后再从 TIFF 图像中读出(只能由 ImageJ 读出)。这种灵活性同时也是 TIFF 格式的一个弱点,即私有的标签不会受到普遍支持,因此在加载 TIFF 文件时经常会遇到"不支持的标签"错误,这也是 ImageJ 只能读取一些未压缩的 TIFF 格式文件的原因。同时还需牢记:目前没有 Web 浏览器支持 TIFF。

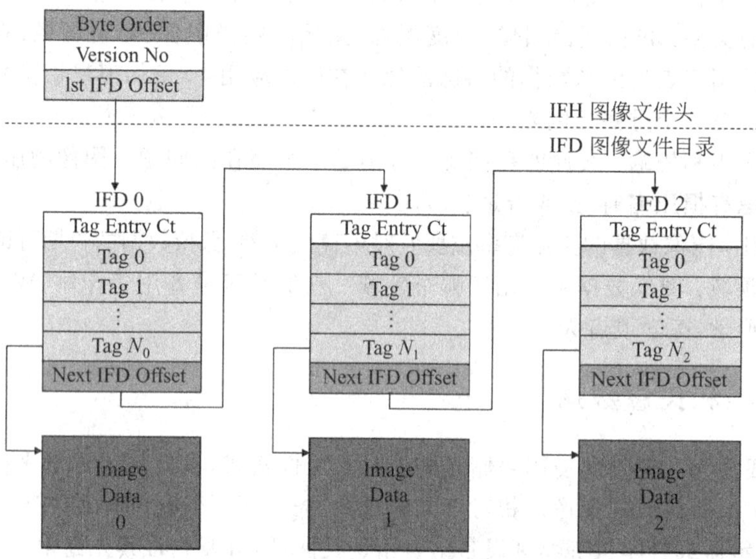

图 1.7 典型 TIFF 文件的结构。一个 TIFF 文件由一个文件头和图像对象链表构成,本例中有三个图像对象。每个图像对象包含一个标签列表,列表中对应条目有一个指向实际图像数据的指针

1.3.3 GIF 文件格式

GIF(Graphics Interchange Format,图形交换格式)最初是由 CompuServe 于 1986 年设计的,当时是为了对其电子公告牌系统(BBS)中使用的丰富的线框图形进行有效地编码,现在它已经逐渐演变成 Web 中使用最广泛的图像格式之一,它的流行主要是因为较早地具有支持多种位深度的索引图像、LZW 压缩、图像隔行加载以及对简单动画的编码能力(在单一

文件中存储多幅图像以用于后续的连续播放)。

GIF 实质上是一种索引图像文件格式,是为最大深度是 8 位的彩色和灰度图像而设计的,因此它不支持真彩色图像。它对包含 2～256 种颜色的调色板编码提供有效支持(其中一种颜色还可以标记为透明色)。GIF 支持范围为 2～256 的调色板,使得像素可以使用更少的位数进行编码。例如,对于一幅只有 16 种颜色的图像,其像素只需要 4 位来存储这 16 种可能的颜色值,即索引值为[0,…,15]。这意味着不同于其他位图格式用一个字节来存储一个像素,GIF 可以将两个 4 位的像素编码到一个 8 位的字节中。相对于标准 8 位索引彩色位图格式,这种格式降低了 50%的存储容量。

GIF 文件格式是针对包含大面积相同颜色的"单调"图像或图标图像的有效编码而设计的。它采用无损颜色量化和无损 LZW 压缩的方法对具有相同颜色的大面积区域进行高效编码。尽管 GIF 格式很流行,然而在开发新软件时,首选格式应该是 1.3.4 节将要介绍的 PNG,因为几乎在所有衡量标准下,它都优于 GIF 格式。

1.3.4　PNG 文件格式

最初,PNG(Portable Network Graphics,可移植网络图形)的开发是用来替代 GIF 文件格式的,因为 GIF 格式使用了 LZW 压缩方法,所以存在授权问题[①]。PNG 被设计成一种通用图像格式,特别是为了在互联网上应用,它支持三种不同的图像类型:

- 真彩色图像(高达 3×16 位/像素)。
- 灰度图像(高达 16 位/像素)。
- 索引图像(高达 256 种颜色)。

另外,PNG 包含一个最大宽度为 16 位的用于透明处理的 Alpha 通道。相比之下,GIF 图像的 Alpha 通道只有 1 位宽。尽管 PNG 格式只支持每个文件一个图像,但它支持像素数高达 $2^{30}\times2^{30}$ 的图像。PNG 通过一种 PKZIP(Phil Katz's ZIP)方法的变体来支持无损压缩,但不支持有损压缩,因为它并不是为取代 JPEG 而设计的。最终,除了 GIF 格式可以将多幅图像包含在一个文件中以创建简单动画外,PNG 格式在各个方面都达到或超越了 GIF 的性能。目前,PNG 是在互联网上用于表示未压缩的、无损的、真彩色图像的最佳选择。

1.3.5　JPEG 文件格式

JPEG(Joint Photographic Experts Group,联合图像专家组)格式定义了一种用于连续的灰度或彩色图像(例如,自然摄影得到的图像)的压缩方法。它于 1990 年被作为 ISO 标准(IS-10918)而创建,至今已是使用最广泛的图像文件格式。JPEG 格式是由联合图像专家组(Jwww.jpeg.org)开发的,目的是以平均 1∶16 的压缩比来压缩存档数据。实际上,在将一幅 24 位彩色图像压缩到可接受的视觉质量时,JPEG 可以压缩到每像素 1 位(即压缩比 1∶25 左右)。JPEG 标准支持多达 256 种颜色分量的图像,尤为重要的是,它还支持 CMYK 图像(参见 8.2.5 节)。

以 RGB 图像为例,其算法的核心包括如下三个主要步骤。

---

① Unisys 公司的美国 LZW 专利(No. 4 558 302)于 2003 年 6 月 20 日过期。

(1) 颜色转换和向下采样：采用 RGB 空间到 YC_bC_r 空间的颜色变换处理(见 8.2.4 节)将实际的颜色分量与亮度分量 Y 分离。由于人类视觉系统对颜色的快速变化不敏感，因此，可以对颜色分量进行较大程度地压缩，这将带来数据量的显著缩小，而不会造成图像质量的主观损失。

(2) 余弦变换和频域量化：图像划分为相立独立的尺寸为 8 的图像块构成的规则网格，对于每一个图像块，用离散余弦变换来计算其频谱。然后用一个量化表来量化每一个图像块的 64 个谱系数，这个表的大小在很大程度上确定了最终的压缩率，同样也确定了最终的图像视觉质量。一般来讲，高频系数(对图像的"锐利"起实质性影响)在这个步骤中被削减得最多，在解压缩时这些高频系数取近似计算值。

(3) 无损压缩：为了去除数据流中最后残留的冗余，量化后的谱分量数据流再次通过无损方法(例如算术编码或赫夫曼编码)压缩。

JPEG 算法综合了多种不同的压缩方法，即便是它的"基准"版本实现起来也是不容易的。因此，当独立 JPEG 小组(IJG，www.ijg.org)在 1991 年发布了一个实现 JPEG 的参考算法后，支持 JPEG 的用户数量开始剧增。

JPEG 压缩算法的缺点包括：在诸如素描之类的图像上的表现(因为它并不是为此设计的)，对图像中突变部分的处理，以及 8×8 的像素块给压缩率带来的限制。图 1.9 显示了用不同的品质因数(Photoshop $Q_{JPG}=10$、5、1)对一幅灰度图像中的一部分进行压缩后的结果。

JFIF 文件格式

尽管越来越多的人愿意使用 JPEG，但它并不是一种文件格式，而是一种压缩图像数据的方法[①](参见图 1.8)。我们通常所说的 JPEG 文件几乎都是"JPEG 文件交换格式"(JFIF)文件的一个实例，这个格式是由 Eric Hamilton 和 IJG 共同开发的。实际的 JPEG 标准仅指定了 JPEG 编解码器(压缩器和解压缩器)，并没有定义封装和文件格式。JFIF 通过

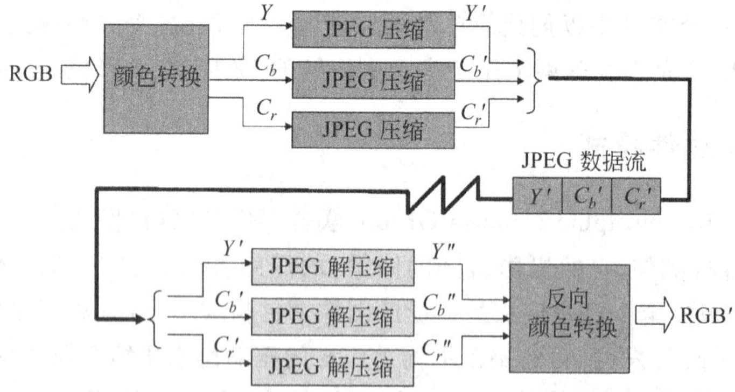

图 1.8　一幅 RGB 图像的 JPEG 压缩。通过使用颜色空间的变换，颜色分量 C_b、C_r 与亮度分量 Y 分离，并以更高的压缩率压缩，然后三个分量分别单独通过 JPEG 压缩管道，并合成一个单独的 JPEG 数据流。解压缩按照相反顺序执行相同的步骤

① 准确地讲，JPEG 标准只定义了如何压缩单独的分量以及 JPEG 流的结构。

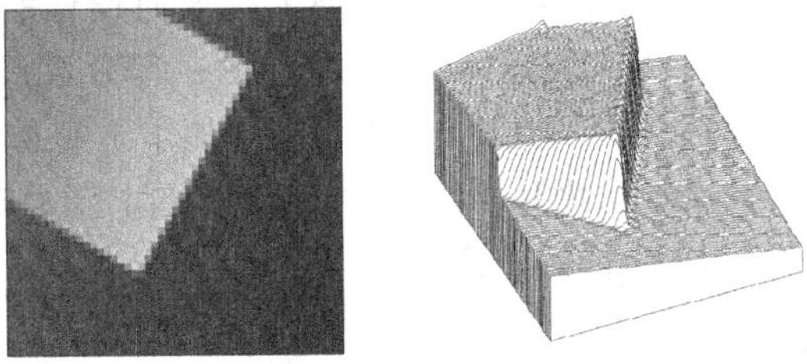

(a) 原始图像 (75.08 kB)

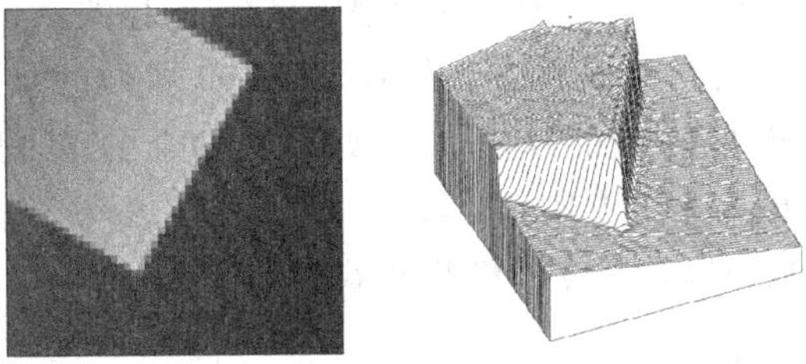

(b) Q_{JPG}=10 (11.40 kB)

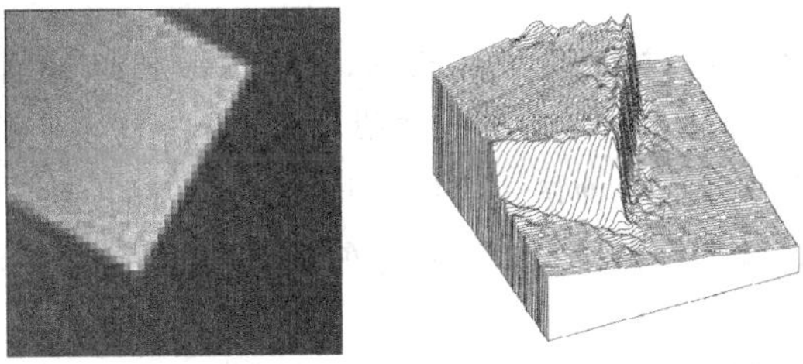

(c) Q_{JPG}=5 (7.24 kB)

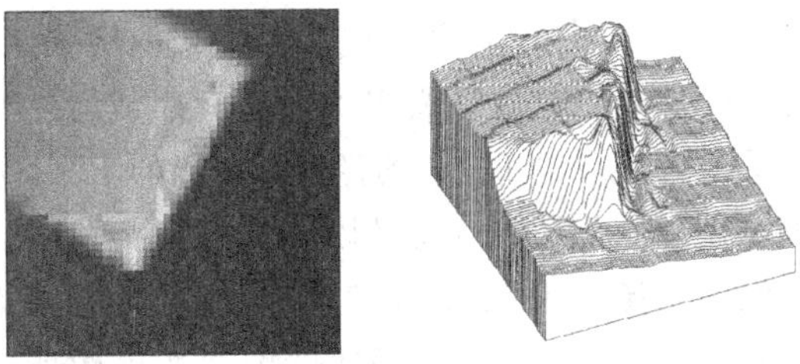

(d) Q_{JPG}=1 (5.52 kB)

图 1.9　JPEG 压缩造成的人工效应。原始图像的一部分(a)和在不同品质因数下的 JPEG 压缩结果：(b)$Q_{JPG}=10$，(c)$Q_{JPG}=5$，(d)$Q_{JPG}=1$。括号中是完整的结果图(尺寸为 274×274)的存储空间大小

定义那些文件格式中剩余的必要元素，指定了一种基于 JPEG 标准的文件格式。为了保持通用性，编解码器中的某些部分在 JPEG 标准中没有定义，而这些部分在 JFIF 中做出了具体的选择。例如，步骤(1)中的 JPEG 编解码器，在颜色变换中使用的具体颜色空间并不是 JPEG 标准的一部分，它是由 JFIF 标准指定的。又如对颜色和亮度分量采用的不同压缩率是由 JFIF 指定的实际实现中的一种选择，而不是实际 JPEG 编解码器的一部分。

EXIF 文件格式

EXIF 文件格式(Exchangeable Image File Format，可交换图像文件格式)是 JPEG

(JFIF)格式的一种变体,它是为存储数码相机拍摄的图像而设计的,因此它支持存储诸如照相机和照相参数之类的元数据。EXIF 是作为 DCF 的一部分,由日本电子和信息技术产业协会(JEITA)开发的,如今它已所有制造商作为在存储卡上存储数字图像的标准格式。在其内部,EXIF 用 TIFF 来存储元数据,用 JPEG 编码一幅用于预览的缩略图,其文件结构可以顺利地被现有的 JPEG/JFIF 读取器处理。

JPEG-2000 文件格式

JPEG-2000 是由 ISO-ITU 标准(静态图像编码)规定的格式,它是为克服传统 JPEG 编解码器的一些众所周知的缺点而设计的。在 JPEG-2000 所做的众多改进中,使用更大的 64×64 的像素块以及用小波变换代替离散余弦变换,这两个主要的改进使 JPEG-2000 可以实现比 JPEG 高很多的压缩率(对 RGB 彩色图像来说高达 0.25 位/像素)。尽管如此,JPEG-2000 还是只被少数图像处理应用和 Web 浏览器支持[①]。

1.3.6 BMP 文件格式

BMP(Windows 位图)是一种支持灰度图像、索引图像和真彩色图像的文件格式,它在 Windows 中被广泛使用。BMP 同时还支持二值图像,由于其每个像素都用一整个字节来存储,所以这种方式并不高效。这种格式可以支持简单无损的、基于游程长度的压缩方式。虽然 BMP 能够支持的图像类型范围与 TIFF 相似,但它却是一种灵活性很低的格式。

1.3.7 PBM 文件格式

PBM(简易位图格式)的成员[②]由一系列非常简单的文件格式组成,其特点是它们可以有选择地存储为人类可读的文本格式,这种文本可通过程序或者一个简单的文本编辑器轻松地编辑。图 1.10 展示了一幅简单的 PGM 图像:第一行的 P2 表示图像是一个存储为人类可读格式的 PGM 文件;第二行说明如何通过以"#"号开头,直接在文本中插入注释;第三行给出了图像维度,本例中图像宽为 17,高为 7;第四行定义了图像中的最大像素值,本例中是 255;其余行表示实际像素值。它所表示的实际图像如下图所示。这种图像格式无须使用任何图像 API,因为它只需要基本的文本 I/O,而这些在任何编程环境中都是有的。

```
P2
# oie.pgm
17 7
255
0 13 13 13 13 13 13 13  0  0  0  0  0  0  0  0  0
0 13  0  0  0  0  0 13  0  7  7  0  0 81 81 81 81
0 13  0  7  7  7  0 13  0  7  7  0  0 81  0  0  0
0 13  0  7  0  7  0 13  0  7  7  0  0 81 81 81  0
0 13  0  7  7  7  0 13  0  7  7  0  0 81  0  0  0
0 13  0  0  0  0  0 13  0  7  7  0  0 81 81 81 81
0 13 13 13 13 13 13 13  0  0  0  0  0  0  0  0  0
```

图 1.10 人类可读的 PGM 文件格式(左图)和此文件存储的实际图像(右图)

① 目前,ImageJ 还不提供对 JPEG-2000 的支持。

② http://netpbm.sourceforge.net。

另外，这种格式支持一种机器优化性很好的"原始"输出模式，其中像素值以位方式存储。PBM 在 UNIX 操作系统中应用广泛，支持以下格式：存储二值位图的 PBM(portable bitmap)格式、存储灰度图的 PGM(portable graymap)格式，以及存储彩色图像的 PNM(portable any map)格式。PGM 格式的图像可以使用 ImageJ 来打开。

1.3.8　其他文件格式

在许多实际应用情况中，选择下面的一种格式就已经足够了：TIFF 格式，作为一种普遍的格式用来存储动态范围较大的非压缩图像；JPEG/JFIF 格式，当存储空间有限时，用于存储彩色数字图像；PNG 或 GIF 格式，可作为网络使用图像。另外，还有其他无数文件格式，例如那些在特殊领域一直沿用的传统图像格式。几种常见的格式如下：

- RGB，来自 Silicon Graphics 公司的一种简单格式。
- RAS(Sun Raster 格式)，来自 Sun 公司的简单格式。
- TGA(Truevision Targa 格式)，一种供个人计算机使用的 24 位文件格式，它支持许多深度从 8 位到 32 位的图像类型，并依然在医学和生物学领域中使用。
- XBM/XPM(X-Windows Bitmap/Pixmap)是 ASCII 编码格式的一员，类似于 PBM/PGM 格式，它也用在 X-Windows 操作系统中。

1.3.9　位与字节

今天，图像文件的打开和读写工作通常都是借助现有软件库来完成的。然而，有时我们依然需要对图像文件的内容或结构做字节级的处理，例如，当需要打开一个不被支持的文件格式或当接收到一个格式未知的文件时。

大尾方式与小尾方式

在标准的计算机模式中，一个文件由简单的 8 位序列构成，且文件读写的最小单位是字节；而作为一个图像元素，它们在内存中所占的存储空间通常要大于一个字节。例如，一个 RGB 彩色像素需要 32 位整型值(=4 字节)来存储。这样通过 4 个独立字节存储可能会导致图像数据的处理异常。为了正确地创建一个彩色像素，必须知道字节在文件中的排列方式。

考虑一个 32 位的整型数 z，其二进制和十六进制值为[①]

$$z = \underbrace{00010010}_{\substack{12_H \\ \text{(MSB)}}}0011010001010110\,\underbrace{01111000}_{\substack{78_H \\ \text{(LSB)}}}{}_B = 12345678_H \tag{1.2}$$

其中 $00010010_B = 12_H$ 是最有意义字节(most significant byte, MSB)，而 $01111000_B = 78_H$ 则是最无意义字节(least significant byte, LSB)。当文件中每个独立的字节按照从 MSB 到 LSB 的次序存储时，称之为"大尾方式"，如果按相反次序排列，则称之为"小尾方

① z 的十进制为 305419896。

式”。对式(1.2)所示的 z，就是：

次　序	字节序列	1	2	3	4
大尾方式	MSB→LSB	12_H	34_H	56_H	78_H
小尾方式	LSB→MSB	78_H	56_H	34_H	12_H

对字节进行正确的排序，本质上说应该是文件操作系统的责任，但实际上它更依赖于处理器的结构①。Intel 系列的处理器(例如 x86、奔腾)通常使用小尾方式，而其他厂商(例如 IBM、MIPS、Motorola 和 Sun)通常使用大尾方式②。大尾方式通常也称为网络字节次序，因为在 IP 协议中，数据就是按照从 MSB 到 LSB 的顺序排列的。

为了正确地分开图像数据，必须知道它在建立之初的字节次序。多数情况下，这一次序是由文件格式定义且固定不变的。但某些格式例外，如 TIFF 格式，它是由文件头给出的参数决定的，是可变的。

文件头及其标识

实际上，所有图像文件格式都包含一个数据头，它是由决定后续图像数据布局的重要信息组成的。诸如图像的尺寸及像素的编码方式等重要信息都在文件头中给出，它使程序员能够为一幅图像分配适量的内存。文件头的尺寸和结构通常是固定的，但在有些格式，例如 TIFF 格式中，文件头可以包含指向其他子头的指针。

要正确理解文件头中的信息，必须知道文件类型。在多数情况下，它都是由文件的扩展名决定的(例如 jpg 或者 tif)，但是，由于这些扩展名是非标准化的，可由用户任意修改的，所以它们不是一种确定文件类型的可靠方式。事实上，许多文件的类型可以通过其自身隐含的“标识”来识别，而隐含的“标识”则经常是文件的前两个字节。表 1.2 给出很多流行图像格式的标识，大部分图像格式可以通过查看文件中前两个字节来确定。这些字节或标识通常以十六进制(0x…)或 ASCII 码的形式列出。一个 PNG 格式的文件通常以 4 字节序列 0x89、0x50、0x4e、0x47 开始，也就是“魔数”0x89 后面跟“PNG”的 ASCII 码。有时，这些标识不仅给出图像文件的类型，还包含了它的编码信息，例如，在 TIFF 格式中，前两个字符在 Intel 处理器中是 II，而在 Motorola 处理器中是 MM，通过这两个字符就可以识别文件中的图像数据是大尾方式还是小尾方式。

表 1.2　各种图像文件格式的标识。大部分图像格式可以通过查看文件中前两个字节来确定。这些字节或标识通常以十六进制(0x…)或 ASCII 码的形式列出(□代表不可打印字符)

格　式	标　识		格　式	标　识	
PNG	0x89504e47	□PNG	BMP	0x424d	BM
JPEG/JFIF	0xffd8ffe0	□□□□	GIF	0x4749463839	GIF89
$TIFF_{little}$	0x49492a00	II＊□	Photoshop	0x38425053	8BPS
$TIFF_{big}$	0x4d4d002a	MM□＊	PS/EPS	0x25215053	%!PS

① 至少字节中的比特次序几乎成为普遍的标准。

② 在 Java 中，这一不统一的问题并不存在，因为在 Java 虚拟机中，其内部实现过程都采用大尾方式。

1.4 练习题

1.1 确定具有 1400 个常规像素、分辨率为 72dpi 的图像的物理尺寸，单位为毫米。

1.2 用一部焦距为 $f=50$mm 的照相机拍摄高为 12m，距相机 95m 远的垂直柱状物体。假定摄像机的分辨率为 4000 点/英寸(dpi)，试确定所得照片的高(mm)和像素点个数。

1.3 某数码相机的图像传感器包含 2016×3024 个像素。这一传感器的几何结构和传统的 35mm 照相机(图像尺寸为 24×36mm)一致，只是小 1.6 倍。计算这一数字传感器的分辨率，单位为 dpi。

1.4 假设练习题 1.3 所示的照相机加上一个焦距为 $f=50$mm 的镜头，在拍照过程中水平方向上有 0.1°的位移，那么将产生什么样的模糊效果？并说明模糊的范围是否和物体距照相机的距离有关。

1.5 确定存储一幅无压缩的尺寸为 4000×3000 的二值图像需要占用多少位的存储空间。

1.6 对一幅尺寸为 640×480 的彩色图像，每个颜色通道分别采用 8、10、12、14 位深度，分别计算其所需存储空间。

1.7 有一个分辨率为 652×512、图像深度为 8 位、帧率为每秒 25 帧的黑白照电视机，(a)它最多能呈现多少幅不同的图像，如果不睡觉需要多长时间才能看完这些不同的图像？(b)对每个颜色通道图像深度都是 8 位的彩色电视做同样计算。

1.8 证明一条三维直线在针孔照相机中的投影(假设透视投影由式(1.1)确定)在二维结果图像中也是一条直线。

1.9 以图 1.10 为模型，用文本编辑器创建一个 PGM 类型的文件 disk.pgm，其中所含图像为一个明亮的圆环。用 ImageJ 打开一个图像文件，并用其他软件打开并显示图像。

第 2 章　ImageJ

直到几年前,从事图像处理的还只是那些能够接触昂贵的商业图像处理工具或者需要自己开发软件包的一小群人。通常,这些自制环境都是从一些小的软件组件开始的,例如,从磁盘上载入图像或者将图像保存至磁盘的程序。开发这些小软件并不总是很容易,因为它需要处理一些蹩脚的甚至私有的文件格式。最常用的解决方法是:简单定义一种新的图像文件格式,针对特殊领域、特殊应用、甚至一个单独的工程,这种格式经常进行了优化。这种解决方法直接导致多种不同的文件格式的产生,大多数文件格式在今天已经不再被使用甚至已经被遗忘。然而,在 20 世纪 80 年代和 90 年代初期,编写这些不同格式间转换的软件却是一项重要的工作,占用了大量的人力。早期,即使在计算机屏幕上显示图像也是很难的,因为操作系统、API 和显示硬件只能提供一些边缘的支持,而用普通的硬件将图像或视频捕获到计算机中也是近乎不可能的。因此,为了在计算机上做一些初级的图像操作或者进行一些高级的图像处理,人们往往需要花费几个星期甚至几个月来做前期的准备工作。

幸运的是,如今的情况已经大为好转,只有一些通用的图像文件格式仍然存在(参见 2.3 节),这些图像格式可以被许多现有的工具和软件库方便地处理。大部分为 C/C++、Java 和其他流行的编程语言设计的标准 API,已经至少可提供一些对图像和其他媒体数据操作的基本支持。尽管在这个层次下还有许多开发工作要做,但它已经使我们的工作变得更加简单,由此我们可以把注意力集中于数字图像处理中那些更有趣的方面。

2.1　图像操作与处理

通常,数字图像处理软件的目标是操作或处理图像,其面向的用户也具有不同需求:既有从业者和设计人员,也有软件编程人员。

图像操作软件包(例如 Adobe Photoshop、Corel Paint 等)通常提供了方便的用户接口,大量易于使用的函数以及与图像进行相关交互式工作的工具,有时甚至可以通过编写脚本或者添加自编程组件来扩展其标准功能。例如,Adobe 公司提供了一个特殊的 API[①] 以便用 C++ 编写 Photoshop 的“插件”,当然,这对非程序设计人员来说不是一项简单的任务。

与上面这些工具不同,数字图像处理软件主要是针对软件开发者、科学家以及从事图像

---

① www.adobe.com/products/photoshop/。

相关工作的工程师而设计的。这些软件开发的重点不在于软件本身的交互性和易用性，而是提供广泛的、成熟的软件库来简化新的图像处理算法、原型和应用的实现过程。在众多此类工具中，比较流行的有 Khoros/VisiQuest[①]、IDL[②]、MatLab[③] 和 ImageMagick[④]。这类系统不仅支持常规的编程语言(典型的如 C/C++)，还提供专门的脚本语言或可视化的编程辅助工具，用于方便、安全地完成高度复杂的处理。

实际上，图像操作和图像处理紧密相关。例如，尽管 Photoshop 的目标是帮助非程序设计人员进行图像操作，但软件本身却实现了许多传统的图像处理算法。同样，许多 Web 应用程序(例如那些基于 ImageMagick 的程序)也使用了服务器端的图像处理算法。因此，图像处理是任何图像操作软件的基础，并不是一个完全不同的类别。

2.2 ImageJ 综述

ImageJ 是本书所采用的软件，它是以上讨论的两类工具的结合。它提供了一套现成的工具，用于图像的查看和交互操作，同时还可以通过应用某种"真正的"编程语言编写新的软件组件来得到扩展。ImageJ 完全采用 Java 语言编写，因此它与平台无关，可以不加修改地运行在 Windows、MacOS 或者 Linux 操作系统上。Java 的动态执行模型允许将新的模块("插件")作为独立的 Java 代码段来编写，这些代码甚至不需要重新启动 ImageJ 就可以编译、加载并在运行的系统中执行，这使得 ImageJ 成为开发和测试新的图像处理技术和算法的理想平台。由于 Java 语言作为许多工科课程的首选语言已经非常流行，所以通常学生无须花费大量的时间去学习另一种编程语言就能够非常轻松地使用 ImageJ。同时，ImageJ 可免费获取，不论学生、教师还是从业人员都可以合法地在任何计算机上安装使用它，而不必购买许可。因此，ImageJ 是一个进行数字图像处理教学和自我练习的理想平台，同时它也在全球范围内的许多实验室里被用于正式的研究和应用程序开发，特别是在生物学和医学的图像处理中。

ImageJ 是由美国国家卫生研究院(NIH)的 Wayne Rasband 开发的，起初是作为其前身(只能在 Apple Macintosh 平台下使用的)NIH-Image 的替代品。ImageJ 的当前版本、更新、文档、全部源代码、测试图像以及不断增加的第三方插件集都可以在 ImageJ 的网站[⑤]下载。软件的安装很简单，具体的操作指南可以从网站获得。

出于结构化考虑，本书配套网址[⑥]按照任务的不同领域进行了分类，并精选了一些关键功能；一些很少使用的特殊功能被省略了，当然它们可以在 ImageJ 的文档和(在线)源代码中找到。

---

① www.accusoft.com/imaging/visiquest/。

② www.rsinc.com/idl/。

③ www.mathworks.com。

④ www.imagemagick.org。

⑤ http://rsb.info.nih.gov/ij/。

⑥ www.imagingbook.com。

2.2.1 关键特征

作为一个纯粹的 Java 应用程序，ImageJ 应该能运行在任何安装了 Java 运行时环境(JRE)的计算机上。事实上，ImageJ 包含了自己的 Java 运行库，因此无需在计算机上再单独安装 Java。大多数情况下，ImageJ 可以当作一个独立的应用程序来使用，也可以作为 Java 小应用程序(Applet)在 Web 浏览器中运行。有时它还会在服务器端基于 Java 的 Web 应用程序中使用(细节参考[3])。总的来说，ImageJ 的主要特征包括如下：

- 一系列交互式即用工具，用于创建、显示、编辑、处理、分析、加载和存储图像，且支持多种常见文件格式，同时支持 16 位整型、32 位浮点型的图像和图像序列。
- 一种简单的插件机制，通过编写 Java 代码段(通常较小)来扩展 ImageJ 的核心功能。本书中所有的代码示例都是基于这种插件的。
- 一种宏语言以及相应的解释器，可以简单地通过合并已有的函数来实现较大的处理模块，不需要任何 Java 知识。本书中没有使用宏，但可以在 ImageJ 的在线文档①中找到宏的详细说明。

2.2.2 交互式工具

ImageJ 启动后首先打开的是主窗口(图 2.1)，其中包括下列菜单项。

- File：打开、保存和创建新的图像。
- Edit：编辑和绘制图像。
- Image：修改和转换图像、几何操作。
- Process：图像处理，包括点运算、滤波器以及多幅图像间的算法操作。
- Analyze：对图像数据、直方图和特殊显示格式进行统计测量。
- Plugin：编辑、编译、执行和管理用户自定义的插件。

当前版本的 ImageJ 可以打开多种常见格式的图像，包括 TIFF(仅支持未压缩的)、JPEG、GIF、PNG 和 BMP，还支持医学和天文图像处理中常用的 DICOM(Digital Imaging and Communications in Medicine)和 FITS(Flexible Image Transport System)格式。与大多数图像编辑程序相同，所有的交互式操作都应用于当前操作的图像，即由用户选中的图像。ImageJ 还提供了一种简单的(单步)"撤销"机制，可以从用户自定义插件的操作结果中恢复。

2.2.3 ImageJ 插件

插件是采用简单的标准化接口来扩展 ImageJ 功能的小型 Java 模块(图 2.2)。它可以通过 ImageJ 主菜单中的 Plugin 菜单(图 2.1)创建、编辑、编译、调用以及组织。插件可以通过分组来提高其模块化，而插件命令可以任意地放置在主菜单的结构中。另外，ImageJ 许多内置的功能实际上也是通过插件来实现的。

从技术上讲，插件是实现了由 ImageJ 定义的特殊接口规范的 Java 类，包括两种不同类型的插件：

---

① http://rst.info.nih.gov/ij/developer/macro/macros.html。

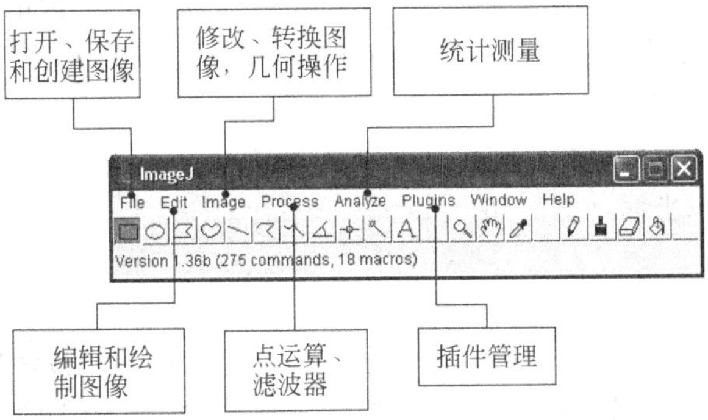

图 2.1　ImageJ 的主窗口(Windows XP 系统下)

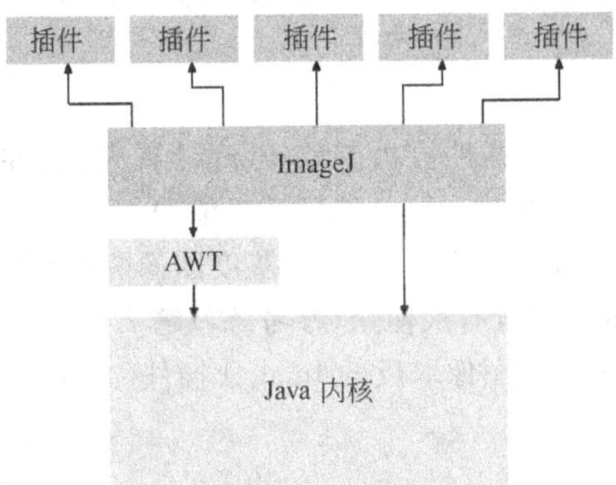

图 2.2　ImageJ 软件结构(已简化的)。ImageJ 建立在 Java 核心系统上，实际上，它依靠 Java 的高级窗口工具箱(AWT)来实现用户接口以及图像数据的展示。插件是扩展基本 ImageJ 系统功能的轻量 Java 类

- PlugIn：启动插件时不需要打开一幅图像。
- PlugInFilter：启动插件时，当前操作图像将传递给插件。

在本书的所有示例中，几乎全部采用第二种类型(PlugInFilter)来实现图像处理操作。接口规范要求所有 PlugInFilter 类型的插件必须至少实现两种方法：setup()和 run()。以下是这两个方法的原型：

- int setup (String arg, ImagePlus im)：当插件启动时，ImageJ 首先调用该方法来验证该插件的功能是否与目标图像匹配。setup()以 32 位整型值的形式返回一个二进制标志位向量来描述插件的属性。
- void run (ImageProcessor ip)：该方法执行插件的实际功能。它接收一个单独的参数 ip，该参数是 ImageProcessor 类的对象，即包括待处理的图像与相关的信息。run()方法没有返回值(void)，但可能会修改所传入的图像或者创建新的图像。

2.2.4　第一个示例：图像取反

这里用一个实际的示例来快速阐明这种机制。第一个插件的任务是对一幅 8 位灰度图像取反，使其由正片变为负片。后面将会看到，对图像的灰度值取反是一种典型的点运算

(点运算的内容将在第 4 章详细讨论)。在 ImageJ 中,8 位灰度图像的像素值取值范围是 0(黑色)~255(白色),此外,这里假设图像的宽度和高度分别是 M 和 N。取反操作十分简单:将每个像素的灰度值 $I(u,v)$ 替换为它的相反值,

$$I(u,v) \leftarrow 255 - I(u,v)$$

其中 (u,v) 是图像坐标,$u=0\cdots M-1$,$v=0\cdots N-1$。

插件类:My_Inverter

把第一个插件命名为 My_Inverter,它既是 Java 类的名字,也是包含其源文件的名字(程序 2.1)。名字中的下划线"_"使 ImageJ 将这个类识别为一个插件,并且在启动时自动地把它插入菜单列表。文件 My_Inverter.java 中的 Java 源代码包含一些 import 声明,紧接着实现了 PlugInFilter 接口(因为它将要应用于一幅已有图像)的类 My_Inverter 的定义。

setup()方法

当一个 PlugInFilter 类型的插件被执行时,ImageJ 首先调用它的 setup()方法来获得关于插件本身的信息。在这个示例中,setup()只返回值 DOES_8G(由 PlugInFilter 接口指定的静态整型常量),表明这个插件可以处理 8 位灰度图像(程序 2.1 第 8 行)。setup()方法的参数 arg 和 im 在这个示例中没有被使用(参考练习题 2.4)。

程序 2.1 用于对 8 位灰度图像取反的 ImageJ 插件(文件 My_Inverter.java)

```
 1 import ij.ImagePlus;
 2 import ij.plugin.filter.PlugInFilter;
 3 import ij.process.ImageProcessor;
 4
 5 public class My_Inverter implements PlugInFilter {
 6
 7     public int setup(String arg,ImagePlus im) {
 8         return DOES_8G;                        //此插件接收 8 位灰度图像
 9     }
10
11     public void run(ImageProcessor ip) {
12         int w=ip.getWidth();
13         int h=ip.getHeight();
14
15         //在图像所有坐标中循环
16         for (int u=0;u<w;u++) {
17             for (int v=0;v<h;v++) {
18                 int p=ip.getPixel(u,v);
19                 ip.putPixel(u,v,255-p);   //取反
20             }
21         }
22     }
23
24 } //My_Inverter 类结束 run()方法
```

如上所述，一个 PlugInFilter 插件的 run()方法接收一个 ImageProcessor 类型的对象(ip)，其中包含待处理的图像及其所有相关信息。首先，用 ImageProcessor 类的方法 getWidth()和 getHeight()来获得 ip 所引用图像的尺寸(第 12、13 行)，接着用两个嵌套的 for 循环(循环变量 u、v 分别代表水平和垂直坐标)遍历图像的所有像素(第 16、17 行)。为了读取和写入像素值，这里用到了 ImageProcessor 类的如下另外两个方法。

int getPixel (int u,int v)

该方法返回(u,v)处的像素值，如果(u,v)超过图像边界则返回 0。

void putPixel (int u,int v,int a)

该方法设置(u,v)处的像素值为一个新值 a，如果(u,v)超过图像边界则不做任何操作。

关于这些方法和其他方法的细节可以在本书配套网站中找到。

若确定没有图像边界以外的坐标被访问(像程序 2.1 中 My_Inverter 那样)，同时能够保证插入的像素值不超过图像处理算法的范围，那么就可以用较快的方法 get()和 set()来分别代替 getPixel()和 putPixel()方法。处理图像最有效的方法是彻底避免使用读/写方法，而直接访问相应像素数组的元素。

编辑、编译和执行插件

这里的插件源代码应该保存在文件 My_Inverter. java 中，这个文件位于<i j>/plugins/[①]或一个一级子目录中，新的插件文件可以通过 ImageJ 的 Plugins→New 菜单创建。ImageJ 还提供了一个用于编写插件的内置 Java 编辑器，可以通过 Plugins→Edit 菜单来使用它，可惜的是它对较正式的编程没有多大帮助。一个比较好的选择是使用现代的编辑器或者专业的 Java 编程环境，例如 Eclipse(www. eclipse. org)、NetBeans(www. netbeans. org)或者 JBuilder(www. borland. com)，这些软件均可免费获取。

为了编译插件(到 Java 字节码)，ImageJ 附带了自己的 Java 编译器作为运行时环境的一部分[②]。要编译和执行新的插件，只需使用菜单

Plugins→Compile and Run

编译错误将会显示在独立的日志窗口中。一旦插件被编译，相应的. class 文件就会被自动加载，该插件则被应用于当前操作图像。如果当前没有打开的图像或者当前图像不能被这个插件处理，则显示一条错误消息。

启动时，ImageJ 会自动地加载所有在<i j>/plugins/目录(或一级子目录)下找到的正确命名的插件，并把它们装入 Plugins 菜单。这些插件无须重新编译就可以立即执行。对插件的引用也可以通过命令

Plugins→Shortcuts→Install Plugin

手工置于 ImageJ 菜单树的任何其他位置。一系列插件的调用和其他 ImageJ 命令可以通过 Plugins→Macros→Record 记录为宏程序。

---

① <i j>代表 ImageJ 的安装目录，<i j>/plugins/是默认的插件路径，这个路径可以设置为其他目录。

② 目前只支持 Windows；对于 MacOS 和 Linux，参考 ImageJ 安装指南。

显示和“撤销”结果

程序 2.1 中的第一个插件并没有创建新的图像，而是“破坏性地”修改了目标图像。但情况并不总是这样，插件也可以另外创建图像或者只是进行统计计算，而不对原始图像进行任何修改。这里的插件并不包含任何显示修改后图像的命令，这也许有些奇怪。实际上，当传递给插件的图像认为被修改时，ImageJ 会自动地完成该图像的显示①。另外，ImageJ 在将图像传递给 PlugInFilter 类型的 run()方法以前会自动保存一个副本（即一个快照），这个功能使得用插件处理过图像之后还可以重新恢复原始图像（使用 Edit→Undo 菜单），而不必在插件代码中加入任何显式的预防措施。

2.3 ImageJ 与 Java 的其他信息

在后续章节中，将主要采用具体的插件和 Java 代码来描述算法和数据结构。这不仅使得这些示例可以立即使用，同时也可以帮助读者一步一步地掌握使用 ImageJ 的技巧。为了保持正文的紧凑，通常只描述特定插件的 run()方法以及其他相关的辅助类和方法的定义。这些示例的完整源代码可以从本书配套网站②下载。

2.3.1 ImageJ 的资源

完整的最新版 API 参考可以在 ImageJ 的官方网站上找到，其中包括源代码、教程和许多插件示例。对于正式的插件编程，可参考 Werner Bailer 编写的教程[3]。

2.3.2 用 Java 编程

尽管本书并不要求读者具备广泛的 Java 技能，但具有一些基本的知识对于理解和扩展书中的示例还是至关重要的。现在有大量的且数量还在增长的 Java 入门书籍，例如，对于那些具有编程经验但没有使用过 Java 的人，特别推荐 Sun 的 Java 网站③上的一些教程。另外，在本书的附录 B 中，读者可以找到一个关于 Java 中常见问题和编程错误的汇总。

2.4 练习题

2.1 在你的计算机上安装最新版本的 ImageJ，并熟悉其内置功能（打开、转换和保存图像）。

2.2 以 My_Inverter.java（程序 2.1）为模板，编写一个在水平方向（或垂直方向）翻转灰度图像的新插件，用不同尺寸（奇数、偶数、极小）的图像测试你的插件，仔细检查结果。

---

① 当设置了插件 setup()方法的返回值中的 NO_CHANGES 标志位时，ImageJ 不会重新显示图像。

② www.imagingbook.com。

③ http://java.sun.com/docs/books/tutorial/。

2.3 创建一个处理 8 位任意尺寸灰度图像的 ImageJ 插件，完成在图像上绘制宽度为 10 像素的白色（像素灰度值 255）边框的功能（不增加图像尺寸）。

2.4 编写一个新的 ImageJ 插件，在水平方向循环移动一幅 8 位灰度图像，直到它再次回到最初的状态。为了在每次移动后显示修改后的图像，需要获得相应的 ImagePlus 对象引用（ImageProcessor 没有用于显示的方法），ImagePlus 对象只能在插件的 setup()方法中访问，这个方法在 run()方法之前被自动调用。修改程序 2.1 中的定义，按照下面的方法维持一个引用并重画 ImagePlus 对象：

```
public class XY_plugin implements PlugInFilter {

    ImagePlus im;                       //此插件对象的新的实例变量

    public int setup(String arg,ImagePlus im) {
        this.im=im;                     //维持一个对图像 im 的引用
        return DOES_8G;
    }

    public void run(ImageProcessor ip) {
        ...                             //用 ip 来修改图像
        im.updateAndDraw();             //用 im 来重新显示图像
        ...
    }

}//XY_plugin 类结束
```

第3章 直 方 图

直方图被用来以易于解释的可视格式描述图像的统计特性。利用直方图可以方便地确定关于图像的某些特定问题，例如，通过检查直方图可以判断一幅图像曝光是否合适。事实上，由于直方图如此有用，以至于现代数码相机通常会在取景器上提供一个实时的直方图窗口(图 3.1)，以防止拍摄到曝光不足的相片。在图像的拍摄过程中就能发现类似于曝光不足的错误是非常重要的，因为曝光不足会导致信息的丢失，而这些信息是无法通过后期的图像处理技术恢复的。除了在图像拍摄过程中发挥作用，直方图还可以用来帮助改善图像的视觉效果，或者用来确定图像之前经过了哪种类型的处理。

图 3.1 数码相机取景器中的直方图窗口

3.1 何谓直方图

直方图是一种频率分布图，它描述了不同强度值在图像中出现的频率。这个概念可以通过图 3.2 所示的灰度图像来解释，一幅图像 I 的灰度值范围为 $I(u,v)\in[0,K-1]$，它的直方图 h 中正好包含 K 个条目(对于一幅典型的 8 位灰度图像，$K=2^8=256$)，每一个单独的条目被定义为：

$h(i)=I$ 中具有灰度值 i 的像素点总数

其中 $0\leqslant i<K$。正式描述为

$$h(i) = \mathrm{card}\{(u,v) \mid I(u,v) = i\} \tag{3.1}$$

这里，card{…}表示一个集合中元素的数目，即势（参见附录 A）。$h(0)$表示灰度值为 0 的像素点数目，$h(1)$表示灰度值为 1 的像素点数目，依此类推。最后，$h(255)$表示具有最大灰度值 $255=K-1$ 的白色像素点数目。灰度直方图运算的结果是一个长度为 K 的一维向量 h。图 3.3 给出了一个具有 $K=16$ 种可能灰度值的图像示例。

图 3.2　一幅 8 位灰度图像及其直方图，直方图描述了图中 256 种灰度值的频率分布

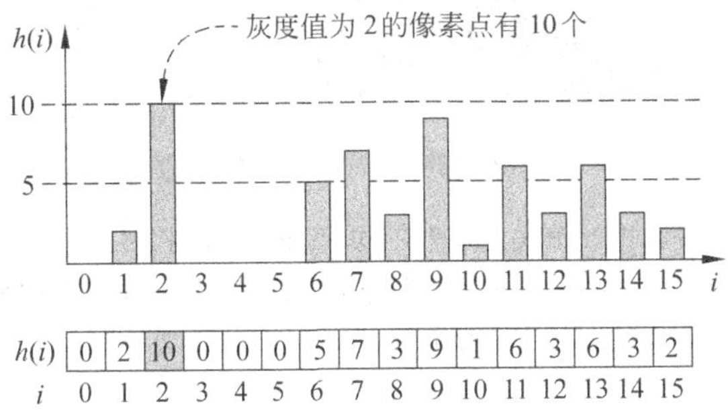

图 3.3　一幅具有 $K=16$ 种可能灰度值的图像的直方图向量。向量中元素的索引 $i=0,\cdots,15$ 代表灰度值，索引 2 的值 10 表示图像中灰度值为 2 的像素点有 10 个

由于直方图并未反映出其每个条目对应于图像中的位置，因此直方图不包含图像中像素点的空间排列信息。这是因为直方图的主要功能是以紧凑的形式反映图像的统计信息（例如强度值的分布）。是否可以仅利用直方图来重建一幅图像呢？也就是说，直方图是否可以以某种方式逆转？在非特殊情况下，答案是否定的。例如，用同样数目的具有特定灰度值的像素点可以建立多种多样的图像，尽管这些图像看上去差别很大，但它们却具有完全相同的直方图（图 3.4）。

图 3.4　三幅具有相同直方图的不同图像

3.2 理解直方图

直方图能够描述图像获取过程中产生的问题，例如，那些涉及对比度以及动态范围的问题，以及由图像处理过程造成的瑕疵。通过检查直方图分布的范围和均匀程度，可以确定一幅图像是否有效地利用了它的强度范围（图 3.5）。

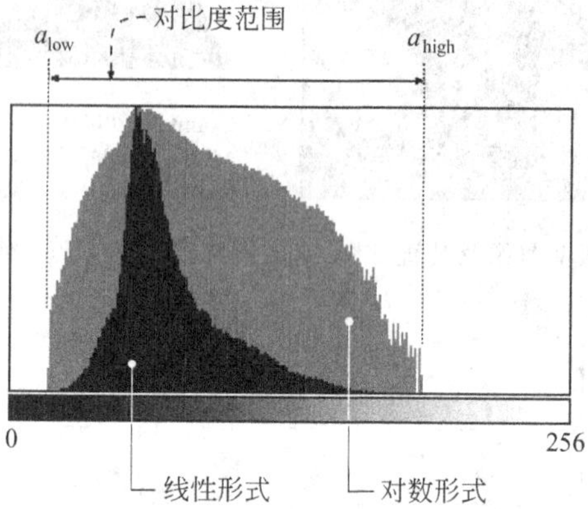

图 3.5 有效强度范围。图表用线性形式（黑色条目）和对数形式（灰色条目）描述了强度值在图像中出现的频率，对数形式使那些出现频率相对较低但可能很重要的部分变得显而易见

3.2.1 图像获取

曝光

直方图使典型的曝光问题变得显而易见。例如，一端较大强度取值范围未使用而另一端充满峰值的直方图（图 3.6）就代表图像曝光不合适。

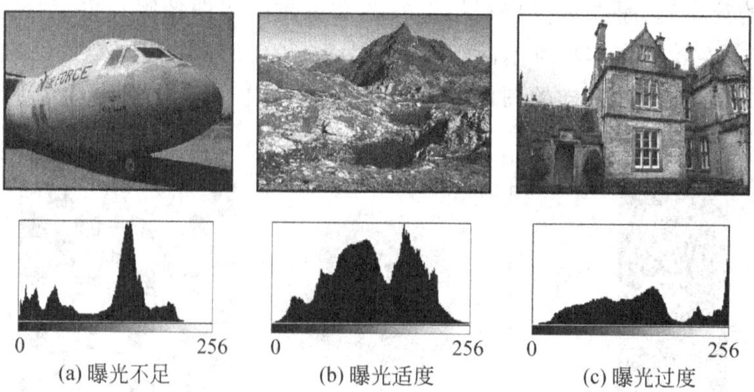

图 3.6 曝光错误在直方图中是显而易见的

对比度

对比度包含两方面的含义，一方面是指一幅给定图像中强度值的有效利用范围，另一方面是指图像中最大和最小像素强度值的差距。一幅全对比度图像有效地利用了全部的可用强度值范围：$a=a_{\min}\cdots a_{\max}=0\cdots K-1$（从黑色到白色）。利用这个定义，一幅图像的对比度可以轻易地从直方图中得到。图 3.7 说明了对比度的变化是怎样影响直方图的。

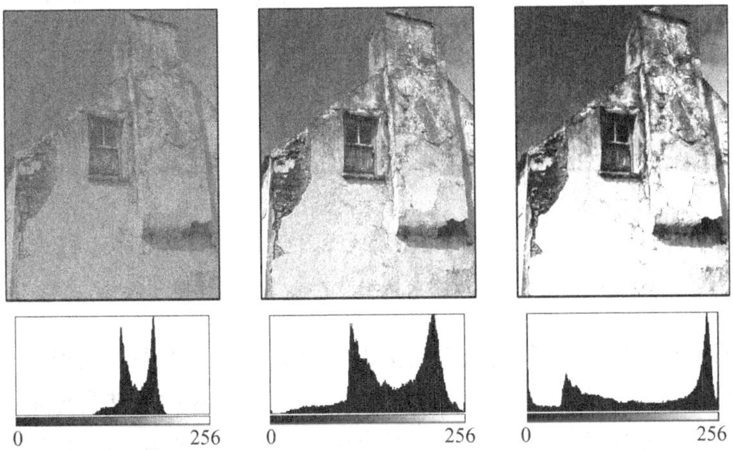

(a) 低对比度　(b) 正常对比度　(c) 高对比度

图 3.7　对比度变化对直方图的影响

动态范围

一幅图像的动态范围是指图像中不同像素灰度值的数目。理想情况下，即所有取值都被利用的情况下，动态范围是所有可能像素值 K。如果一幅图像的可用对比度范围是 $a=a_{\mathrm{low}}\cdots a_{\mathrm{high}}$，其中

$$a_{\min}<a_{\mathrm{low}}\quad 且\quad a_{\mathrm{high}}<a_{\max}$$

那么动态范围的最大可能值将在这个可用对比度范围内所有强度值都被利用（即在图像中出现，见图 3.8）的情况下达到。

对比度的增强可以通过转换现有的像素值，使更多的可用取值范围被利用来实现；而动态范围的增强只能通过用诸如插值的方法引入人为的（即不是由成像传感器产生的）强度值来实现。高动态范围图像是人们所期望的，因为这些图像的质量在图像处理和压缩过程中损失会比较小。由于没有实际可行的方法能够在获取图像之后增强其动态范围，专业的摄像机和扫描仪一般工作在超过 8 位（通常是 12 位或 14 位）的深度下，以便在图像获取阶段增强其动态范围。这样做是为了方便后期的图像处理，因为大部分用于显示图像的输出设备（例如显示器和打印机）都无法产生多于 256 种色阶。

3.2.2　图像缺陷

直方图可用于检测图像获取或者后期处理过程中产生的各种缺陷。因为直方图依赖于图像中所捕获场景的视觉特征，所以不存在一种通用的"理想"直方图。一个特定场景的最优直

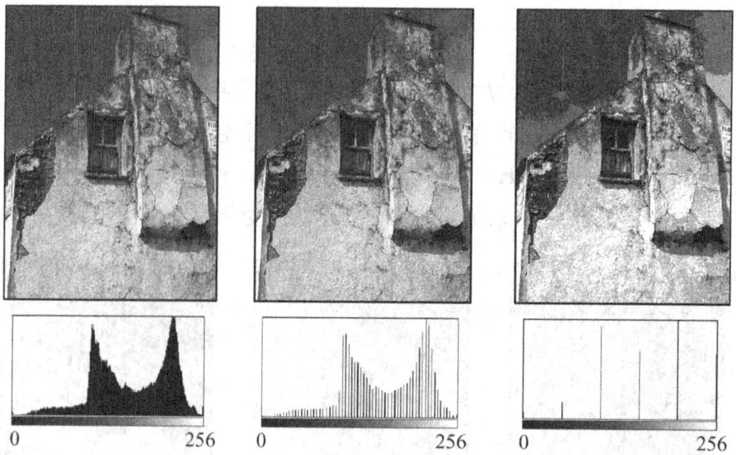

(a) 高动态范围　(b) 具有64种灰度值的低动态范围　(c) 只有6种灰度值的极低动态范围

图 3.8　动态范围变化对直方图的影响

方图，在另一个场景中可能会变得完全无法接受。例如，一幅天文图像的理想直方图可能会与一幅风景或肖像照片的理想直方图相去甚远。然而，一些一般性的准则还是存在的，例如，用一部数码相机拍摄一幅风景图时，可以期望直方图的分布均匀平坦且没有孤立峰值。

饱和度

理想状态下，诸如摄像机中传感器的对比度范围应该比它从场景中接收到的光线强度范围大。在这种情况下，所拍摄图像的直方图的两端会比较平坦，因为从场景中特别亮和特别暗的部分接收到的光线会比从其他部分接收到的光线少。不幸的是，实际的情况通常不是这种理想状态，光照往往超出了传感器的对比度范围，场景中特别亮和特别暗的部分无法被捕获，从而造成直方图的一端或两端饱和。那些超出传感器对比度范围的光照值将被映射到传感器的最小值或最大值，这种现象反映在直方图上就是端部出现显著的峰值。这种情况通常出现在曝光不足或者曝光过度的图像中，而且当场景的实际对比度范围超出系统传感器的对比度范围时，这种情况一般是无法避免的(参见图 3.9(a))。

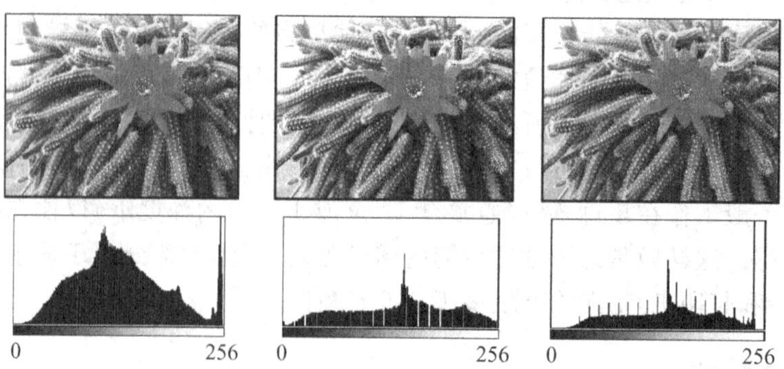

(a) 高强度值饱和　(b) 轻微提高对比度造成的直方图中的间隙　(c) 降低对比度造成的直方图中的峰值

图 3.9　图像拍摄过程中的失误对直方图的影响

峰值和间隙

像上面讨论的那样，一幅未经处理图像的强度值分布一般是平坦的，也就是说，在它的直方图中不应该出现孤立的峰值（除了两端可能出现的饱和效果）和间隙。任何给定强度值出现的频率也不应该与它邻近亮度值出现的频率有过大差别（即局部平滑）。原始图像中出现这样的不自然现象是非常罕见的，而在一幅图像被操作处理后（例如改变对比度），这些问题就会经常出现。增强对比度（参见第4章）会造成直方图中的条目彼此分散，由于取值的离散，直方图中将会产生间隙（图3.9(b)）。同样由于取值的离散，降低图像的对比度将会造成直方图中本来不同的条目合并，这将导致直方图中条目的值增大，并最终导致直方图中出现显著的峰值（图3.9(c)）[①]。

图像压缩的影响

图像压缩也会改变图像并在图像的直方图中反映出来。例如，在GIF压缩过程中，一幅图像的动态范围被削减到只有少量的强度或颜色值，从而造成直方图具有明显的线状结构，这种现象是无法在后续处理中被消除的（图3.10）。一般来说，即使后来把图像转换成TIFF或JPEG那样的全彩色图像，利用直方图也能够快速发现图像是否经过了像GIF转换中那样的颜色量化过程。

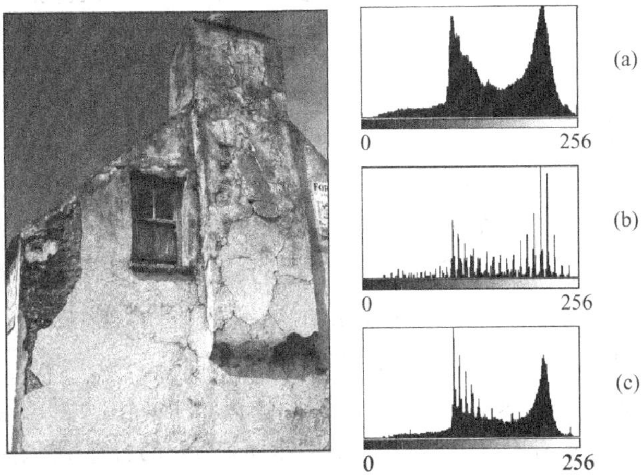

图3.10 GIF转换造成的颜色量化效应。原始图像被转换为一幅256色的GIF图像（左），原始图像的直方图为(a)；经过GIF转换后的直方图为(b)；当RGB图像的尺寸改变50%时，一些丢失的颜色因为插值重新产生，但是GIF转换造成的影响在直方图中仍然清晰可见(c)

图3.11说明，当一幅只有两个灰度值(128,255)的线框图形，受到不是为线框图形设计的而是为细节化的全彩色图像设计的压缩方法（例如JPEG方法）的影响时，会产生怎样的结果。所得图像的直方图明显显示，它包含大量没有在原始图像中出现的灰度值，导致所得

---

① 不幸的是，这些类型的错误也可能是由某些图像采集设备内部的对比度优化程序造成的，特别是低端扫描仪。

图像朦胧、模糊，质量变差[1]。

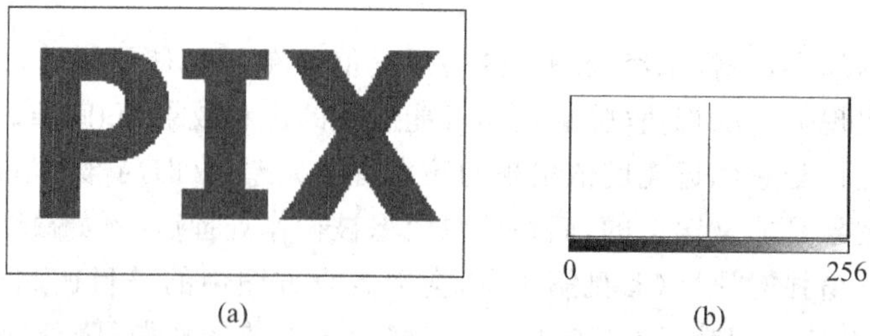

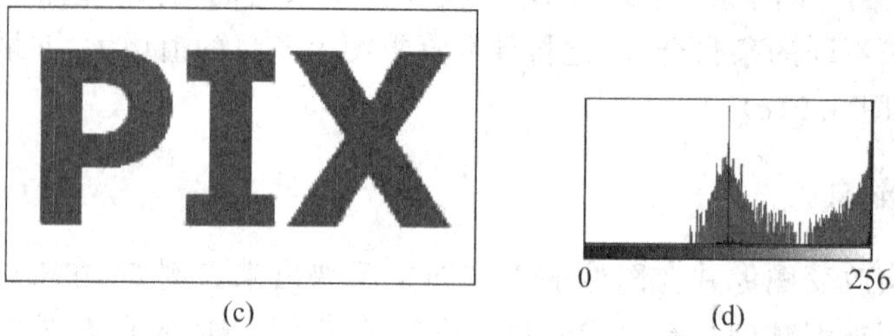

图 3.11 JPEG 压缩的影响。原始图像(a)只包含两个不同的灰度值，如同其直方图(b)中显示的那样。对于这种类型的图像，JPEG 压缩是一个错误的选择，其导致结果中出现大量其他的灰度值，在所得图像(c)以及其直方图(d)中均可以观察到。在两个直方图中，显示了线性频率(黑色条)以及对数频率(灰色条)

3.3 直方图计算

计算包含强度值从 0～255 的 8 位灰度图像的直方图是一件很容易的工作，所需要的是 256 个计数器，每一个可能的强度值对应一个计数器。首先，所有的计数器初始化为 0；然后，遍历图像 $I(u,v)$，确定每一个位置的像素值 p，对应的计数器增加 1；最后，在每一个计数器中将包含相应强度值在图像中的像素数目。

有 K 个可能强度值的图像需要 K 个计数器变量，例如，由于 8 位灰度图像至多包含 256 个不同的强度值，因此需要 256 个计数器。然而，独立的计数器只是在概念上讲得通，实际实现时不会用 K 个独立变量来表示计数器，而是利用具有 K 个元素的数组(在 Java 中为 int[256])。在此例中，实际实现为一数组是简单易懂的。由于强度值从 0 开始(类似 Java 中的数组)并且都是正数，所以其可以直接作为直方图数组中的下标 $i\in[0,N-1]$。程序 3.1 是利用 ImageJ 插件中的方法 run()计算直方图的完整 Java 代码。

程序 3.1 计算 8 位灰度图像直方图的 ImageJ 插件。方法 setup()返回 DOES_8G+NO_CHANGES(第 4 行)，此插件要求 8 位灰度图像并且不会改变图像。在 Java 中，所有新建的实例化数组元素(第 8 行)都自动初始化，这里初始化为 0

---

① 由于不是专门设计，所以对这样的图像进行 JPEG 压缩是导致最糟糕的影像误差的原因之一。JPEG 是为颜色过渡平滑的自然场景照片而设计的，用它对具有大面积相同颜色的图标图像进行压缩会导致很严重的视觉瑕疵(例如图 2.9)。

```
public class Compute_Histogram implements PlugInFilter {

    public int setup(String arg,ImagePlus img) {
        return DOES_8G+NO_CHANGES;
    }

    public void run(ImageProcessor ip) {
        int[] H=new int[256];                //直方图数组
        int w=ip.getWidth();
        int h=ip.getHeight();

        for (int v=0;v<h;v++) {
            for (int u=0;u<w;u++) {
                int i=ip.getPixel(u,v);
                H[i]=H[i]+1;
            }
        }
        ...                                   //可以在这里使用直方图 H[]
    }

} //Compute_Histogram 类的结尾
```

在程序 3.1 开始处，创建了类型为 int[]的数组 H，其元素自动初始化[①]为 0。此数组是沿着行的顺序还是列的顺序遍历是没有什么区别的，至少对于最终的结果来说，只要把图像中的所有像素刚好遍历一次即可。与程序 2.1 相反，此例中我们把数组按照标准的行优先顺序来回移动，因此外层 for 循环遍历垂直坐标 v，内层循环遍历水平坐标 u[②]。直方图计算出来之后，就可以进行诸如显示等进一步的处理。

在 ImageJ 中已经实现了直方图计算，可以通过 ImageProcessor 类的对象类方法 getHistogram()来使用它。如果使用 ImageJ 中提供的方法，程序 3.1 中的方法 run()可以简化为如下所示：

```
public void run(ImageProcessor ip) {
    int[] H=ip.getHistogram();  内置的 ImageJ 方法
    ... //可以在这里使用直方图 H[]
}
```

① 在 Java 中，基本数组例如 int、double 等整数类型在创建的时候初始化为 0，浮点类型初始化为 0.0，对象类数组初始化为 null。

② 在此方式中，图像元素的遍历方式与存储在内存中的方式是严格一致的，因此内存获取更加方便并且有可能提高性能，处理较大图像时尤其如此(参见附录 B)。

3.4 多于8位图像的直方图

通常，计算直方图是为了能在屏幕上显示图像的颜色分布。在处理有 $2^8=256$ 个灰度等级的图像时不存在什么问题，但是当一幅图像有更多数值，例如16和32位或者浮点图像(见表1.1)，对于如此大数目的灰度等级，如果不事先处理而直接在屏幕上显示是不现实的。

3.4.1 像素组合

因为不可能利用直方图的条目来表示每一个强度值，所以这里将利用直方图的一个单独条目来表示一系列强度值。此技术通常称为“装箱”，因为可以直观地把它看作是将一组像素值装进一个诸如箱柜或者桶之类的容器中。在一个大小为 B 的装箱直方图中，每一个箱 $h(j)$ 包含取值在区间 $a_j \leqslant a < a_{j+1}$ 内的像素的数目，因此(类比式(3.1))，

$$h(j) = \mathrm{card}\{(u,v) \mid a_j \leqslant I(u,v) < a_{j+1}\}, \quad 当\ 0 \leqslant j < B \tag{3.2}$$

一般地，可能的取值范围根据箱的个数 B 被分成相等大小为 $k_B=K/B$ 的箱，因此对应第 j 个箱的区间的起始值为

$$a_j = j \cdot \frac{K}{B} = j \cdot k_B$$

3.4.2 示例

为了对14位图像创建一个包含 $B=256$ 个条目的典型直方图，需要把 $j=0\cdots 2^{14}-1$ 分成256个相等的区间，每个区间的长度为 $k_B=2^{14}/256=64$，因此 $a_0=0, a_1=64, a_2=128, \cdots, a_{255}=16320$ 以及 $a_{256}=a_B=2^{14}=16384=K$。下列结果为所得像素值到直方图箱 $\mathbf{h}(0)\cdots\mathbf{h}(255)$ 的映射：

$$\begin{array}{lcccccc}
\mathbf{h}(0) & \leftarrow & 0 & \leqslant & I(u,v) & < & 64 \\
\mathbf{h}(1) & \leftarrow & 64 & \leqslant & I(u,v) & < & 128 \\
\mathbf{h}(2) & \leftarrow & 128 & \leqslant & I(u,v) & < & 192 \\
\vdots & & \vdots & & \vdots & & \vdots \\
\mathbf{h}(j) & \leftarrow & a_j & \leqslant & I(u,v) & < & a_{j+1} \\
\vdots & & \vdots & & \vdots & & \vdots \\
\mathbf{h}(255) & \leftarrow & 16320 & \leqslant & I(u,v) & < & 16384
\end{array}$$

3.4.3 实现

如果如例中所述，值域范围 $0,\cdots,K-1$ 分成相等的长度间隔为 $k_B=K/B$ 的区域，那么就不需要利用转换表来寻找 a_j，因为给定一个像素值 $a=I(u,v)$ 很容易计算出正确的直方图元素 j。在这种情况下，把像素值 $I(u,v)$ 简单地分为长度为 k_B 的区域，即

$$\frac{I(u,v)}{k_B} = \frac{I(u,v)}{K/B} = \frac{I(u,v) \cdot B}{K} \tag{3.3}$$

这里需要一个整数值来作为直方图箱 $h(j)$ 的索引，即

$$j = \left\lfloor \frac{I(u,v) \cdot B}{K} \right\rfloor \tag{3.4}$$

其中 $\lfloor \cdot \rfloor$ 表示 floor 函数[①]。程序 3.2 给出了通过“线性装箱”计算直方图的 Java 方法。注意，式(3.4)中的所有计算都是整数运算而不包含任何浮点运算。另外，也不需要显式调用 floor 函数，因为在第 11 行的表达式

```
a * B/K
```

利用了整数除法以及 Java 对此类运算的浮点结果进行截断处理的特点(即浮点数结果简单切断)，这样得到的结果等同于 floor 函数[②]。按同样的方式，这种装箱方法也可用于浮点图像。

程序 3.2　利用“装箱”计算直方图(Java 方法)。示例中计算 $K=256$ 强度等级的 8 位灰度图像，当 $B=32$ 时得到的直方图。成员函数 binnerHistogram()的返回值为图像对象 ip 所传递的大小为 B 的 int 数组直方图

```
1  int[] binnedHistogram(ImageProcessor ip) {
2      int K=256;                          //亮度值的数目
3      int B=32;                           //需要定义的直方图尺寸
4      int[] H=new int[B];                 //直方图数组
5      int w=ip.getWidth();
6      int h=ip.getHeight();
7
8      for (int v=0;v<h;v++) {
9          for (int u=0;u<w;u++) {
10             int a=ip.getPixel(u,v);
11             int i=a * B/K;              //只是整型运算!
12             H[i]=H[i]+1;
13         }
14     }
15     //返回装箱直方图
16     return H;
17 }
```

3.5　彩色图像直方图

彩色图像的直方图，通常是指图像强度(亮度)直方图或者单个颜色通道的直方图。这两个变体都依赖于实际的图像处理应用，可用于图像质量的主观评估，尤其是在图像获取之后立即的主观评估。

---

① 表示对 x 向下取最接近的整数值(见附录 A)。

② 更详细的讨论见附录 B 关于 Java 中整数除法部分的内容。

3.5.1 强度直方图

彩色图像的亮度直方图 $\mathbf{h}_{\mathrm{Lum}}$ 就是相应灰度图像的直方图，因此先前关于直方图的所有方面的讨论也适用于这种类型的直方图。灰度图像是通过计算彩色图像各个通道的亮度来得到的。当计算亮度时，只是简单地求每个颜色通道的平均值是不够的，应该计算考虑了颜色感知理论的加权和。此处理过程将在第 8 章详细介绍。

3.5.2 单个颜色通道直方图

尽管亮度直方图考虑了所有颜色通道，但在单个通道中的图像错误仍然难以被发现。例如，当一种颜色通道过饱和时，亮度直方图可能依然是平坦均匀的。在 RGB 图像中，蓝色通道对总体亮度贡献较小，因此对此类问题尤其敏感。

分量直方图对每个颜色通道中的强度分布进行统计分析。计算分量直方图时，把每个颜色通道当作一个与其他通道相互独立的灰度图像，分别计算和显示其直方图。图 3.12 中显示了典型的 RGB 彩色图像的亮度直方图 $\mathbf{h}_{\mathrm{Lum}}$ 及三个分量直方图 $\mathbf{h}_{\mathrm{R}}$、$\mathbf{h}_{\mathrm{G}}$ 和 $\mathbf{h}_{\mathrm{B}}$。注意，所有三个通道中的饱和问题(红色分量分布在较高亮度区域，绿色和蓝色分量分布在较低亮度区域)在分量直方图中比较明显，而在亮度直方图中不明显。

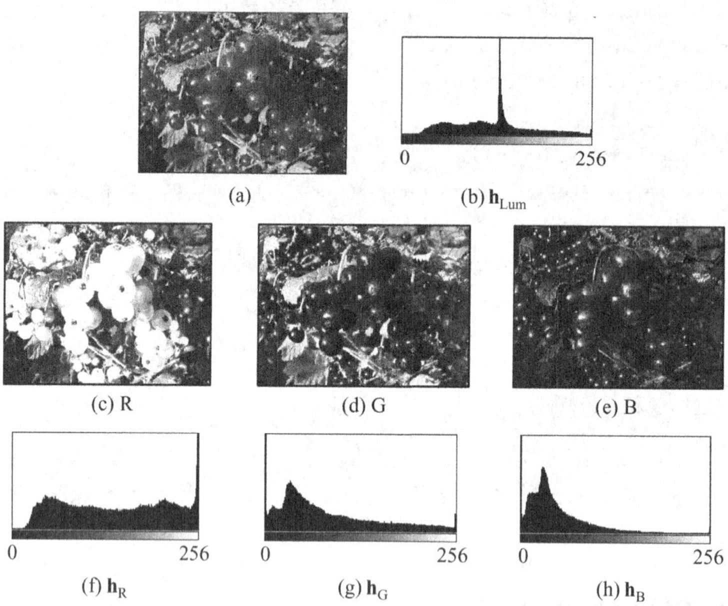

图 3.12　RGB 彩色图像的直方图：(a)原始图像；(b)亮度直方图 $\mathbf{h}_{\mathrm{Lum}}$；(c～e)RGB 颜色分量作为强度图像及对应的分量直方图；(f～h)$\mathbf{h}_{\mathrm{R}}$、$\mathbf{h}_{\mathrm{G}}$ 和 $\mathbf{h}_{\mathrm{B}}$。事实上，所有三个颜色通道都有饱和问题，只是在各个分量直方图中表现的比较明显。由此导致的亮度分布中的尖锐峰值可以在亮度直方图的中部观察到

此例中，三个分量直方图显得完全不同于相应的亮度直方图 $\mathbf{h}_{\mathrm{Lum}}$，这种情况也是比较典型的(图 3.12(b))。

3.5.3 组合颜色直方图

亮度直方图以及分量直方图都提供关于单独颜色分量光照、对比度、动态范围以及饱和效应的有用信息。切记：这两种直方图并没有提供关于图像中真实颜色分布的信息，因为它们是基于单个颜色通道的，而不是基于形成各个像素颜色的通道的组合。例如，红色通道的分量直方图 $\mathbf{h}_R$ 包含条目为

$$\mathbf{h}_R(200) = 24$$

那么只知道图像中有 24 个红色分量值为 200 的像素。这个条目并没有告诉关于那些绿色和蓝色像素的信息，因此可以为任意有效值，即

$$(r,g,b) = (200, *, *)$$

进一步假设三个分量直方图包含下列条目：

$$\mathbf{h}_R(50) = 100, \quad \mathbf{h}_G(50) = 100, \quad \mathbf{h}_B(50) = 100$$

是否可以从中得到结论：图像中有 100 个像素包含颜色组合

$$(r,g,b) = (50,50,50)$$

或者这个颜色完全存在？一般来说，答案是否定的。因为，没办法从这些数据里确定是否在图像中存在一个三个颜色成分都为 50 的像素点。这里能确定的唯一一点是，在此图像中，颜色值(50,50,50)至多出现 100 次。

因此，虽然彩色图像的常规直方图描述了图像的重要性质，但是它们并没有真正提供任何关于图像中实际颜色成分的信息。事实上，一组彩色图像可以有非常相似的分量直方图，但它们却有完全不同的颜色。这个问题引出了组合直方图这个非常有趣的题目，即利用组合颜色组件的统计信息，试图确定两幅图像的颜色组成是否大致相似。由这些类型的直方图计算得到的特征，通常形成了基于颜色的图像检索方法的基础。在第 8 章中将返回来讨论这个主题，从而更详细地研究彩色图像。

3.6 累积直方图

累积直方图源自于普通直方图，它在处理一些涉及直方图的操作时非常有用，如直方图均衡化(见 4.5 节)。累积直方图 $\mathbf{H}(i)$定义为：

$$\mathbf{H}(i) = \sum_{j=0}^{i} \mathbf{h}(j), \quad 其中\ 0 \leqslant i < K \tag{3.5}$$

因此，$\mathbf{H}(i)$的值是所有普通直方图中 $\mathbf{h}(j)$值的和，其中 $j \leqslant i$。又或者，可以将其定义为递归形式(如程序 4.2 所实现的)：

$$\mathbf{H}(i) = \begin{cases} \mathbf{h}(0) & i = 0 \\ \mathbf{H}(i-1) + \mathbf{h}(i) & 0 < i < K \end{cases} \tag{3.6}$$

累积直方图是单调递增函数，其最大值为：

$$\mathbf{H}(K-1) = \sum_{j=0}^{K-1} \mathbf{h}(j) = M \cdot N \tag{3.7}$$

即为在宽度 M、高度 N 的图像中的所有像素数。图 3.13 显示了累积直方图的一个具

体示例。

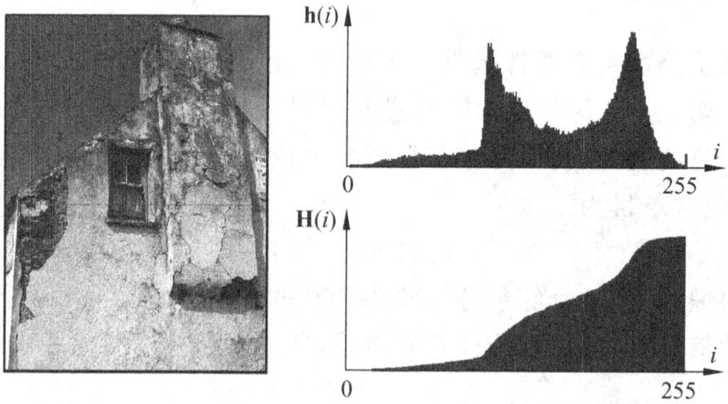

图 3.13 普通直方图 **h**(j)及其对应的累积直方图 **H**(i)

3.7 练习题

3.1 在程序 3.2 中,B 和 K 都是常数。考虑一下在循环外部计算 B/K 的值是否有优点,并解释理由。

3.2 开发一个计算 8 位灰度图像的累积直方图的 ImageJ 插件,并将此累积直方图当作一幅新的图像显示出来,类似于图 3.13 中的 **H**(i)。

提示:利用 ImageProcessor 的方法 int[] getHistogram()来获取原始图像的直方图,并且根据式(3.6)计算对应位置的累积直方图。创建一个新的(黑色)合适尺寸的图像(例如 256×150),然后用黑色垂直条描绘出缩放后的直方图数据,使得最大的条目跨越图像的整个高度。程序 3.3 显示了此插件如何初始化以及如何创建和显示一副新图像。

3.3 利用区间极限为 a_j 的表(式(3.2)),开发一种非线性装箱技术。

3.4 利用 Java 方法 Math.random()或者 Random.nextInt(int n)开发一个 ImageJ 插件,用来创建一幅图像,其像素随机取值但在[0,255]间均匀分布。分析此图像的直方图以确定实际像素值均匀分布的程度。

3.5 开发一个 ImageJ 插件,用于创建一幅具有高斯分布的随机图像,其中高斯分布的均值为 $\mu=128$,标准方差为 $\sigma=50$。利用标准 Java 方法 double Random.nextGaussian()来生成正态分布随机数值(其中 $\mu=0,\sigma=1$),然后对其适度比例缩放后作为像素值。分析所得图像的直方图,看是否为高斯分布。

程序 3.3 创建和显示一幅新图像(ImageJ 插件)。首先创建 ByteProcessor 对象(histIp,第 15 行),随后初始化该对象。在此处,histIp 没有屏幕显示内容,因此不可见。然后,创建相关联的 ImagePlus 对象(第 25 行),并且利用 show()方法显示它(第 26 行)。注意标题(String)是如何从 setup()方法内部的原始图像中获得,然后用于组成新的图像标题(第 24 行和第 25 行)。如果在调用 show()之后,histIp 发生了变化,可以调用 updataAndDraw()方法以重新显示相应结果(第 27 行)

```
public class Create_New_Image implements PlugInFilter {
    String title=null;

    public int setup(String arg,ImagePlus im) {
        title=im.getTitle();
        return DOES_8G+NO_CHANGES;
    }

    public void run(ImageProcessor ip) {
        int w=256;
        int h=100;
        int[] hist=ip.getHistogram();

        //创建直方图图像
        ImageProcessor histIp=new ByteProcessor(w,h);
        histIp.setValue(255);    //white=255
        histIp.fill();           //清除图像

        //在 ip2 处绘制黑条为对应直方图值
        //例如使用 histIp.putpixel(u,v,0)
        //...

        //显示直方图
        String hTitle="Histogram of "+title;
        ImagePlus histIm=new ImagePlus(hTitle,histIp);
        histIm.show();
        //histIm.updateAndDraw();
    }

} //类 Create_New_Image 结束
```

第 4 章 点 运 算

点运算是在不改变图像大小、几何形状以及局部结构的情况下，对像素值进行修改。每一个新的像素值 $a'=I'(u,v)$ 完全依赖于相同位置的前一个值 $a=I(u,v)$，而与其他位置像素值无关，尤其与其相邻的任何像素无关①。原始像素值通过函数 $f(a)$ 映射到一个新的值，

$$a' \leftarrow f(a) \quad 或 \quad I'(u,v) \leftarrow f(I(u,v)) \tag{4.1}$$

其中 (u,v) 表示像素位置。如果函数 $f()$ 与图像坐标无关（也就是说在图像上各点取值相同），则此运算称为"均匀运算"，均匀点运算的典型示例包括如下。

- 改变图像的亮度和对比度。
- 进行任意的强度变换（"曲线"）。
- 量化（或"多色调分色"）图像。
- 全局阈值转换。
- Gamma 校正。
- 颜色转换。

后文将对上述一些方法进行更加详细的介绍。相比之下，非均匀点运算的映射函数 $g()$ 需要考虑当前图像坐标 (u,v)，例如

$$a' \leftarrow g(a,u,v) \quad 或 \quad I'(u,v) \leftarrow g(I(u,v),u,v) \tag{4.2}$$

一个典型的非均匀点运算是进行局部的对比度和亮度调整，用于补偿在图像获取时非均匀光照的影响。

4.1 图像强度修正

4.1.1 对比度与亮度

这里从一个简单的示例开始。要增加图像 50% 的对比度（即因子为 1.5）和提高 10 个单位的亮度，可以分别表示为映射函数

$$f_{\text{contr}}(a) = a \times 1.5 \quad 和 \quad f_{\text{bright}}(a) = a + 10 \tag{4.3}$$

第一个运算可以通过程序 4.1 中的代码作为 ImageJ 的插件来实现，对此代码做简单修改可以适用于任何其他形式的点运算。在第 7 行强制类型转换造成截断效应之前，加上

---

① 若结果依赖于多个像素值，则此运算称为"滤波"，如第 5 章所述。

0.5 可以非常简单地实现四舍五入到最近整数值(只针对正数)。此外要注意,在本例中使用了更高效的图像处理方法 get()和 set()(代替 getPixel()和 putPixel())。

程序 4.1　运用点运算增加 50%的对比度(ImageJ 插件)。注意在第 7 行整型像素值乘以常数 1.5(隐含为 double 型数据)后的结果是 double 类型。因此,需要一个显式的类型转换(int)将其值转换为整型赋给变量 a。在第 7 行所加的 0.5 是要把数据四舍五入到最近的整数值

```
1  public void run(ImageProcessor ip) {
2      int w=ip.getWidth();
3      int h=ip.getHeight();
4
5      for (int v=0;v<h;v++) {
6          for (int u=0;u<w;u++) {
7              int a= (int) (ip.get(u,v)1.5+0.5);
8              if (a>255)
9              a=255          //限定到最大值
10             ip.set(u,v,a);
11         }
12     }
13 }
```

4.1.2　利用设定门限限制结果值

必须牢记,对像素值进行算术运算时,计算结果有可能会超出给定图像类型像素值的最大取值范围(8 位灰度图像的范围为[0…255])。为了避免这个问题,在程序 4.1 的第 9 行中,包含一个"设定门限"语句:

```
if (a>255) a=255;
```

此操作限制任意结果的最大值为 255。同样,可以限制最小值为 0,从而避免出现负的像素值(在 8 位图像中不存在负值),语句如下所示:

```
if (a<0) a=0;
```

但是,这条语句在程序 4.1 中是不需要的,因为在这个操作中,所得中间结果肯定不会是负值。

4.1.3　图像求反

对一幅灰度图像求反是一个简单的点运算过程,即反转图像的像素值顺序(通过乘以 −1)并且加上一个常数值,使其映射到允许的取值范围内。因此,对于一个在取值范围$[0,a_{\max}]$内的像素值 $a=I(u,v)$,相应的点运算为:

$$f_{\text{invert}}(a)=-a+a_{\max}=a_{\max}-a \tag{4.4}$$

在 2.2.4 节(程序 2.1)的第一个插件示例中,列出了对 8 位灰度图像 $a_{\max}=255$ 进行求

反运算的操作。注意，在这种情况下，不需要任何门限限制，因为此函数总是映射到原始值域范围内。在 ImageJ 中，这个操作是通过 invert()方法来实现的(针对 ImageProcessor 类型的对象)，可以通过 Edit→Invert 菜单来使用它。从图 4.5(c)中可以看出，图像求反后的直方图与原图是镜像对称的。

4.1.4 阈值操作

图像的阈值操作是一种特殊的量化方法，它根据给定的阈值 a_{th}将像素值分为两类。阈值函数 $f_{threshold}(a)$把所有像素值映射为两个固定强度值 a_0 或 a_1 中的一个，即

$$f_{threshold}(a) = \begin{cases} a_0 & a < a_{th} \\ a_1 & a \geqslant a_{th} \end{cases} \tag{4.5}$$

其中 $0 < a_{th} < a_{max}$。此方法广泛用于灰度图像的二值化，其值为 $a_0=0, a_1=1$。

ImageJ 为二值图像提供了一种特殊的数据类型(BinaryProcessor)，但实际上，这些二值图像实现为 8 位灰度图像(类似一般的灰度图像)，像素取值为 0 和 255。ImageJ 通过 ImapgProcessor 的方法 threshold(int level)来实现阈值操作，其中 level$\equiv a_{th}$；此操作可通过 Image→Adjust→Threshold 菜单调用(见图 4.1)。阈值操作通过将强度值分布分裂和合并到 a_0 和 a_1 处的两个条目来影响直方图的，如图 4.2 所示。

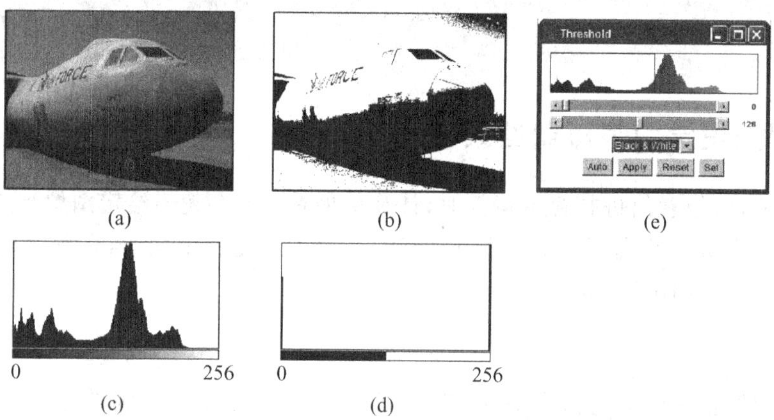

图 4.1 阈值操作：原始图像(a)及对应的直方图(c)；$a_{th}=128, a_0=0, a_1=255$ 时阈值操作后的结果(b)及对应直方图(d)；(e)为 ImageJ 的交互 Threshold 菜单

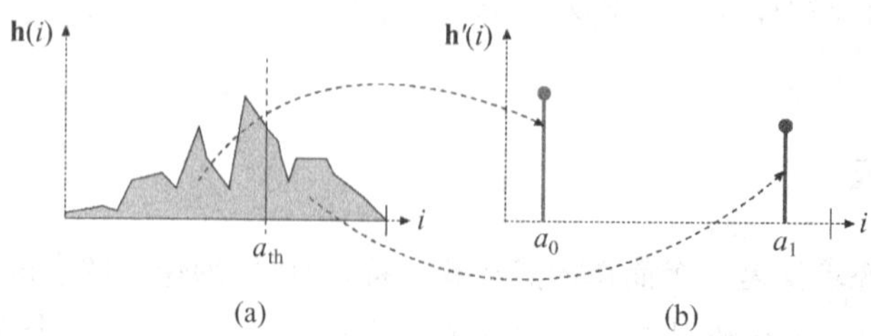

图 4.2 阈值操作对直方图的影响。阈值为 a_{th}。原始分布(a)，在位置 a_0 和 a_1 处被分裂和合并为有两个孤立条目后的直方图(b)

4.2 点运算与直方图

我们已经看到，在某种情况下，点运算对图像直方图的影响是非常容易预测的。例如，通过一个常量来增加图像的亮度将使直方图整体向右移动；提高对比度以加宽直方图；对图像求反使直方图反转。虽然这些操作非常简单，但是对于分析点运算与直方图之间的密切关系是非常有价值的。

如图4.3所示，直方图中位置 i 对应的条目(条状)映射到一个(大小为 $\mathbf{h}(i)$)包含所有像素值为 i 的像素集[①]。如果经过某个点运算，使得某个特定的直方图条目发生了位移，那么对应集合中的所有像素值都会发生相同的变化，反之亦然。如果一个点运算(如降低图像对比度)使得两个先前分开的直方图条目合并到位置 i 处，那么图像会发生什么变化？此问题的答案是相应像素集合被合并，新直方图的条目是两个(或更多)条目的总和(即两个合并集合的大小)。此时，合并后集合中的元素是不可区分(或分离)的，因此这个操作可能导致(或许是无意的)不可逆的动态范围减少，从而永久性地丢失图像中的信息。

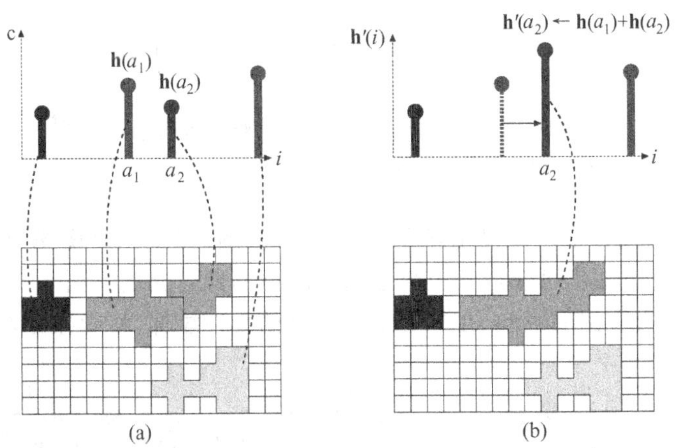

图4.3 直方图条目映射到具有相同像素值的像素集合。(a)如果经过点运算，直方图的某一条目移动到新的位置，那么在相应集合中所有像素点的值都会发生相同的改变。(b)如果由于点运算使得两个直方图条目 $\mathbf{h}(a_1)$ 和 $\mathbf{h}(a_2)$ 碰巧有相同的索引值，那么对应的像素集合合并，并且对应的所有像素值不可分

4.3 自动对比度调整

自动对比度调整(auto-contrast)是一种点运算，其作用是改变像素值使得结果覆盖像

① 当然这只对每个强度值对应一个条目的普通直方图来说是正确的。如果使用了装箱技术，则每个直方图条目映射到一个特定范围的像素值。

素值的全部取值范围。此算法分别把当前最暗和最亮的像素值映射到可取灰度范围中最小和最大值，然后使中间值线性分布。

我们假设 a_{low} 和 a_{high} 是在当前图像中的最小和最大的像素值，且图像的整个强度取值范围为 $[a_{min}, a_{max}]$。要把此图像延伸到整个强度范围（图 4.4），先把最小的像素值 a_{low} 映射为 0，然后根据因子 $(a_{max}-a_{min})/(a_{high}-a_{low})$ 增加对比度，最后加上 a_{min} 使得结果落到目标范围。自动对比度操作的映射函数可以定义为：

$$f_{ac}(a) = a_{min} + (a - a_{low}) \times \frac{a_{max} - a_{min}}{a_{high} - a_{low}} \tag{4.6}$$

其中 $a_{high} \neq a_{low}$，即图像至少包含两个不同的像素值。对于 $a_{min}=0, a_{max}=255$ 的 8 位图像，式(4.6)的函数可以简化为：

$$f_{ac}(a) = (a - a_{low}) \times \frac{255}{a_{high} - a_{low}} \tag{4.7}$$

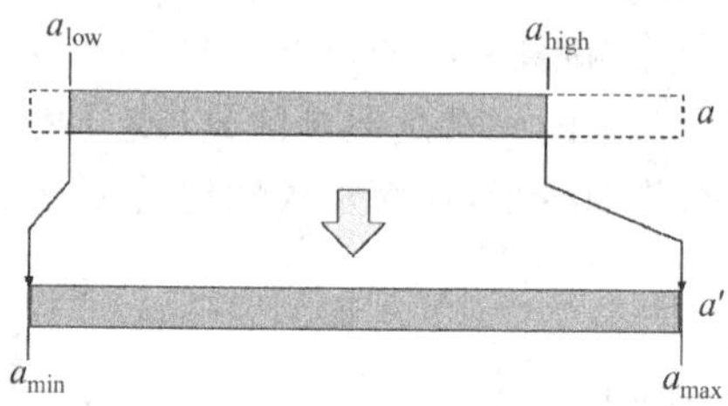

图 4.4 根据式(4.6)进行自动对比度调整。原始像素值 a 范围在 $[a_{low}, a_{high}]$，通过线性映射到目标范围 $[a_{min}, a_{max}]$

目标范围 $[a_{min}, a_{max}]$ 不一定是值域的最大取值范围，但应该是图像可以映射到的任何值域区间。当然，此方法也可应用于较小范围来减小图像对比度。图 4.5(b)中显示了自动对比度调整对相应直方图的影响，在灰度范围上做的线性拉伸，将导致在新的分布中出现了规则的分布间隙。

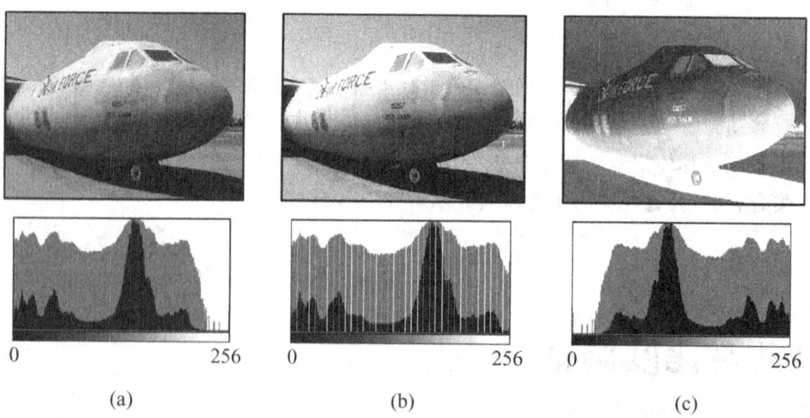

图 4.5 自动对比度调整的效果以及对结果直方图求反运算的效果。(a)原始图像；(b)自动对比度调整结果；(c)求反运算。显示的直方图条目是线性的(黑条)和对数化的(灰条)

4.4　修正的自动对比度调整

在实际中，式(4.6)中的映射函数只受到几个极值(小或大)的强烈影响，而这几个极限像素值未必能代表图像的主要内容。这个问题在很大程度上可以通过在目标灰度范围的上限和下限区域"充满"固定百分比($q_{\text{low}}, q_{\text{high}}$)的像素的方法得以避免。为了达到此目的，要确定两个限定值 a'_{low} 和 a'_{high}，使得图像 I 中所有像素值的预定义分位数 q'_{low} 小于 a'_{low}，同时这些值的预定义分位数 q_{high} 大于 a'_{high}(图 4.6)。值 a'_{low} 和 a'_{high} 依赖于图像的内容，可以通过图像的累计直方图 $\mathbf{H}(\text{i})$ 求得(见 4.6 节)。

$$a'_{\text{low}} = \min\{i \mid \mathbf{H}(i) \geqslant M \times N \times q_{\text{low}}\} \tag{4.8}$$

$$a'_{\text{high}} = \max\{i \mid \mathbf{H}(i) \leqslant M \times N \times (1 - q_{\text{high}})\} \tag{4.9}$$

其中 $0 \leqslant q_{\text{low}}, q_{\text{high}} \leqslant 1, q_{\text{low}} + q_{\text{high}} \leqslant 1, M \times N$ 是图像中的像素数。所有在像素值 a'_{low} 和 a'_{high} 以外的值(包括此值)分别映射到极值 $a_{\min}$ 和 $a_{\max}$，中间值线性映射到区间$[a_{\min}, a_{\max}]$。这样修正后的自动对比度调整运算的映射函数 $f_{\text{mac}}()$ 定义如下：

$$f_{\text{mac}}(a) = \begin{cases} a_{\min} & a \leqslant a'_{\text{low}} \\ a_{\min} + (a - a'_{\text{low}}) \times \dfrac{a_{\max} - a_{\min}}{a'_{\text{high}} - a'_{\text{low}}} & a'_{\text{low}} < a < a'_{\text{high}} \\ a_{\max} & a \geqslant a'_{\text{high}} \end{cases} \tag{4.10}$$

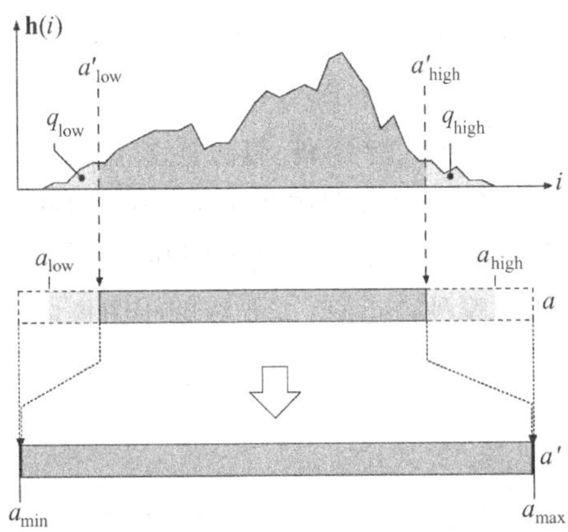

图 4.6　修正的自动对比度调整操作(式(4.10))。预先定义图像像素的分位数(q_{low}，q_{high})——直方图 $\mathbf{h}(i)$ 中显示的左边黑色区域以及右边末尾部分黑色区域是"渗透"域(即，映射到目标范围的极值)。中间值($a = a_{\text{low}} \cdots a_{\text{high}}$)线性映射到区间$[a_{\min}, a_{\max}]$

利用式(4.10)，映射到最小值和最大值就不只是依赖于单个极值，而是依赖于一组代表性像素集合。通常，上限和下限分位数的值是相同的(即 $q_{\text{low}} = q_{\text{high}} = q$)，常用值为 $q = 0.005, \cdots, 0.015$(即 0.5%，…，1.5%)。例如，在 Adobe Photoshop 的自动对比度调整中，强度取值范围的两端充满了所有像素数的 0.5%($q = 0.005$)。自动对比度调整是一个常用的点运算方法，因此几乎所有图像处理软件中都有此功能。ImageJ 将修正的自动对比度调整运算实现为 Brightness/Contrast 和 Image→Adjust 菜单(Auto 按钮)功能的一部分,如图 4.7 所示。

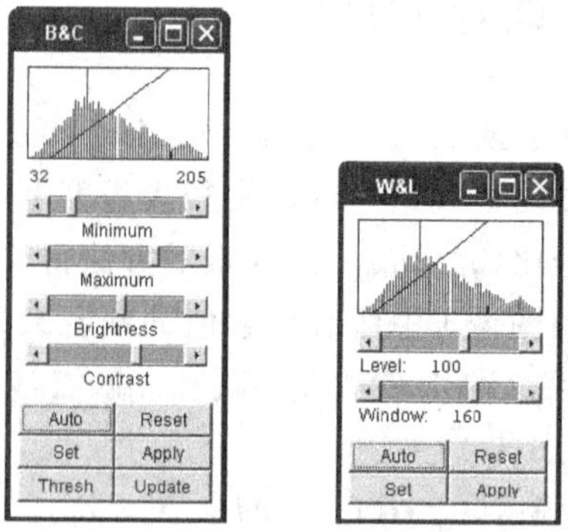

图 4.7 ImageJ 的 Brightness/Contrast 工具(左边)以及 Window/Level 工具(右边)可以通过菜单 Image→Adjust 来调用。Auto 按钮显示修正自动对比度调整的结果。单击 Apply 按钮完成对图像的修改

4.5 直方图均衡化

经常需要调整两幅不同图像,使其强度分布相似,例如,在印刷的出版物中使用两幅图像,或者需要使得两幅图像易于比较时。直方图均衡化的目的是为了找到并应用一个点运算,使得修正后图像的直方图近似于一个均匀分布(见图 4.8)。由于直方图是一个离散分布,均匀点运算只能移动和合并(但不能分裂)直方图条目,只能在整体上得到一个近似的解。特别地,没有方法能消除或减少直方图中的单个峰值,因此。没办法实现一个精确的均匀分布。利用点运算,只能使得修正后图像的直方图在某种程度上是近似均匀的。问题在于这种近似程度能做到多好,且哪种点运算(主要依赖于图像内容)可以取得这种效果。

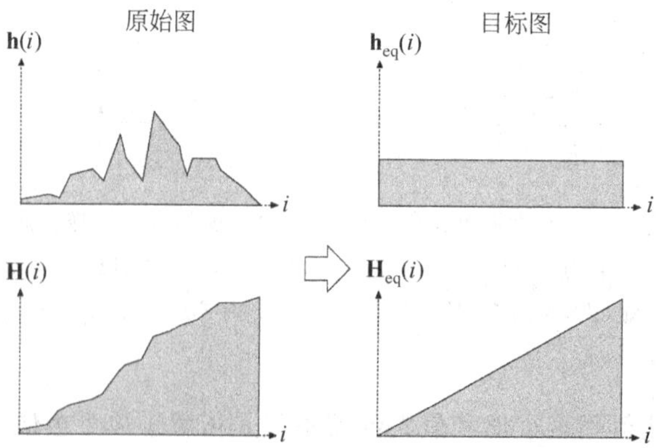

图 4.8 直方图均衡化。基本思想是对于一幅图像(原始直方图为 **h**)找到并应用一种点运算,使得修正后图像的直方图 $\mathbf{h}_{eq}$ 近似均匀分布(上图)。因此累积直方图 $\mathbf{H}_{eq}$ 应该近似楔形(下图)

第一个想法是通过观察得到的。均匀分布图像的累积直方图(见 3.6 节)是一个线性斜坡形状(楔形),如图 4.8 所示。这里可以把目标重新表述为:找到一个点运算,变换直方图条目,使得最终的累积直方图是近似线性的,如图 4.9 所示。

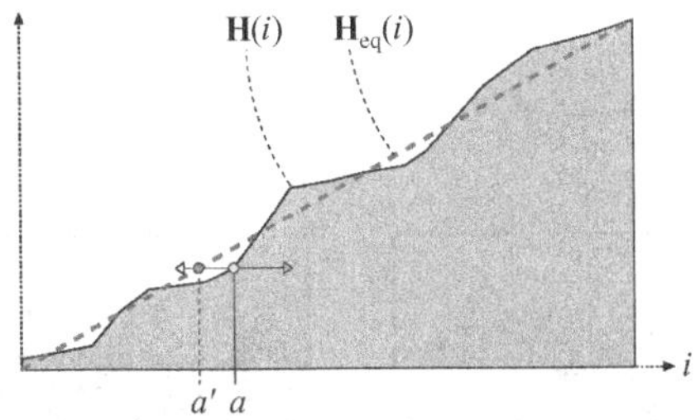

图 4.9　基于累积直方图的直方图均衡化。利用一个适当的点运算 $a' \leftarrow f_{eq}(a)$,把每个直方图条目从其原始位置 a 移到 a'(左或右),使所求得的累积直方图 $\mathbf{H}_{eq}$ 近似线性

所求的点运算 $f_{eq}()$ 可以较容易从原始图像的累积直方图 $\mathbf{H}$ 中求得,

$$f_{eq}(a) = \left\lfloor \mathbf{H}(a) \cdot \frac{K-1}{MN} \right\rfloor \tag{4.11}$$

其中图像大小为 $M \times N$,像素取值范围为$[0, K-1]$。式(4.11)中函数 $f_{eq}(a)$ 是单调递增的,因为 $\mathbf{H}(a)$ 是单调递增的,且 K、M、N 都是正常数。如果(异常情况)图像直方图已经是均匀分布了,直方图均衡化就不再改变此幅图像。此外,对一幅图像进行过一次直方图均衡化处理后,重复的直方图均衡化就不会起作用。式(4.11)满足这些要求。程序 4.2 给出了直方图均衡化示例实现的 Java 代码。图 4.10 给出了直方图均衡化对图像和直方图的影响的一个示例。

程序 4.2　直方图均衡化(ImageJ 插件)。首先在第 8 行,利用标准 ImageJ 方法 ip.getHistogram()求得图像 ip 的直方图。在第 10 行,根据式(4.6)中的定义通过递归方法求得累积直方图。在第 17 行进行整型除法,隐式地利用 floor()操作进行了截断处理。

```
1  public void run(ImageProcessor ip) {
2      int w=ip.getWidth();
3      int h=ip.getHeight();
4      int M=w * h;                    //图像的像素总数
5      int K=256;                      //亮度取值数
6
7      //计算累积直方图
8      int[] H=ip.getHistogram();
9      for (int j=1;j<H.length;j++) {
10         H[j]=H[j-1]+H[j];
11     }
12
13     //均衡化图像
14     for (int v=0;v<h;v++) {
15         for (int u=0;u<w;u++) {
```

```
                int a=ip.get(u,v);
                int b=H[a] (K-1)/M;
                ip.set(u,v,b);
            }
        }
}
```

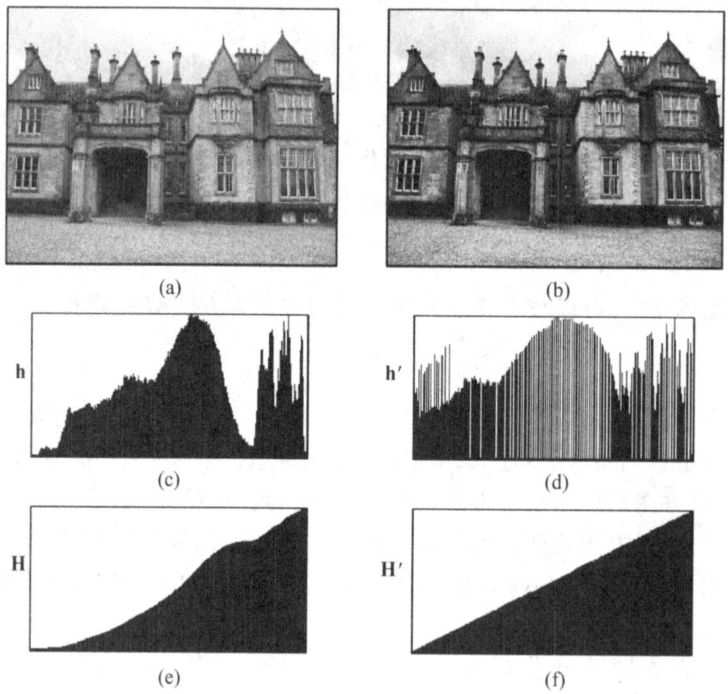

图 4.10　直方图均衡化(示例)。原始图像 I(a)以及修改后的图像 I'(b),相应的直方图 $\mathbf{h}$、$\mathbf{h}'$(c,d),以及累积直方图 $\mathbf{H}$、$\mathbf{H}'$(e,f)。所得的累积直方图 $\mathbf{H}'$(f)近似于一个均匀分布图像的累积直方图。注意到通过合并原始直方图单元,结果直方图 $\mathbf{h}'$(d)中出现了新的峰值,尤其是在较大或较小的灰度值范围

注意,对于一个"不活跃"的像素值 i(例如,图像中没有的像素值,即 $\mathbf{h}(i)=0$),在累积直方图中对应条目 $\mathbf{H}(i)$的值要么是 0,要么与邻近值 $\mathbf{H}(i-1)$一致。因此,直方图 $\mathbf{h}(i)$的一个连续 0 值区域对应累积直方图 $\mathbf{H}(i)$中的一个常值(平坦)区域,函数 f_{eq}(a)把此区域内的所有的"非活跃"灰度值映射到次"活跃"值。然而,这样的效果是不合理的,因为不管怎样,图像并不包含这样的像素值。尽管如此,直方图均衡化会(通常情况下)导致直方图条目合并,从而导致动态范围丢失(见 4.2 节)。

这种形式或者类似形式的直方图均衡化,在几乎所有的图像处理软件中都得到实现。在 ImageJ 中通过 Process→Enhance Contrast 菜单(Equalize 选项)可以交互调用此功能。为了避免过度的对比度效果,ImageJ 中的直方图均衡化,默认情况下[①]利用一种修正的累积

① 当同时按住 Alt 键的时候,则调用"经典"(线性)方法。

直方图形式,即累积直方图条目的平方根,如下式

$$\widetilde{\mathbf{H}}(i) = \sum_{j=0}^{i} \sqrt{\mathbf{h}(j)} \tag{4.12}$$

4.6 直方图规范化

直方图均衡化(即使得强度值具有均匀分布,见 4.5 节所述)虽然得到广泛应用,但是其目标比较特别,因为事实上质量好的图像并不具有此种分布。在大多数真实图像中,像素值的分布并不是相距很远,而是通常比较相似,若要假设的话,大致类似于高斯分布。线性均衡化处理后的图像常常显得相当不自然,使得这项技术几乎没有实用价值。

直方图规范化是一种更通用的技术,用于修正一幅图像使其直方图与任意强度分布相匹配,包括一幅给定图像的直方图。这种方法非常有用,例如,可以调整不同照相机或者在不同曝光或光照条件下所拍摄的图像,在打印或显示时使其能有相似的效果。类似于直方图均衡化,直方图规范化处理依赖于通过一个均匀点运算对累积直方图进行配准。为了与图像尺寸(像素数目)无关,我们首先定义一个规范化的分布,用它代替原始直方图。

4.6.1 频率与概率

每个直方图单元的值描述相应强度值的观察频率(即直方图是一个离散频率分布)。对于一幅大小为 $M \times N$ 的给定图像 I,所有直方图条目 $\mathbf{h}(i)$的总和等于像素数目。

$$\sum_{i=0}^{K-1} \mathbf{h}(i) = M \times N \tag{4.13}$$

相关的规范化直方图为:

$$\mathbf{p}(i) = \frac{\mathbf{h}(i)}{MN} \tag{4.14}$$

其中 $0 \leqslant i < K$,上式经常被解释为随机过程的概率分布或概率密度分布(pdf),$\mathbf{p}(i)$是像素值 i 出现的概率。当 i 为任意可能值时的累积概率为 1,则 $\mathbf{p}$ 的分布必然满足:

$$\sum_{i=0}^{K-1} \mathbf{p}(i) = 1 \tag{4.15}$$

累积直方图 $\mathbf{H}$ 对应的统计特征为离散分布函数(又称为累积分布函数或 cdf),

$$\begin{aligned} \mathbf{P}(i) &= \frac{\mathbf{H}(i)}{\mathbf{H}(K-1)} = \frac{\mathbf{H}(i)}{MN} = \sum_{j=0}^{i} \frac{\mathbf{h}(j)}{MN} \\ &= \sum_{j=0}^{i} \mathbf{p}(j), \quad 0 \leqslant i < K \end{aligned} \tag{4.16}$$

算法 4.1 概述了由一个给定的直方图 $\mathbf{h}$ 计算 cdf 的方法。所得函数 $\mathbf{P}(i)$(类似于累积直方图)是单调递增的,且

$$\mathbf{P}(0) = \mathbf{p}(0) \quad 和 \quad \mathbf{P}(K-1) = \sum_{i=0}^{K-1} \mathbf{p}(i) = 1 \tag{4.17}$$

算法 4.1 从一个长度为 K 的直方图 h 中,计算累积分布函数(cdf)。对应的 Java 实

现见程序 4.3

```
CDF(h)
对于一个离散直方图 h(i),其中 i=0,…,K-1,返回累积分布函数 P(i)∈[0,1]
  令 K←Size(h)
  令 n← Σ_{i=0}^{K-1} h(i)
  建立大小为 K 的表 P
  Let c←0
  for i←0...(K-1) do
    c←c+h(i)                           //累积直方图值
    P(i)←c/n
return P
```

统计理论隐式地将图像的产生看作一个随机过程,其确切性质几乎是未知的。然而,这个过程通常被假设为是各向同性的(与图像位置无关)。也就是说,每一个像素值是对单个随机变量 i"随机实验"的结果。由给定的直方图 $\mathbf{h}(i)$所得的频率分布当作是该随机变量的概率分布 $\mathbf{p}(i)$的一种(粗糙的)估计。

4.6.2 直方图规范化的原理

直方图规范化的目的是为了通过点运算修正一幅给定图像 I_A,使得其分布函数 $\mathbf{P}_A$ 尽可能地匹配参考分布 $\mathbf{P}_R$。因此,这里要寻找一个映射函数

$$a' = f_{\text{hs}}(a) \tag{4.18}$$

通过点运算把原始图像 I_A 转换为新的图像 $I_{A'}$,使得

$$\mathbf{P}_{A'}(i) \approx \mathbf{P}_R(i) \quad \text{当 } 0 \leqslant i < K \tag{4.19}$$

如图 4.11 所示,通过两个分布 $\mathbf{P}_R$ 和 $\mathbf{P}_A$ 相结合,可以得到所需的映射 f_{hs}。对于原始图像中的一个给定的像素值 a,可以求得新的像素值 a'为

$$a' = \mathbf{P}_R^{-1}(\mathbf{P}_A(a)) \tag{4.20}$$

从而可以求得映射函数 f_{hs}(式(4.18))为:

$$f_{\text{hs}}(a) = a' = \mathbf{P}_R^{-1}(\mathbf{P}_A(a)) \tag{4.21}$$

其中 $0 \leqslant a < K$。当然,这里假设 $\mathbf{P}_R(i)$是可逆的,或者说函数 $\mathbf{P}_R^{-1}(b)$存在,其中 $b \in [0,1]$。

4.6.3 调整为分段线性分布

如果所给定的参考分布 $\mathbf{P}_R$ 是连续的可逆函数,那么映射函数 f_{hs}就可以通过式(4.21)求得。在实际中,指定参考分布为分段线性函数比较方便:即有 $N+1$ 个坐标对的序列

$$\mathscr{L} = [\langle a_0, q_0 \rangle, \langle a_1, q_1 \rangle, \cdots, \langle a_k, q_k \rangle, \cdots \langle a_N, q_N \rangle]$$

每一组中都包含有强度值 a_k 以及相应的函数值 q_k(其中 $0 \leqslant a_k < K$, $a_k < a_{k+1}$,且 $0 \leqslant q_k < 1$)。两段的坐标点$\langle a_0, q_0 \rangle$和$\langle a_N, q_N \rangle$各自固定为$\langle 0, q_0 \rangle$和$\langle K-1, 1 \rangle$。为了满足可逆,函数必须严格单调,即当 $0 \leqslant k < N$ 时,$q_k < q_{k+1}$。图 4.12 中显示了一个满足此条件函数的示例,其中指定 $N=5$ 个变量点($q_0, \cdots q_4$)以及一个固定的末尾点 q_5,因此包含 $N=5$

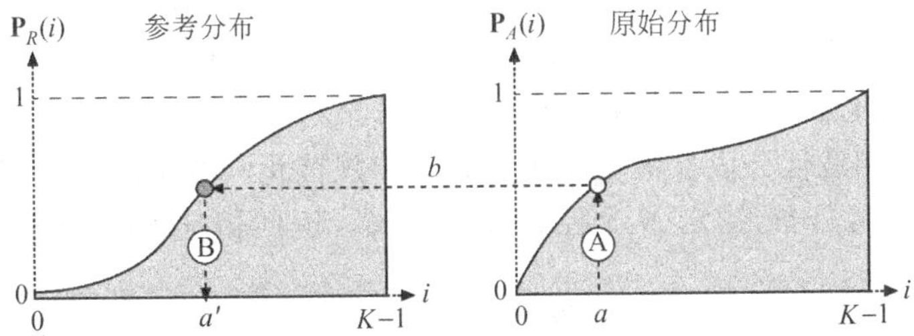

图 4.11　直方图规范化的原则。给定一个参考分布 $\mathbf{P}_R$（左边）以及原始图像的分布函数 $\mathbf{P}_A$（右边）。其结果为一个点运算的映射函数：$f_{hs}: a \to a'$，即将原始图像 I_A 中的每一个像素值 a 替换为 a'。此过程主要有两步：(1)对于每一个像素值 a，从右边的原始分布中得到 $b=\mathbf{P}_A(a)$；(2)通过对左边的分布函数求逆得到 a'，即 $a'=\mathbf{P}_R^{-1}(b)$。总之，$f_{hs}(a)=a'=\mathbf{P}_R^{-1}(\mathbf{P}_A(a))$

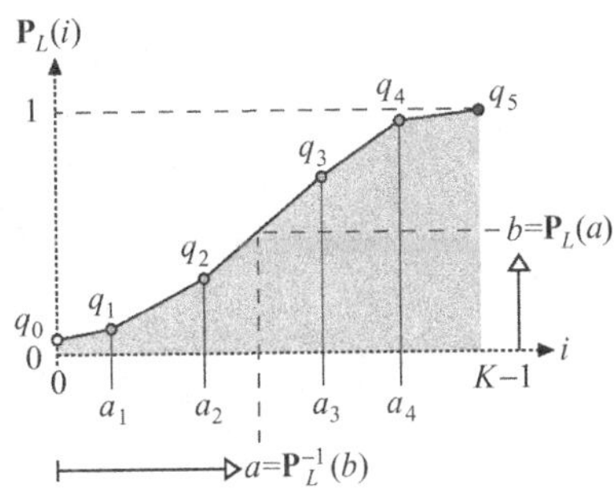

图 4.12　分段线性参考分布。函数 $\mathbf{P}_L(i)$ 指定为 $N=5$ 个控制点 $\langle 0,q_0\rangle,\langle a_1,q_1\rangle,\cdots,\langle a_4,q_4\rangle$，其中 $a_k<a_{k+1}$ 并且 $q_k<q_{k+1}$。最后一个点 q_5 固定为 $\langle K-1,1\rangle$

个线性分段。通过增加控制点，参考分布可以指定到任意精度。

在控制点之间进行线性插值可以得到 $\mathbf{P}_L(i)$ 的连续值，如下所示：

$$\mathbf{P}_L(i)=\begin{cases} q_m+(i-a_m)\cdot\dfrac{(q_{m+1}-q_m)}{(a_{m+1}-a_m)} & \text{当 } 0\leqslant i<K-1 \\ 1 & \text{当 } i=K-1 \end{cases} \tag{4.22}$$

其中 $m=\max\{j\in[0,N-1] \mid a_j\leqslant i\}$ 是线性分段 $\langle a_m,q_m\rangle\to\langle a_{m+1},q_{m+1}\rangle$ 的下标，与位置 i 重复。例如，在图 4.12 的示例中，点 a 位于开始点为 $\langle a_2,q_2\rangle$ 的分段的中间，即 $m=2$。

由式(4.21)可知，直方图规范化需要满足在 $b\in[0,1]$ 存在可逆分布函数 $\mathbf{P}_L^{-1}(b)$。由 4.12 图中的示例可知，一般来说，函数 $\mathbf{P}_L(i)$ 在值 $b<\mathbf{P}_L(0)$ 时是不可逆的。可以通过把所有 $b<\mathbf{P}_L(0)$ 的值映射到 0 来解决这个问题，因此获得式(4.22)的一个“半逆”为：

$$\mathbf{P}_L^{-1}(b)=\begin{cases} 0 & \text{当 } 0\leqslant b<\mathbf{P}_L(0) \\ a_n+(b-q_n)\cdot\dfrac{(a_{n+1}-a_n)}{(q_{n+1}-q_n)} & \text{当 } \mathbf{P}_L(0)\leqslant b<1 \\ K-1 & \text{当 } b\geqslant 1 \end{cases} \tag{4.23}$$

此处 $n=\max\{j\in[0,N-1] \mid q_j\leqslant b\}$ 是线性分段 $\langle a_n,q_n\rangle\to\langle a_{n+1},q_{n+1}\rangle$ 的下标，与变量值 b 值是一致的。所求得的将给定图像强度分布调整为 $\mathbf{P}_A$ 的映射函数 f_{hs}，最终定义为类似式(4.21)的形式：

$$f_{\text{hs}}(a)=\mathbf{P}_L^{-1}(\mathbf{P}_A(a)) \quad 当\ 0\leqslant a<K \tag{4.24}$$

在算法 4.2 中总结了给定一幅图像(直方图),计算像素映射函数以及分段线性目标分布函数的整个过程。图 4.14 给出了实际示例(见 4.6.5 节)。

算法 4.2 利用线性分段参考分布进行直方图规范化。给定原始图像的直方图 h_A 以及一个线性分段参考分布,指定 N 个控制点序列 $\mathscr{L}_R$。返回相应点运算的离散映射函数 f_{hs}

```
MATCHPIECEWISELINEARHISTOGRAM(hA, LR)
hA: 原始图像的直方图
LR: 参考分布函数,给定 N+1 个控制点序列 LR=[<a0,q0>,<a1,q1>,…<aN,qN>],
    其中 0≤ak<K,且 0≤qk<1
返回修改原始图像 IA 后的离散像素映射函数 fhs(a)
    令 K←Size(hA)
    令 PA←CDF(hA)                              //hA 的 cdf (算法 4.1)
    创建一个大小为 K 的表 fhs                   //映射函数 fhs
    for a←0...(K-1) do
        b←PA(a)
        if (b≤q0) then
            a'←0
        else if (b≥1) then
        a'←K-1
    else
        n←N-1
        while (n≥0)^(qn>b) do                   //存在 LR 中的分段线
            n←n-1
            a'←an+(b-qn)·(an+1-an)/(qn+1-qn)    //参见式(4.23)
    fhs[a]←a'
return fhs
```

4.6.4 调整为给定直方图(直方图匹配)

如果要把一幅图像的直方图调整为另一幅图像的直方图,一般来说,参考分布函数 $P_R(i)$ 是不连续的,因此不能求逆(如式(4.21)所要求的)。例如,如果参考分布包含 0 值条目(即在像素点 k 处具有 $p(k)=0$),相应的累积分布函数 P(如同累积直方图)具有常数值的区域,此处不能确定反函数。

在下文中,将介绍一种用于离散参考函数的直方图匹配方法。其主要思想图 4.13 的图表说明。映射函数 f_{hs} 并不是通过求逆而是通过"填充"参考函数 $P_R(i)$ 得到的。对于每一个可能的像素值 a,开始值 $a=0$,相应概率 $p_A(a)$ 在参考分布 $\mathbf{P}_R(i)$"下方"逐层堆叠。对于 a,每一个水平条的高度等于相应的概率 $p_A(a)$。对于一个特定的像素值为 a、高度为 $p_A(a)$ 的条,从右延伸到左,在位置 a' 处对应参考分布 $\mathbf{P}_R$。a' 的位置对应于 a 所应该映射的新的像素值。

由于概率 p_A 的和以及分布函数 $\mathbf{P}_R$ 的最大值都为 1(即 $\sum\limits_i p_A(i)=\max_i \mathbf{P}_R(i)=1$),因此所有的水平条将恰好满足下方填充函数 $\mathbf{P}_R$。从图 4.13 还可以发现在 a' 点的分布函数值

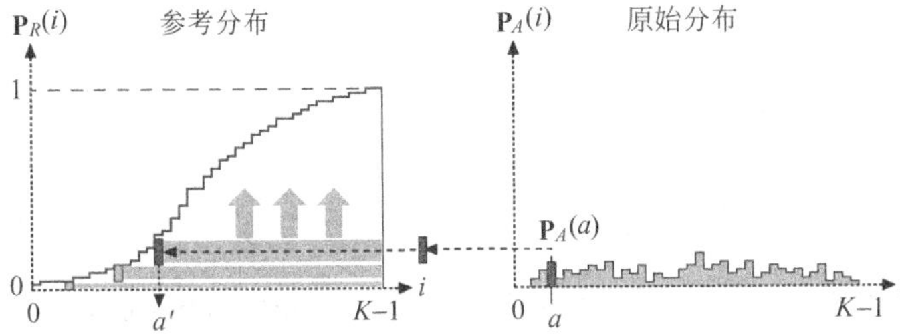

图 4.13 离散直方图规范化。参考分布 P_R（左边）是由从底部到顶部以及从右到左的层组成的"填充"层。对于每一个可能灰度值 a（开始时 $a=0$），联合概率 $p_A(a)$ 作为一个水平条累积到参考分布 P_R 的"下方"。条的高度 $p_A(a)$ 从右拖到 a' 的位置，到达参考分布 P_R。a' 的值是 a 经过函数 $f_{hs}(a)$ 所得的映射值

与累积概率 $P_A(a)$ 是一致的。给定某个强度值 a，则完全可以找到最小的 a'，其中参考分布 $P_R(a')$ 大于或者等于累积概率 $P_A(a)$，即

$$f_{hs}(a) = a' = \min\{j \mid (0 \leqslant j < K) \wedge (P_A(a) \leqslant P_R(j))\} \tag{4.25}$$

由此得到一个总结在算法 4.3 中的简单方法。由于利用了归一化的分布函数，因此与相关图像的尺寸无关。程序 4.3 中相应的 Java 实现包括 matchHistograms() 方法，其输入为原始图像直方图(Ha)以及参考直方图(Hr)，指定所需点运算，返回所得映射函数(map)。以下代码段演示了利用 ImageJ 中程序 4.3 所示 matchHistograms() 方法的使用：

```
ImageProcessor ipA=...                    //目标图像 I_A（需要修正的）
ImageProcessor ipR=...                    //参考图像 I_R
int[] hA=ipA.getHistogram();              //得到 I_A 的直方图
int[] hR=ipR.getHistogram();              //得到 I_R 的直方图
int[] F=matchHistograms(hA,hR);           //映射函数 f_hs(a)
ipA.applyTable(F);                        //把映射函数 f_hs()应用于目标图像 I_A
```

在最后一行，利用函数 applyTable() 以及映射函数 $f_{hs}(F)$ 对原始图像 ipA 进行修正。

算法 4.3 直方图匹配。给定两个直方图：目标图像 I_A 的直方图 h_A 以及参考直方图 h_R，两者大小都为 K。离散映射函数 f_{hs} 应用于目标图像的结果是产生一个与参考直方图有相似分布的新图像。

```
MATCHHISTOGRAMS(h_A, h_R)
    h_A: 目标图像的直方图
    h_R: 参考直方图(与 h_A 的大小相同)
    返回修改原始图像 I_A 后的离散像素映射函数 f_hs(a)
    令 K←Size(h_A)
    令 P_A←CDF(h_A)                    //h_A 的 cdf (算法 4.1)
    令 P_R←CDF(h_R)                    //h_R 的 cdf (算法 4.1)
    创建一个大小为 K 的表 f_hs[]        //像素映射函数 f_hs
    for a←0...(K-1) do
        j←K-1
```

```
        repeat
            f_hs[a]←j
            j←j-1
    while (j≥0)^(P_A(a)≤P_R(j))
    return f_hs
```

程序 4.3 直方图匹配(算法 4.3 的 Java 实现)。matchHistogram()方法计算从目标直方图 Ha 到参考直方图 Hr 的映射函数(见式(4.25))。方法 Cdf()计算给定直方图(式(516))的累积分布函数(cdf)

```
int[] matchHistograms (int[] hA, int[] hR) {
    //hA ...目标图像 I_A 的直方图 h_A
    //hR ...参考直方图 h_R
    //返回作用于图像 I_A 的映射函数 f_hs()

    int K=hA.length;                        //hA,hR 长度均为 K

    double[] PA=Cdf(hA);                    //得到直方图 h_A 的 CDF
    double[] PR=Cdf(hR);                    //得到直方图 h_R 的 CDF

    int[] F=new int[K];                     //像素映射函数 f_hs()

    //计算映射函数 f_hs()
    for (int a=0; a<K; a++) {
        int j=K-1;
        do {
            F[a]=j;
            j--;
        } while (j >=0 && PA[a]<=PR[j]);
    }

    return F;
}

double[] Cdf (int[] h) {
    //返回直方图 h 的累积分布函数
    int K=h.length;
    int n=0;                                //合计全部直方图值
    for (int i=0; i<k; i++) {
        n+=h[i];
    }


    double[] P=new double[K];               //建立 cdf 表 P
    int c=0;                                //累积直方图值
```

```
    for (int i=1; i<K; i++){
        c+=h[i];
        P[i]=(double) c/n;
    }

    return P;
}
```

4.6.5　示例

调整为分段线性参考分布

图 4.14 中的第一个示例，给出了如 4.6.3 节所述的关于连续分段线性参考分布函数的直方图规范化的结果。类似于图 4.12，实际分布函数 P_R（图 4.14(f)）指定为由 5 个控制点 $\langle a_k, q_k\rangle$ 组成的折线组成，控制点的相应坐标为：

$k=$	0	1	2	3	4	5
$a_k=$	0	28	75	150	210	255
$q_k=$	0.002	0.050	0.250	0.750	0.950	1.000

生成的参考直方图（见图 4.14(c)）是一个阶跃函数，常值区域对应于概率密度函数的线性部分。正如预期的一样，修正后图像的累积概率函数（见图 4.14(h)）与参考分布函数（见图 4.14(f)）非常接近，同时，结果直方图（见图 4.14(e)）与参考直方图（见图 4.14(c)）的相似性却很小。然而，如前面讨论的一样，这是从均匀点运算期望得到的结果。

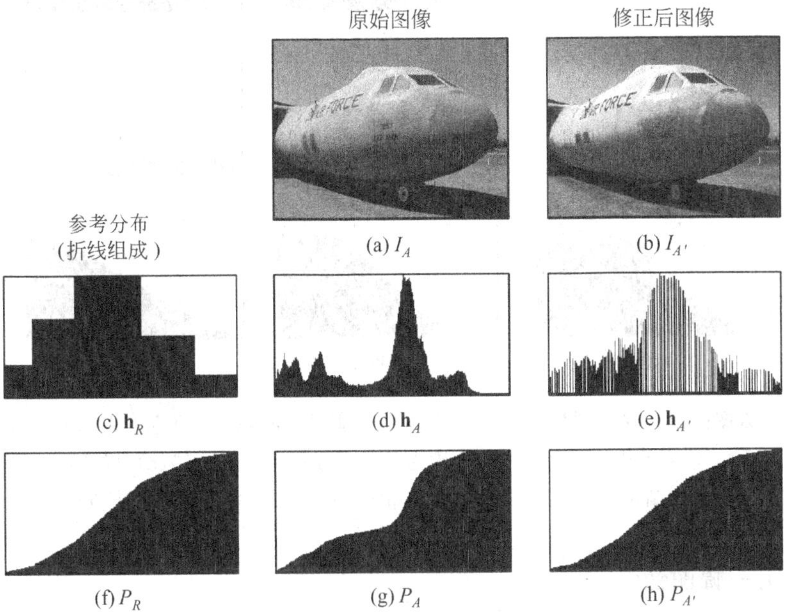

图 4.14　具有分段线性参考分布的直方图规范化。目标图像 I_A(a)，及其直方图(d)和分布函数 P_A(g)；参考直方图 $\mathbf{h}_R$(c)以及相应的分布 P_R(f)；修正后图像 $I_{A'}$(b)，及其直方图 $\mathbf{h}_{A'}$(e)和结果分布 $P_{A'}$(h)

调整为任意参考直方图

此例中，参考分布并不是给定为一个连续函数，而是指定为一个离散直方图。因此，这里利用 4.6.4 节所介绍的方法来计算所需的映射函数。图 4.15 中的示例演示了这种方法使用形状近似于高斯分布的合成参考分布的情形。

此处所用的目标图像（图 4.15(a)）是有意选择的质量较差图像，其显示的直方图（图 4.15(f)）严重失衡。因此，修正后图像的直方图与高斯分布相似性不大。然而，在所得累积直方图中（图 4.15(j)和图 4.15(k)），除去中心处由于原始直方图中的显著峰值造成的无法避免的不规则性，其他与相应高斯分布的积分（图 4.15(d)和图 4.15(e)）非常匹配。

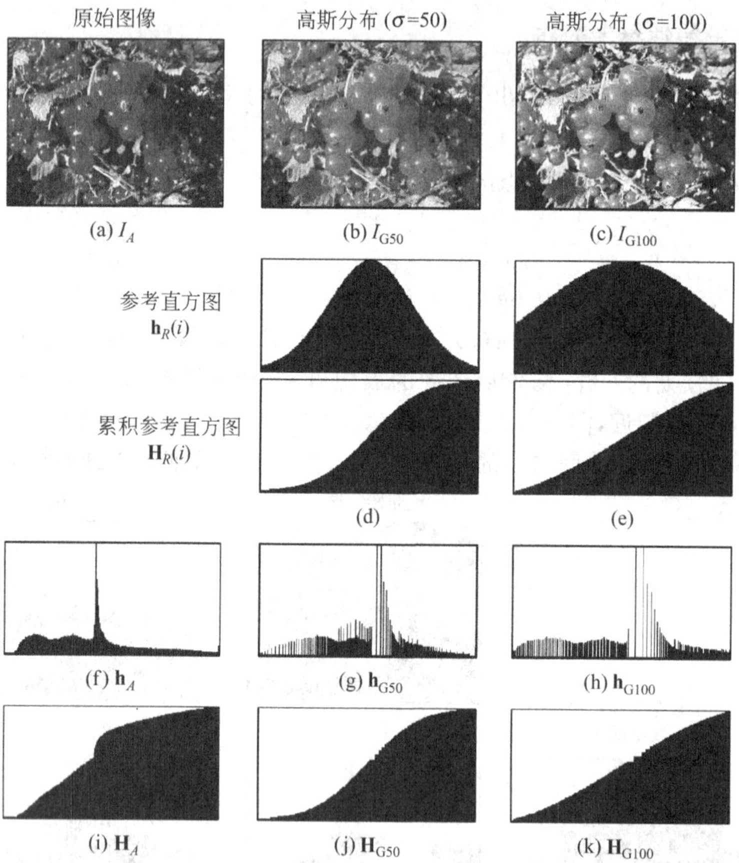

图 4.15　直方图匹配：调整到生成直方图。原始图像 I_A(a)，相应的直方图(f)，以及累积直方图(i)。高斯形状的参考直方图分别为：中心为 $\mu=128$，$\sigma=50$(d)，以及 $\sigma=100$(e)。直方图匹配后的结果 I_{G50}(b)以及 I_{G100}(c)，相应的直方图为(g,h)累积直方图为(j,k)

调整为另一幅图像

图 4.16 中的第三个示例演示了两个图像通过匹配它们的灰度直方图进行调整的示例。其中一幅图像被选为参考图像 I_R（图 4.16(b)），提供参考直方图 $\mathbf{h}_R$（图 4.16(e)）。第二幅（目标）图像 I_A（图 4.16(a)）被修正，使得其结果累积直方图与参考图像 I_R 的累积直方图匹

配。最后期望得到的图像 $I_{A'}$(图 4.16(c))与参考图像在色调区域及分布上(假设两幅图显示相同的内容)有相似的视觉感觉。

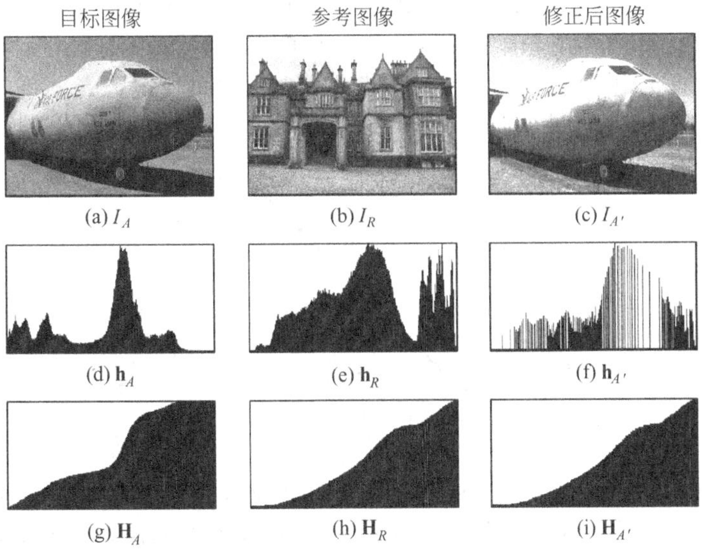

图 4.16　直方图匹配：调整到一个参考图像。通过匹配参考图像 I_R(b)的直方图，目标图像 I_A(a)修正为新图像 $I_{A'}$(c)。相应的直方图为 $\mathbf{h}_A$，$\mathbf{h}_R$，$\mathbf{h}_{A'}$(d～f)，累积直方图为 $\mathbf{H}_A$，$\mathbf{H}_R$，$\mathbf{P}_{A'}$(g～i)。注意到参考图像和修正后图像的累积直方图非常一致(h,i)

同样，此方法可以用于把多幅图像调整到同一幅参考图像(例如，需要准备一系列相似的图像用于印刷)。为此，可以选择一幅有代表性的图像作为共同的参考图像，也可以计算一系列图像的“平均”参考直方图(见练习题 4.7)。

4.7　Gamma 校正

前面已经多次使用到术语“强度”和“亮度”，但是并没有关心图像中的像素数值是怎样与这些物理概念相关联起来的。像素值可以表示照相机中光线投射到传感器单元的量、胶片的感光密度、监视器发射的光线量、打印机中上色剂颗粒沉积的数目或其他相关的物理量。实际上，像素值以及相应物理量之间的关系通常是很复杂的，并且大部分情况下是非线性的。在许多影像应用中，了解这种关系(至少是某种近似关系)，对于获得一致的可重复性的结果非常重要。

对于数字强度图像，理想情况是有某种“校准强度空间”，能够最佳匹配人体视觉强度，并且利用最小数量的位来表示这种所需的强度范围。Gamma 校正是一种简单的点运算，可以补偿不同输入输出设备的转换特性，将其映射到一个统一的强度空间。

4.7.1　为什么是 Gamma

术语“Gamma”来源于模拟摄影技术，其中光能与所得到的胶片密度是近似对数关系。

因此,用于表示对数光强与胶片密度关系的"曝光函数"(图 4.17)在很大的光强范围内是近似线性的。在该线性区域内,此函数的斜率习惯上称为感光材料的 Gamma 值。同样的术语后来应用于电视广播中,描述电视接收器中所用的阴极射线管的非线性特征,也就是模拟视频信号幅度(电压)和发射光强之间的关系。为了修正接收器的非线性,"Gamma 校正"一度应用于传播之前的电视信号,以避免在接收端所需的昂贵校正。

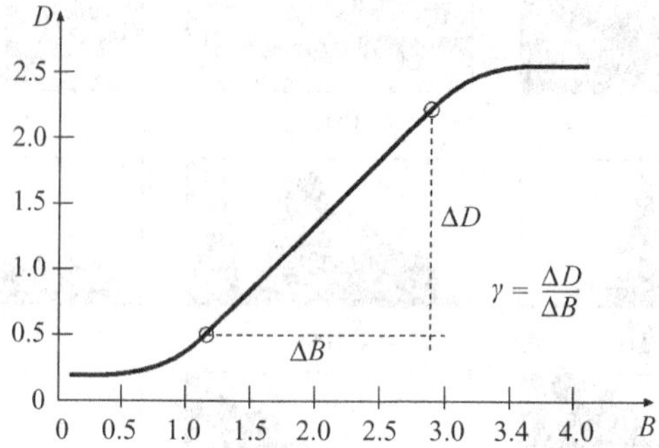

图 4.17 摄影胶片中的曝光函数。对于对数化的光线强度 B,所得胶片密度 D 在一个较大强度范围内近似线性。函数线性区域的斜率($\Delta D/\Delta B$)指出了特殊类型感光材料的"Gamma"(γ)值

4.7.2 Gamma 函数

Gamma 校正是基于如下 Gamma 函数的:

$$f_\gamma(a) = a^\gamma \quad 当\ a \in \mathbb{R}, \gamma > 0 \tag{4.26}$$

其中参数 γ 称为 Gamma 值。如果 a 的取值限于区间[0,1],那么与 γ 独立的 Gamma 函数的值范围为[0,1],并且函数值总是通过点(0,0)以及(1,1)。特别地,当 $\gamma=1$ 时,$f_\gamma(a)$ 是一个恒等函数,如图 4.18 所示。当 $\gamma<1$ 时,函数值位于对角线之上;当 $\gamma>1$ 时,函数值在对角线下方。由于受单个连续参数(γ)控制,Gamma 函数可以"模拟"对数以及指数函数类型。在区间[0,1]内,函数是连续并严格单调的,因此很容易求得逆函数为

$$a = f_\gamma^{-1}(b) = b^{1/\gamma} \tag{4.27}$$

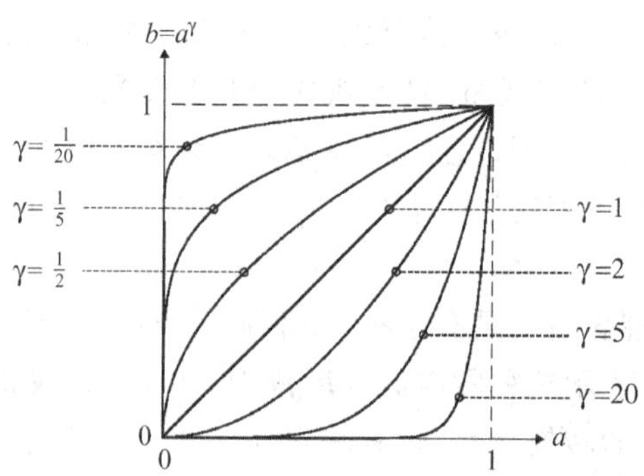

图 4.18 Gamma 函数 $b=f_\gamma(a)=a^\gamma$,其中对于不同的 Gamma 值 $a\in[0,1]$

因为 $b^{1/\gamma}=(a^\gamma)^{1/\gamma}=a^1=a$。Gamma 函数的逆函数 $f_\gamma^{-1}(b)$ 还是 Gamma 函数,

$$f_{\gamma}^{-1}(b) = f_{\bar{\gamma}}(b) = f_{1/\gamma}(b) \tag{4.28}$$

其中 $\bar{\gamma}=1/\gamma$。因此参数为 γ 的 Gamma 函数的逆是另一个参数为 $\bar{\gamma}=1/\gamma$ 的 Gamma 函数。

4.7.3 真实 Gamma 值

单个设备的实际 Gamma 值往往由制造厂家基于实际测量来给定。例如，CRT 显示器实际的 Gamma 值在 1.8～2.8 范围内，其中 2.4 是典型值。大部分 LCD 显示器可以固定调整到相似的值。数码摄像机和照相机可以通过内部校正来使结果有一个比较习惯的“视觉效果”，从而效仿模拟胶片和摄像机的变化特性。

在 TV 接收设备中，Gamma 值被标准化，在模拟 NTSC 制式中为 2.2，PAL 制式中为 2.8（这些值是理论值，实际测量结果在 2.35 左右）。1/2.2≈0.45 的 Gamma 值是在 NTSC 以及 EBU（欧洲广播联盟）标准中的照相机标准。目前国际标准 ITU-R BT.709① 所需的统一 Gamma 值在接收器中为 2.5，照相机为 1/1.956≈0.51。ITU 709 标准是基于对 Gamma 函数的细微修改（见 4.7.6 节）。

计算机常常通过调整 Gamma 值，使得视频输出信号适应于较大范围的显示器。然而，注意到 Gamma 函数只是对任意设备的实际变换特性的粗糙近似，对于不同的颜色通路应该是不同的。因此，尽管对 Gamma 值的选择非常仔细，在实际中还是会产生较大偏差。在一些较高要求的应用中，例如印前技术或者高端摄影，在精确测量设备的基础上往往还需要一些额外的校准工作。

4.7.4 Gamma 校正应用

下面来看一个简单的示例。假设有一个数码照相机，如图 4.19，其额定 Gamma 值为 γ_c，意味着输出信号 S 与入射的光能量 L 的关系为

$$S = L^{\gamma_c} \tag{4.29}$$

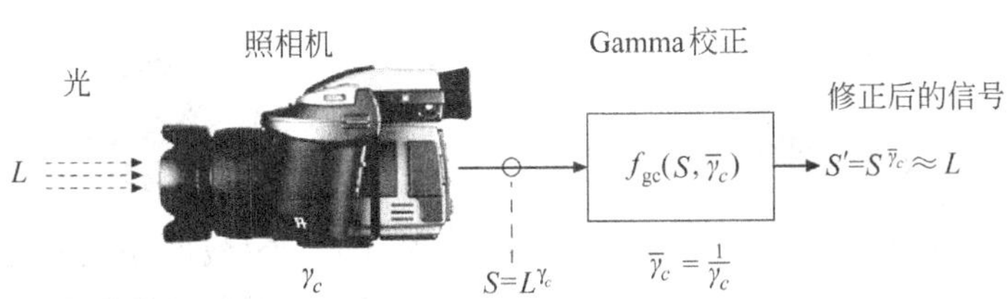

图 4.19 Gamma 校正原理。为了补偿额定 Gamma 值为 γ_c 的照相机产生的输出信号 S，使用以 $\bar{\gamma}_c=1/\gamma_c$ 的 Gamma 校正。修正后信号 S' 与接收光强 L 是成比例关系的

为了补偿此照相机的变换特性（即获得一个与原始光强度 L 成比例的测量值 S'），照相机信号 S 需经过一个与照相机 Gamma 值互为倒数的 $\bar{\gamma}_c=1/\gamma_c$ 的 Gamma 校正，得

$$S' = f_{\bar{\gamma}_c}(S) = S^{1/\gamma_c} \tag{4.30}$$

所得结果 $S'=S^{1/\gamma_c}=(L^{\gamma_c})^{1/\gamma_c}=L^{(\gamma_c\times\frac{1}{\gamma_c})}=L^1$ 显然与原始光线强度 L 成比例（理论上

① 国际电信联盟（ITU）。

甚至相等)。虽然这个示例比较简单,但其仍然证明了一般的规则,这同样也适用于输出设备:

> 对于 Gamma 值为 γ 的设备,其转换特征可通过 $\bar{\gamma}=1/\gamma$ 的 Gamma 校正来补偿。

在上述内容中,隐含地假设了所有值严格位于[0,1]区间内,但实际中并非如此。在处理数字图像时,需要处理离散像素值,如 8 位图像的区间为[0,255]。一般来说,对像素值 $a\in[0,a_{\max}]$以及 Gamma 值 $\gamma>0$ 执行 Gamma 校正时,

$$b = f_{\mathrm{gc}}(a,\gamma)$$

需要以下三个步骤:

(1) 将 a 线性归一化为 $a'\in[0,1]$。

(2) 对 a'应用 Gamma 函数得: $b'\leftarrow f_{\gamma}(a')=a'^{\gamma}$。

(3) 将 $b'\in[0,1]$线性地变换到 $b\in[0,a_{\max}]$。

利用公式更加简洁地表示从原始像素值 a 得到修正后的像素值 b,有

$$b = f_{\mathrm{gc}}(a,\gamma) = \left(\frac{a}{a_{\max}}\right)^{\gamma}\cdot a_{\max} \tag{4.31}$$

图 4.20 举例说明了 Gamma 校正在两个输入设备(照相机、扫描仪)和两个输出设备(显示器、打印机)的数字工作流程中的典型应用,其中每个设备都有独立的 Gamma 值。其中心思想是:修正所有的图像,以便使其能在设备无关的、标准化的强度空间中进行处理和存储。

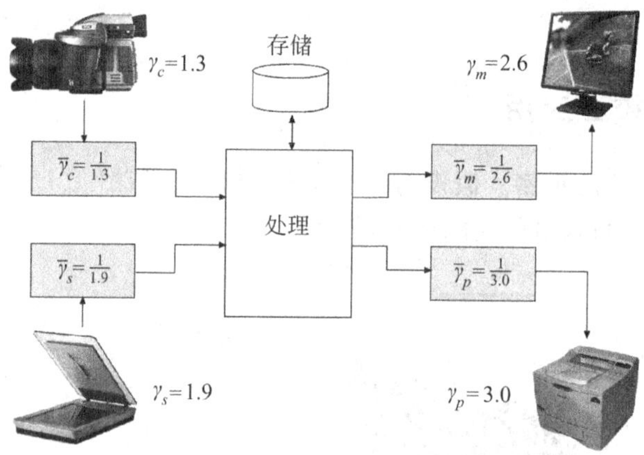

图 4.20 数字影像工作流程中的 Gamma 校正。图像在一个"线性"强度空间处理和存储,其中 Gamma 校正用来弥补每个输入和输出设备的转换特性(这里显示的 Gamma 值只是示例)

4.7.5 实现

程序 4.4 给出了以 ImageJ 插件形式对 8 位灰度图像 Gamma 校正的实现。映射函数 $f_{\mathrm{gc}}(a,\gamma)$计算成一个查找表(Fgc),然后利用方法 applyTable()来实现对图像的实际点运算(见 4.8.1 节)。

程序 4.4 Gamma 校正(ImageJ 插件)。修正的强度值 b 只计算一次然后存储在查阅表 Egc(第 15 行)。Gamma 值 GAMMA 是一个常数。实际对目标图像 ip 应用的点运算是

通过调用 ImageJ 中的类函数 applyTable(Fgc)(第 18 行)来实现的。

```
1  public void run(ImageProcessor ip) {
2      //只用于 8 位图像
3      int K=256;
4      int aMax=K-1;
5      double GAMMA=2.8;
6
7      //为映射函数创建一个查找表
8      int[] Fgc=new int [K];
9
10     for (int a=0;a<K;a++) {
11         double aa=(double) a/aMax;                  //归一化到[0,1]
12         double bb=Math.pow(aa,GAMMA);               //Gamma 函数
13         //尺度变换回[0,255]
14         int b=(int) Math.round(bb aMax);
15         Fgc[a]=b;
16     }
17
18     ip.applyTable(Fgc)                              //修正图像 ip
19 }
```

4.7.6 修正 Gamma 校正

在简单的 Gamma 函数 $f_\gamma(a)=a^\gamma$(式(4.26))中存在一个小问题：如果仔细分析此函数的斜率,用其一阶导数表示为

$$f'_\gamma(a)=\gamma\cdot a^{(\gamma-1)}$$

当 $a=0$ 时,值为

$$f'_\gamma(0)=\begin{cases}0 & \gamma>1\\ 1 & \gamma=1\\ \infty & \gamma<1\end{cases}\tag{4.32}$$

那么,此函数在原点处的切线不是水平的($\gamma>1$)或对角线($\gamma=1$),就是垂直的($\gamma<1$),不会是其他值。当 $\gamma<1$ 时,给定一个很小的强度值会造成很强的幅值放大,因此增加了图像黑色区域的噪声。理论上,这也意味着 Gamma 函数在原点处通常是不可逆的。

此问题通常的解决方式是,把 Gamma 函数中下面部分($0\leqslant a\leqslant a_0$)用一个具有常数斜率的线性部分来代替,然后在 $a>a_0$ 部分与正常的 Gamma 函数相连接。最终修正后的 Gamma 函数 $\bar{f}_{\gamma,a_0}(a)$ 定义为：

$$\bar{f}_{\gamma,a_0}(a)=\begin{cases}s\times a & 0\leqslant a\leqslant a_0\\ (1+d)\times a^\gamma-d & a_0<a\leqslant 1\end{cases}\tag{4.33}$$

其中

$$s=\frac{\gamma}{a_0(\gamma-1)+a_0^{(1-\gamma)}},\quad d=\frac{1}{a_0^\gamma(\gamma-1)+1}-1\tag{4.34}$$

因此，函数包含线性部分(其中 $0 \leqslant a \leqslant a_0$)以及非线性部分(其中 $a_0 < a \leqslant 1$)，并在过渡点 $a = a_0$ 处平滑连接。线性斜率 s 以及参数 d 需满足条件，使得两函数段在 $a = a_0$ 有相同的值和一阶导数，从而保证函数连续(C1)。因此，式(4.33)中的函数由两个参数 a_0 和 γ 充分表示。

图 4.21 列出了修正 Gamma 函数 $\bar{f}_{\gamma,a_0}()$在 $\gamma=0.5$ 以及 $\gamma=2.0$ 时的两个示例。在这两种情况下，过渡点都为 $a_0=0.2$。为了比较，图中给出了对于同样的 Gamma 值对应的一般 Gamma 函数 $f_\gamma(a)$(虚线部分)，其在原点处的斜率分别为∞(图 4.21(a))以及 0(图 4.21(b))。

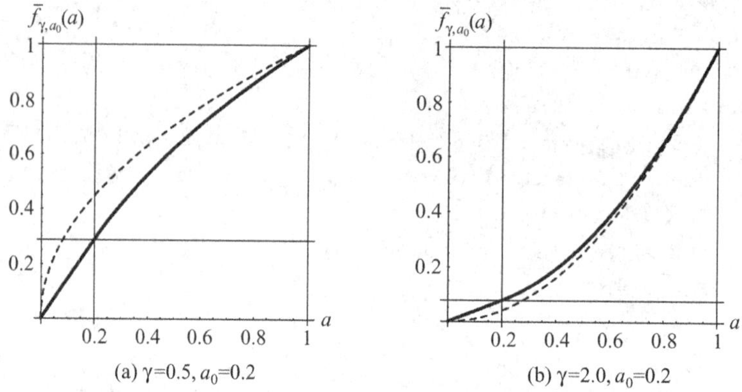

图 4.21 修正 Gamma 函数 $\bar{f}_{\gamma,a_0}()$包含一个在 $a=0$ 及 $a=a_0$ 之间固定斜率为 s 的线性部分，后面紧跟参数为 γ 的一般 Gamma 函数(式(4.33))。虚线为与 Gamma 值等价的一般 Gamma 函数

常用标准中的 Gamma 修正

修正 Gamma 函数是几种现代影像标准中的一部分。然而，在实际中，a_0 的值比在图 4.21 中示例所用的值要小很多，γ 值的选择应与需要的校正函数整体有较好地匹配。例如，在 4.7.3 节所涉及的 ITU-BT.709 详细说明书中指定的参数：

$$\gamma = 2.222 \approx 0.45 \quad \text{且} \quad a_0 = 0.018$$

相应的斜率值和偏移值分别为 $s=4.50681$ 并且 $d=0.0991499$(式(4.34))。所得的修正函数 $\bar{f}_{\mathrm{ITU}}(a)$的额定 Gamma 值为 0.45，相应的有效 Gamma 值为 $\gamma_{\mathrm{eff}}=1/1.956 \approx 0.511$。在 sRGB 标准中的 Gamma 修正是在同样的基础上指定的。

图 4.22 中分别列出了 ITU 以及 sRGB 标准中的实际修正函数，每个都与等价的一般 Gamma 函数做比较。ITU 函数中(图 4.22(a))参数 $\gamma=0.45$ 且 $a_0=0.018$，相应于一般 Gamma 函数中有效 Gamma 值为 $\gamma_{\mathrm{eff}} \approx 0.511$(虚线)。sRGB 中的曲线(图 4.22(b))只是参数 γ 和 a_0 不同，如表 4.1 中的总结。

表 4.1 ITU 以及 sRGB 标准中的 Gamma 校正参数(式(4.33)以及式(4.34))

标准	额定 Gamma 值 γ	a_0	s	d	有效 Gamma 值 γ_{eff}
ITU BT.709	$1/2.222 \approx 0.450$	0.01800	4.5068	0.09915	$1/1.956 \approx 0.511$
sRGB	$1/2.400 \approx 0.417$	0.00304	12.9231	0.05500	$1/2.200 \approx 0.455$

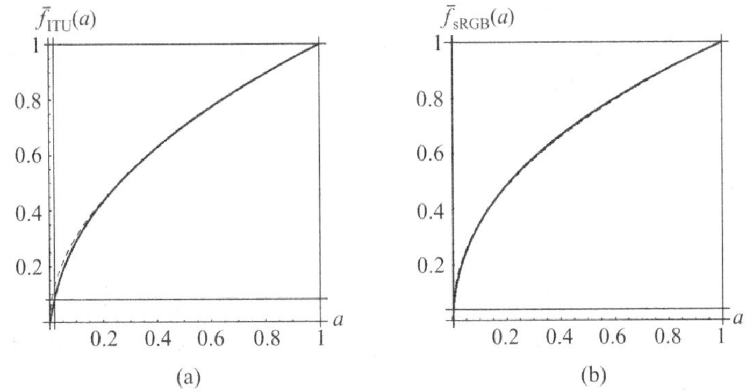

图 4.22　由 ITU-R BT.709(a)以及 sRGB(b)标准定义的 Gamma 函数。图中连续绘制出了参数为额定 Gamma 值 γ 以及过渡点为 a_0 的修正 Gamma 函数。虚线为与有效 Gamma 值 γ_{eff} 等价的一般 Gamma 函数

逆 Gamma 校正

为了求形式为 $b=\bar{f}_{\gamma,a_0}(a)$（式(4.33)）的修正 Gamma 校正的逆，需要求函数 $\bar{f}_{\gamma,a_0}()$ 的逆，同样定义为两部分

$$\bar{f}^{-1}_{(\gamma,a_0)}(b)=\begin{cases} b/s & \text{当 } 0\leqslant b\leqslant s\cdot a_0 \\ \left(\dfrac{b+d}{1+d}\right)^{1/\gamma} & \text{当 } s\cdot a_0<b\leqslant 1 \end{cases} \tag{4.35}$$

其中 s 和 d 为式(4.34)中定义的值。如果包含非线性(即 Gamma 校正)成分值，尤其需要用逆 Gamma 函数在不同颜色空间之间进行转换。

4.8　ImageJ 中的点运算

在 ImageJ 中已经实现了几个重要类型的点运算，所以没有必要自己编写每一个点运算程序(如程序 4.4 中所示)。特别地，在 ImageJ 中可以通过使用列表中的函数来高效地使用点运算，对于单幅图像利用内置标准函数进行点运算，对于成对图像利用算术运算进行操作。这些问题将在以下小节中简要叙述。

4.8.1　利用查找表进行点运算

一些点运算需要对每个像素进行复杂的运算，对于较大图像，这种操作相当耗时。如果点运算是均匀的(即与像素坐标无关)，每个可能像素值所对应的映射函数的值可以预先计算，然后存储到查找表中，此表可以高效地应用于图像中。查找表 **L** 表示一个从原始像素到新像素的离散映射(函数为 f)：

$$\mathbf{L}:[0,K-1]\xrightarrow{f}[0,K-1] \tag{4.36}$$

对于某个由任意映射函数 $a'=f(a)$ 描述的点运算，表 **L** 初始化值为

$$\mathbf{L}(a) \leftarrow f(a), \quad 0 \leqslant a < K \tag{4.37}$$

因此，$\mathbf{L}$ 中的 K 个表格元素只需要计算一次（通常，$K=256$）。执行实际的点运算只需要在 $\mathbf{L}$ 中对每个像素进行简单（快速）的查找，即

$$I(u,v) \leftarrow \mathbf{L}(I(u,v)) \tag{4.38}$$

这比任何单独函数调用更高效。ImageJ 提供方法

```
void applyTable(int [] lut)
```

对类型为 ImageProcessor 的对象进行运算，将查找表 lut（$\mathbf{L}$）定义为大小为 K 的一维 int 数组（见程序 4.4）。这个方法的优势很明显：例如，对于 8 位图像，映射函数只计算 256 次（与图像大小无关），并且在图像较大时不需要计算到 100 万次或更多次。利用查找表实现点运算，在图像像素数目（$M \times N$）远大于可能的像素值数目 K 时（在实际情况往往如此）非常有意义。

4.8.2 算术运算

ImageJ 提供了一系列常用的算术运算作为 ImageProcessor 类的成员函数，如表 4.2 所示。在以下示例中，图像乘以尺度常量（如 1.5）来增加其对比度：

```
ImageProcessor ip= ...        //某一图像 ip
ip.multiply(1.5);
```

图像 ip 通过所有这些方法对原图进行了较大修正，所得结果限制在最小像素和最大像素范围内。

表 4.2 ImageJ 中对类型 ImageProcessor 的对象进行算术运算操作的方法

void abs()	$I(u,v) \leftarrow \lvert I(u,v) \rvert$
void add(int p)	$I(u,v) \leftarrow I(u,v)+p$
void gamma(double g)	$I(u,v) \leftarrow (I(u,v)/255)^g \cdot 255$
void invert(int p)	$I(u,v) \leftarrow 255-I(u,v)$
void log()	$I(u,v) \leftarrow \log_{10}(I(u,v))$
void max(double s)	$I(u,v) \leftarrow \max(I(u,v), s)$
void min(double s)	$I(u,v) \leftarrow \min(I(u,v), s)$
void multiply(double s)	$I(u,v) \leftarrow \mathrm{round}(I(u,v) \cdot s)$
void sqr()	$I(u,v) \leftarrow I(u,v)^2$
void sqrt()	$I(u,v) \leftarrow \sqrt{I(u,v)}$

4.8.3 包含多幅图像的点运算

点运算可以同时包含多幅图像，对成对图像进行像素算术运算是一个特殊但很有意义的工作。例如，对两幅图像 I_1 和 I_2（大小相同）逐个像素相加得到一幅新的图像 I'，可以表示为

$$I'(u,v) \leftarrow I_1(u,v) + I_2(u,v) \tag{4.39}$$

对所有位置 (u,v) 成立。总之，对 n 个像素值 a_i 执行的任何函数 $f(a_1,a_2,\cdots,a_n)$ 可以

定义为对 n 个图像的逐个像素合并，即

$$I'(u,v) \leftarrow f(I_1(u,v), I_2(u,v), \cdots, I_n(u,v)) \tag{4.40}$$

然而，大多数针对多幅图像的算术运算，实际上能够实现为对图像对连续执行一系列的二进制运算。

4.8.4 两幅图像进行点运算的方法

ImageJ 提供了为图像对实现算术运算的单个方法，

```
void copyBits(ImageProcessor ip2,int u,int v,int mode)
```

此方法通过变换模式参数 mode 对源图像 ip2 以及目标图像（类成员函数所调用的图像）的所有像素进行二进制操作，并且在目标图像中存储结果值。u 和 v 是源图像插入目标图像的坐标（通常情况下 $u=v=0$）。下面示例的代码段演示了两个图像的相加。

```
//添加两个图像 ip1 和 ip2
ImageProcessor ip1= ...                    //目标图像 I1
ImageProcessor ip2= ...                    //源图像 I2
...
ip1.copyBits(ip2,0,0,Bitter.ADD);          //I1(u,v)←I1(u,v)+ I2(u,v)
//ip1 存储了结果，而 ip2 保持不变
...
```

通过此运算，目标图像 ip1 进行了较大程度的修改，但源图像 ip2 没有发生变化。常量 ADD 是利用 Bitter 接口（见表 4.3）定义的几个算术变换模式之一。而且，Bitter 定义（逐位）逻辑运算，例如 OR 以及 AND。对于算术运算，copyBits()方法将结果限制在像素值容许范围内（针对目标图像而言）。还需注意：（除类型为 FloatProcessor 的目标图像外）所得结果并不是经过四舍五入到一个整数，而是截取整数值。

4.8.5 多幅图像的 ImageJ 插件

ImageJ 提供了两种类型的插件：一种是通用插件（PlugIn），能在没有任何打开图像的情况下运行；另一种是 PlugInFilter 类型的插件，能应用于单个图像。在后者中，要处理的动态图像是作为类 ImageProcessor 的对象传递给插件的 run()方法的（见 2.2.3 节）。

如果两幅或者更多幅图像 I_1、I_2、…、I_k 通过插件程序合并到一起，那么只有一幅图像 I_1 能够直接传递给插件的 run()方法，而不是其他图像 I_2、…、I_k。通常的解决方案是让插件打开一个对话窗口，使用户能够交互选择剩余的图像。以下示例演示插件对两幅图像进行透明混合。

示例：Alpha 混合

Alpha 混合是一种对两幅图像 I_{BG} 和 I_{FG} 按照透明度进行混合的简单方法。背景图像 I_{BG} 被前景图像 I_{FG} 覆盖，其透明度按照下式通过 α 值来控制

$$I'(u,v) \leftarrow \alpha \cdot I_{BG}(u,v) + (1-\alpha) \cdot I_{FG}(u,v) \tag{4.41}$$

其中 $0 \leqslant \alpha \leqslant 1$。当 $\alpha=0$ 时，前景图像 I_{FG} 是不透明的，因此完全遮挡了背景图像 I_{BG}。相反，当 $\alpha=1$ 时图像 I_{FG} 是完全透明的，只有 I_{BG} 是可见的。在 0 和 1 之间的所有 α 值控制图像 I_{BG} 和 I_{FG} 的相应像素值进行加权求和(式(4.41))。

图 4.23 显示了对于不同的 α 值进行 Alpha 混合的结果。在程序 4.5 和程序 4.6 中列出了相应实现的 Java 代码(作为 ImageJ 插件)。背景图像(bgIp)直接传递给插件的 run() 方法。第二个图像(前景图像)以及 α 值通过创建 ImageJ 类 GenericDialog 的实例来交互生成，它利用一个简单的对话窗使得输入域包含多种类型。

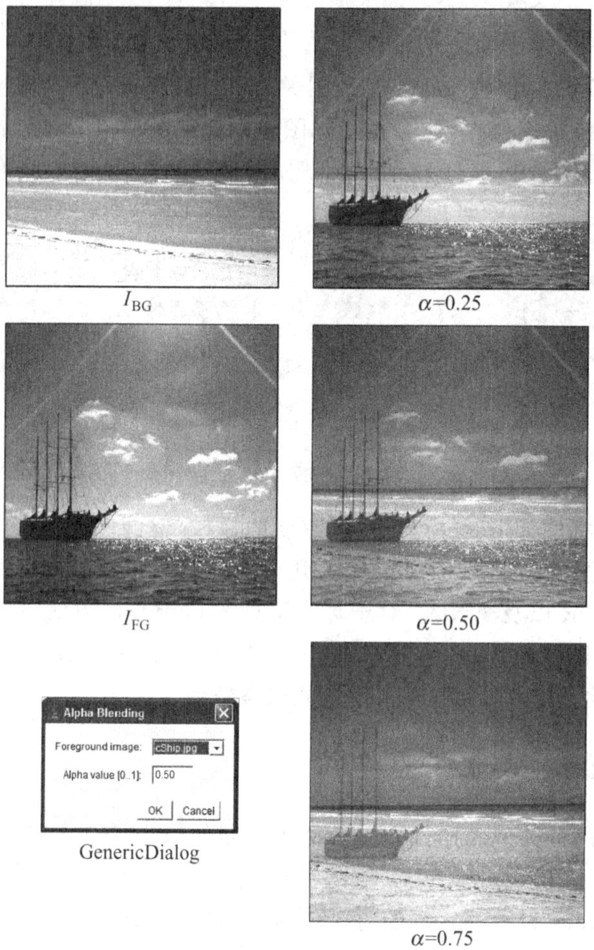

图 4.23　Alpha 混合示例。背景图像(I_{BG})和前景图像(I_{FG})，GenericDialog 窗口(见程序 4.5 和程序 4.6 中的实现)，以及透明度值分别为 $\alpha=0.25$、0.50 和 0.75 所得到的混合图像

程序 4.5　Alpha 混合插件(第一部分)。背景图像与所选的前景图像按照透明度混合。插件应用于(当前动态的)背景图像，当插件开始时前景图像也应该打开。背景图像(bgIp)，传递给插件的 run() 方法，并且乘以参数 α(23 行)。首先复制(21 行)前景图像(fgIP，第二部分选择的)，然后乘以($1-\alpha$)(22 行)。因此，原始前景图像并没有被修改。最终结果是对两幅图像进行加权求和(24 行)

```
1  import ij.IJ;
2  import ij.ImagePlus;
3  import ij.WindowManager;
4  import ij.gui.GenericDialog;
5  import ij.plugin.filter.PlugInFilter;
6  import ij.process.;
7
8  public class Alpha_Blending implements PlugInFilter {
9
10     static double alpha=0.5;                          //前景图像的透明度
11     ImagePlus fgIm=null;                              //前景图像
12
13     public int setup(String arg,ImagePlus imp) {
14         return DOES_8G;
15     }
16
17 public void run(ImageProcessor bgIp) {                //背景图像
18     if(runDialog()) {
19         ImageProcessor fgIp
20             =fgIm.getProcessor().convertToByte(false);
21         fgIp=fgIp.duplicate();
22         fgIp.multiply(1-alpha);
23         bgIp.multiply(alpha);
24         bgIp.copyBits(fgIp,0,0,Blitter.ADD);
25     }
26 }
27
28 //待续 ...
```

程序 4.6　Alpha 混合插件(第二部分)。选择前景图像,获得目前打开图像以及其名称列表(34～42 行)。然后创建并打开一个指定前景图像(fgIm)及 α 值(alpha)的对话框对象(GenericDialog)。fgIm 和 alpha 是类 AlphaBlend 的变量(定义在第一部分,程序 4.5 中)。如果成功,则类成员函数 runDialog()返回 true,如果没有图像打开或者对话框被用户撤销则为 false。

```
29 //类 Alpha_Blending (接程序 4.5)
30
31 boolean runDialog() {
32     //获得打开图像的列表
33     int[] windowList=WindowManager.getIDList();
34     if (windowList==null){
35         IJ.noImage();
36         return false;
37     }
```

```java

    //获得图像名
    String[] windowTitles=new String[windowList.length];
    for (int i=0;i<windowList.length;i++) {
        ImagePlus im=WindowManager.getImage(windowList[i]);
        if (im==null)
            windowTitles[i]="untitled";
        else
            windowTitles[i]=im.getShortTitle();
    }

    //创建对话框并显示
    GenericDialog gd=new GenericDialog("Alpha Blending");
    gd.addChoice("Foreground image:",
        windowTitles,windowTitles[0]);
    gd.addNumericField("Alpha value [0..1]:",alpha,2);
    gd.showDialog();
    if (gd.wasCanceled())
        return false;
    else {
        int fgIdx=gd.getNextChoiceIndex();
        fgIm=WindowManager.getImage(windowList[fgIdx]);
        alpha=gd.getNextNumber();
        return true;
        }
  }

} //类 Alpha_Blending 的结尾
```

4.9 练习题

4.1 根据式(4.8)～式(4.10)的定义，利用 ImageJ 插件实现 8 位灰度图像的自动对比度调整运算。设置在灰度范围(0 和 255)两端的像素充满的分位数 q 为 $q_{\text{low}}=q_{\text{high}}=1\%$。

4.2 修改程序 4.2 中的直方图均衡化插件，从而使用查找表(4.8.1 节)来计算点运算。

4.3 利用式(4.12)中定义的修正累积直方图，即累积直方图条目的平方根，实现式(4.11)定义的直方图均衡化。类似于图 4.10，画出所得的直方图与累积直方图，以对此结果与标准(线性)方法结果进行比较。

4.4 证明：(a)直方图均衡化(式(4.11))对已经具有均匀分布的图像不产生任何改变；(b)对一幅图像重复应用直方图均衡化并不会对其产生任何改变。

4.5 证明线性直方图均衡化(4.5 节)只是直方图规范化的一个特例(4.6 节)。

4.6 如 4.6.3 节所述，利用分段线性参考分布函数实现(利用 Java)直方图规范化。定义一个新的对象类，它包含表示分布函数的所有需要的实例变量，并将所需函数 $P_L(i)$（式(4.22)）以及 $P_L^{-1}(b)$（式(4.23)）实现为类方法。

4.7 利用直方图规范化来调整多幅图像（见 4.6.4 节），可使用一幅典型图像作为参考图像或者从一系列图像中计算“平均”参考直方图。实现第二种方法并讨论其可能的优缺点。

4.8 以 γ 和 a_0 为参数，使用程序 4.4 所示的查找表编写一个实现修正版 Gamma 校正（式(4.33)）的 ImageJ 插件。

4.9 证明由式(4.33)和式(4.34)定义的修正 Gamma 函数 $\bar{f}_{\gamma,a_0}(a)$ 是 C1-连续的（也就是说此函数及其一阶导是连续的）。

第5章　滤　波　器

图像处理中，点运算(在前面章节讨论过)的本质在于每个新像素点的像素值仅由原图像中相同位置的像素值决定。然而，点运算的功能是有限的，例如，它不能完成对一幅图像的锐化或平滑处理(如图5.1所示)，而滤波器可以实现这些功能。但滤波与点运算有一点是相同的，就是其结果同样是生成一张与原图像比例为1∶1的映射图像(就是说原图像的几何结构不发生改变)。

5.1　何谓滤波器

滤波器与点运算的主要区别在于：滤波器一般会用到源图像中的多个像素来计算每个新像素值。先来仔细看看对一幅图像进行平滑处理后的结果。在那些像素值局部变化比较剧烈的区域(即相邻像素间差别较大)，图像看起来比较锐利；而经平滑处理后的图像变得模糊，如图5.1所示。

图5.1　点运算无法完成对一幅图像的锐化或平滑处理。此图是滤波器功能的一个示例。与点运算一样，滤波并不改变图像的几何结构

对一幅图像进行平滑处理，最容易想到的方法是简单地将每个像素替换为其相邻像素的平均值。为了确定一个平滑后图像中的新像素值 $I'(u,v)$，用相同位置的原像素 $I(u,v)=p_0$ 加上它的8个邻域像素 p_0、p_1、…、p_8 来计算其算数均值

$$I'(u,v) \leftarrow \frac{p_0+p_1+p_2+p_3+p_4+p_5+p_6+p_7+p_8}{9} \tag{5.1}$$

或者用相对图像坐标表示为

$$I'(u,v) \leftarrow \frac{1}{9} \cdot [I(u-1,v-1)+I(u,v-1)+I(u+1,v-1)$$

$$+ I(u-1,v) + I(u,v) + I(u+1,v)$$
$$+ I(u-1,v+1) + I(u,v+1) + I(u+1,v+1)] \quad (5.2)$$

紧凑形式表示为

$$I'(u,v) \leftarrow \frac{1}{9} \times \sum_{j=-1}^{1}\sum_{i=-1}^{1} I(u+i,v+j) \quad (5.3)$$

这只是一个简单的局部平均处理,它展示了一个典型滤波器的所有关键要素。特别地,这是所谓的线性滤波器(一类很重要的滤波器)。那么,通常是如何定义滤波器的呢?首先,它与点运算的区别主要在于计算每个结果像素时,不是使用单一的源像素而是一系列源像素。这些源像素的坐标相对当前图像位置(u,v)是固定的,且通常形成一个连续的区域,如图5.2所示。

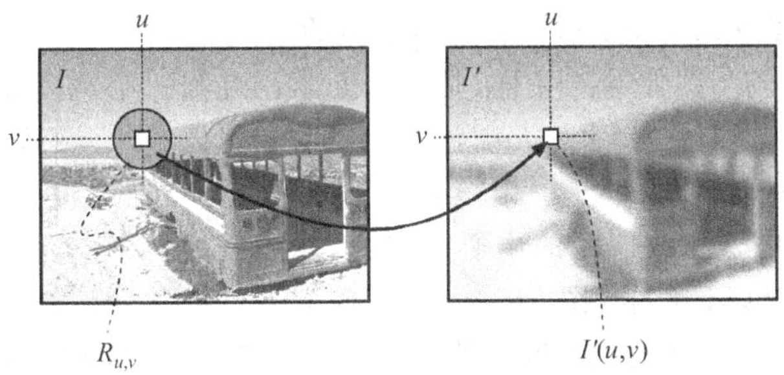

图5.2　主要滤波操作示意。每个新像素$I'(u,v)$是源图像相应区域中的像素$R_{u,v}$的函数

滤波区域的尺寸是滤波器的一个重要参数,因为它描述了在每个结果像素值的确定过程中有多少源像素参与,从而决定了滤波器的空间范围(支撑区域)。例如,式(5.2)所示的平滑滤波器使用了以当前坐标(u,v)为中心的3×3的支撑区域。类似地,具有更大支撑区域(例如5×5、7×7,甚至21×21个像素)的滤波器,会有明显更强的平滑效果。

滤波区域的形状也不一定局限于方形甚至矩形。事实上,圆形(盘状)滤波区域更有助于获得各向同性的平滑结果(就是说,图像的每个方向上所做的滤波都相同)。另一种选择是为滤波区域内的每个像素点分配不同的权值,比如,可以给那些距离区域中心较近的地方以更大的权值。此外,滤波区域也不一定是连续的,有时甚至可以不包括中心像素点本身(比如环形滤波区域)。

也许这么多的方法会使人们感到无从选择,因此需要一种更系统的方法来有针对性地描述和使用图像。传统的分类方式将滤波分为线性滤波和非线性滤波,这种方式主要是基于滤波器函数的数学性质进行的。也就是说,判断结果是由源像素通过线性或者非线性表达式计算得到。接下来将讨论这两种滤波器,并给出几个实际的示例。

5.2　线性滤波器

线性滤波器之所以得名,是因为这种滤波器是将支撑区域内的像素值以线性方式结合起来的,即加权求和。本章开始时在式(5.3)中讨论的局部求平均的方法是线性滤波的一种特例,在3×3的滤波区域内的所有9个元素以相同的权值(1/9)加权求和。按同样的思路,许多不同性质的滤波器都可以通过简单地修改权值分布而得到。

5.2.1 滤波矩阵

对任何线性滤波器来说，支撑区域的尺寸和形状以及各像素的权值都可以由“滤波矩阵”或者“滤波模板”$H(i,j)$来描述。矩阵 H 的尺寸等于滤波区域的尺寸，矩阵的每个元素 $H(i,j)$描述了求和过程中每个元素的权值。对于式(5.3)给出的 3×3 平滑滤波器，其滤波矩阵为：

$$H(i,j)=\begin{bmatrix}1/9 & 1/9 & 1/9\\ 1/9 & 1/9 & 1/9\\ 1/9 & 1/9 & 1/9\end{bmatrix}=\frac{1}{9}\begin{bmatrix}1 & 1 & 1\\ 1 & 1 & 1\\ 1 & 1 & 1\end{bmatrix} \tag{5.4}$$

其中每个像素都在结果中贡献了自身像素值的 1/9。

基本上，滤波矩阵与图像本身一样，是一个元素相互独立的、二维的实值函数，$H: \mathbb{Z}\times\mathbb{Z}\rightarrow\mathbb{R}$。滤波器都有它自己的坐标系统，而这一系统通常源于一个“热点”，这一“热点”通常(但不是必须)位于滤波区域的中心。因此，滤波器的坐标可以是正的也可以是负的(图 5.3)。滤波函数是可以无限延伸的，这时将矩阵 H 定义的区域外部分都当作零。

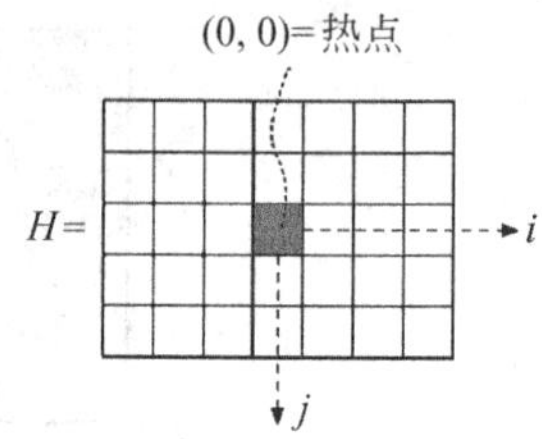

图 5.3 滤波矩阵与坐标系统

5.2.2 应用滤波器

对于一个线性滤波器，结果是很清楚的，它完全由滤波矩阵中的系数确定。将滤波器应用于图像也是一个简单的过程，如图 5.4 所示。下面步骤给出了如何对图像中的每一个位置(u,v)进行操作。

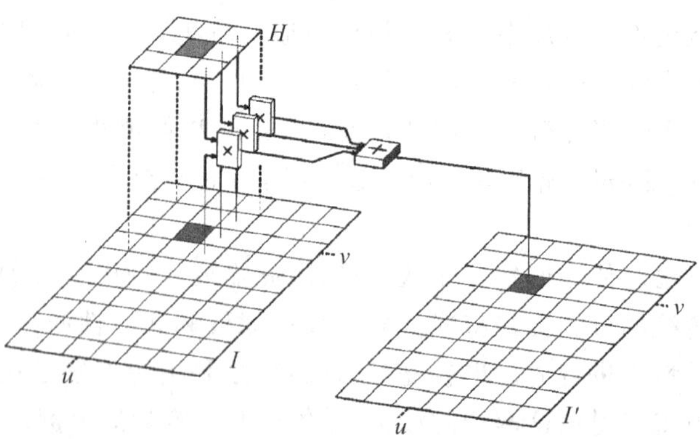

图 5.4 线性滤波器。将滤波矩阵 H 的原点放在图像 I 的(u,v)处。每个滤波器的系数 $H(i,j)$与图像中对应位置像素 $I(u+i,v+j)$相乘并将结果相加，将最后的结果赋值给新图像中的像素 $I'(u,v)$

(1) 将滤波矩阵 H 移至原图像 I 上，使得其原点 $H(0,0)$与图像的当前位置(u,v)一致。

(2) 所有滤波系数 $H(i,j)$乘以原图像对应位置的像素值 $I(u+i,v+j)$，并将结果相加。

(3) 将所得和值赋给新图像对应位置的像素点 $I'(u,v)$。

用公式描述,所有新图像中的像素 $I'(u,v)$都可以由下式计算:

$$I'(u,v) \leftarrow \sum_{(i,j)\in R_H} I(u+i,v+j) \cdot H(i,j) \tag{5.5}$$

其中 R_H 表示原图像中滤波器 H 所覆盖的坐标集合。对于一个以中心为原点的典型 3×3 滤波器,新图像在每一个图像坐标(u,v)处其值为

$$I'(u,v) \leftarrow \sum_{i=-1}^{i=1}\sum_{j=-1}^{j=1} I(u+i,v+j) \cdot H(i,j) \tag{5.6}$$

此公式并非对所有的坐标都是精确的。一个很明显的问题是,在图像的边界处滤波区域超出了图像的范围,因而找不到对应的像素点来计算结果。这里暂时将这个问题留下,在 5.5.2 节中将重新讨论它。

5.2.3 计算滤波器算子

前面已经了解了滤波的主要操作(图 5.4),并且知道图像的边界部分需要进行特殊的处理。下面将在 imageJ 中编程实现一个简单的线性滤波器。在此之前,需要考虑另一个细节。在点运算中(如程序 4.1 和程序 4.2),每个新像素值仅由原图像中的对应像素值决定,因此将新像素值直接覆盖原像素是没有问题的(计算是在“原地”进行而不需要任何中间存储空间)。而这种原地计算方式对滤波器来说是不可能的,因为每个原像素都会对多个结果像素的确定产生作用。因此,在整个操作结束前,原像素是不能被修改的。为此,需要一个额外的存储空间来存放结果图像,当滤波操作结束后再将其复制回原始图像(如果希望这样的话)。于是,整个滤波操作可以通过两种不同的方案来实现(见图 5.5):

A. 滤波的结果先被存放于一幅新的图像中,其内容最终被复制回原始图像。

B. 首先将原始图像复制到一幅中间图像中,然后将此中间图像作为滤波计算的源图像,而滤波结果直接存储到原始图像。

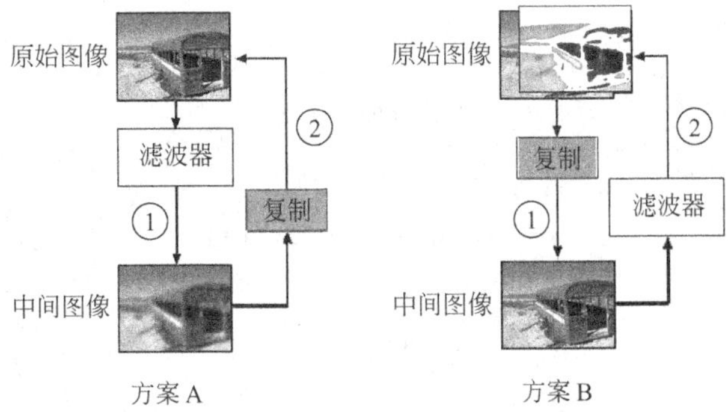

图 5.5　实际滤波过程。方案 A:滤波的结果先被存放于一幅中间图像中,随后复制回原始图像(a)。方案 B:首先将原始图像复制到一幅中间图像中,然后将此中间图像作为滤波操作的源图像,而滤波结果直接存储到原始图像(b)

这两种方案需要的存储空间是相等的,因此无所谓孰优孰劣。在接下来的示例中,我们采用方案 B。

5.2.4 滤波器插件示例

下面示例演示了两种非常基本的滤波器。

简单 3×3 平均滤波器(箱式滤波器)

程序 5.1 给出了基于式(5.4)局部平均化的简单 3×3 平滑滤波器的 ImageJ 代码,它经常称为箱式滤波器,因为它的形状就像一个箱子。这里不需要明确地给出滤波矩阵,因为所有的滤波系数完全相同(即 1/9)。同样,也不需要对结果做门限限制操作(参见 5.1.2 节),因为所有滤波系数之和为 1,不会生成允许范围之外的像素值。

尽管这只是一个非常简单的滤波器,但展示了一个二维滤波程序的普遍结构。要注意的是,这里需要一个四重循环：两个外层循环是为了使滤波器在原图像坐标(u,v)上滑动,而两个内层循环是为了完成滤波器内部坐标(i,j)与原图像对应位置的迭代。因此整个计算量不仅取决于原图像的尺寸,也取决于滤波器的尺寸。

程序 5.1 3×3 箱式平均滤波器。首先(第 10 行)复制原图像(orig),得到(copy)并用它来计算滤波结果(第 18 行)。在第 22 行中,当前位置(u,v)的计算结果取整后存入原图像(第 23 行)。注意到边界像素点是没有改变的,因为它们没有在(u,v)确定的循环中

```
1  import ij.;
2  import ij.plugin.filter.PlugInFilter;
3  import ij.process.;
4
5  public class Filter_Average3x3 implements PlugInFilter {
6        ...
7        public void run(ImageProcessor orig) {
8            int w=orig.getWidth();
9            int h=orig.getHeight();
10           ImageProcessor copy=orig.duplicate();
11
12           for (int v=1;v<=h-2;v++) {
13               for (int u=1;u<=w-2;u++) {
14                   //计算 (u,v) 位置的滤波结果
15                   int sum=0;
16                   for (int j=-1;j<=1;j++) {
17                       for (int i=-1;i<=1;i++) {
18                           int p=copy.getPixel(u+i,v+j);
19                           sum=sum+p;
20                       }
21                   }
22                   int q=(int) Math.round (sum/9.0);
23                   orig.putPixel(u,v,q);
24               }
25           }
26       }
27 } //类 Filter_Average3×3 结束
```

另一个 3×3 平滑滤波器

相对于上一示例的常数权值，本例采用具有不同滤波系数的实滤波器矩阵。为了实现这一目的，这里使用一个钟形 3×3 滤波器函数 $H(i,j)$，其特点是加强了中心点的作用：

$$H(i,j)=\begin{bmatrix}0.075 & 0.125 & 0.075\\ 0.125 & \mathbf{0.200} & 0.125\\ 0.075 & 0.125 & 0.075\end{bmatrix} \tag{5.7}$$

注意，H 中所有的滤波系数都是正的并且和为 1（也就是说此矩阵是归一化的），因此，所有计算结果都在像素值的允许范围内而不必进行门限限制操作。这一过程的程序结构（程序 5.2）实际上和上一示例没什么区别，滤波矩阵（filter）由一个 double 型的二维数组[1]表示。每个像素与滤波矩阵的对应系数相乘，其结果的和也是 double 型的。在访问滤波系数时，应该将滤波矩阵的坐标系原点放在其中心（也就是说，对于 3×3 的矩阵来说，原点应该在位置(1,1)）。这也解释了为什么 i 和 j 坐标存在 1 的偏移量（程序 5.2，第 20 行）。

程序 5.2 3×3 平滑滤波器（仅包括 ImageJ 插件中的 run()方法）的滤波矩阵定义为二维 double 型数组（第 5 行）。滤波器的坐标原点位于滤波矩阵的中心（也就是数组的(1,1)位置），因为 i,j 坐标的偏移量是 1（第 20 行）。计算结果经过取整后（第 24 行）储存在原图像中（第 25 行）

```
1  public void run(ImageProcessor orig) {
2      int w=orig.getWidth();
3      int h=orig.getHeight();
4      // 3×3 滤波矩阵
5      double[][] filter={
6          {0.075,0.125,0.075},
7          {0.125,0.200,0.125},
8          {0.075,0.125,0.075}
9      };
10     ImageProcessor copy=orig.duplicate();
11
12     for (int v=1;v<=h-2;v++) {
13         for (int u=1;u<=w-2;u++) {
14             //计算(u,v)位置的滤波结果
15             double sum=0;
16             for (int j=-1;j<=1;j++) {
17                 for (int i=-1;i<=1;i++) {
18                     int p=copy.getPixel(u+i,v+j);
19                     //取得对应的滤波系数
20                     double c=filter[j+1][i+1];
21                     sum=sum +c p;
22                 }
```

① 更多内容参见附录 B.2.4 中关于 Java 中的二维数组的描述。

```
            }
            int q= (int) Math.round sum;
            orig.putPixel(u,v,q);
        }
    }
}
```

5.2.5 整数系数

相对于使用浮点型的系数(如以上各例所示),结合公用的尺度因子 s,使用整数系数,往往更加简单也更加高效。

$$H(i,j) = s \cdot H'(i,j) \tag{5.8}$$

其中,$H'(i,j) \in \mathbb{Z}$,以及 $s \in \mathbb{R}$。如果所有的滤波系数都是正值(对所有的平滑滤波都是这样),那么 s 通常是所有系数和的倒数:

$$s = \frac{1}{\sum_{i,j} H'(i,j)} \tag{5.9}$$

从而得到规范化的滤波矩阵。这样,结果就被限制在原来的像素取值范围内。例如,式(5.7)所示的滤波矩阵可以等价地定义为下式:

$$H(i,j) = \begin{bmatrix} 0.075 & 0.125 & 0.075 \\ 0.125 & \underline{0.200} & 0.125 \\ 0.075 & 0.125 & 0.075 \end{bmatrix} = \frac{1}{40}\begin{bmatrix} 3 & 5 & 3 \\ 5 & \underline{8} & 5 \\ 3 & 5 & 3 \end{bmatrix} \tag{5.10}$$

其中尺度因子 $s=\frac{1}{40}=0.025$。在程序 5.3 中采用了同样的尺度因子。

在 Adobe Photoshop 中,线性滤波器被描述为“自定义滤波”工具(如图 5.6 所示),它具有整数滤波系数及常用尺度因子 scale(就是归一化系数 s)。另外,可以指定一个常数偏移量 Offset。例如,移动一个负的结果(由负的滤波系数导致)到正常取值范围。概括地说,一个 5×5 的 Photoshop 自定义滤波器可以表示为

$$I'(u,v) \leftarrow \text{Offset} + \frac{1}{\text{Scale}} \sum_{j=-2}^{j=2} \sum_{i=-2}^{i=2} I(u+i,v+j) \cdot H(i,j) \tag{5.11}$$

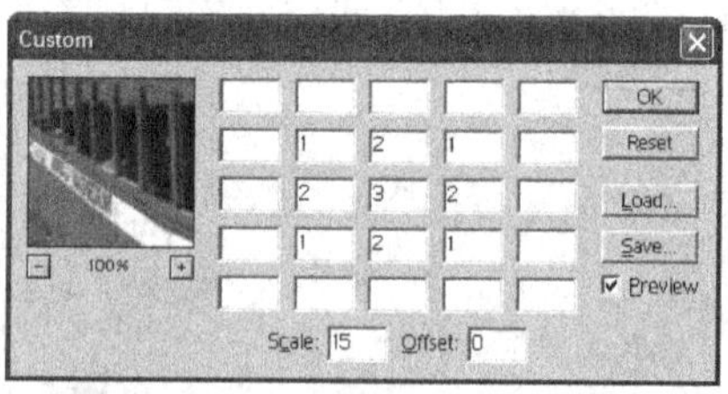

图 5.6 Adobe Photoshop 中的“自定义滤波器”实现为尺寸可达 5×5 的线性滤波器。此滤波器的坐标原点(“热点”)设定为中心点(本例中取值为 3),空单元表示滤波系数为 0。除了这些整数系数外,还需要确定归一化尺度因子 Scale 和偏移量 Offset

5.2.6 任意尺寸的滤波器

实际中经常使用 3×3 的小尺寸滤波器,但有时我们需要更大的滤波器。假设滤波矩阵的中心在奇数($2L+1$)行、奇数($2K+1$)列($K,L\geqslant 0$)位置。如果图像 $I(u,v)$ 的大小为 $M\times N$,则

$$I(u,v)\quad 其中\ 0\leqslant u<M,0\leqslant v<N$$

那么,滤波器可对满足下式的图像坐标进行计算,图 5.7 所示,

$$K\leqslant u'\leqslant(M-K-1)\quad 且\quad L\leqslant v'\leqslant(N-L-1)$$

程序 5.3(由程序 5.2 改写而来)给出了一个 7×5 的平滑滤波器示例,以说明如何实现任意尺寸的线性滤波器。该示例使用整数滤波系数并结合上文所述的公用尺度因子 s。通常,滤波器中的“热点”设置为滤波矩阵的中心,而所有迭代的范围取决于滤波器的尺寸。此时,应该对结果进行门限限制处理(第 33 和 34 行)以防止越界。

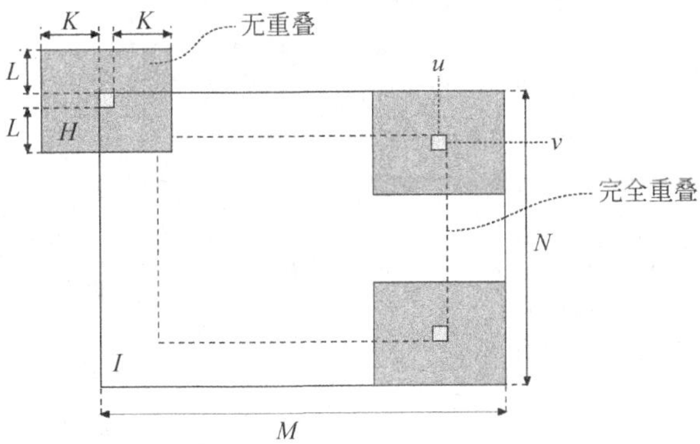

图 5.7　边界处的几何图示。滤波过程只能在那些坐标 (u,v)能使尺寸为$(2K+1)\times(2L+1)$的滤波矩阵全部包含于图像内部的地方进行

程序 5.3　任意尺寸滤波器的 ImageJ 插件(仅包含 run()方法)。滤波矩阵是一个大小为$(2K+1)\times(2L+1)$的整数数组,其坐标原点为中心元素。求和变量 sum 也定义为整型(int)。在第 31 行代码中,变量 sum 由一个常量因子比例缩放,然后圆整。边界像素未做修改。

```
1  public void run(ImageProcessor orig) {
2      int M=orig.getWidth();
3      int N=orig.getHeight();
4
5      //大小为(2K+1)×(2L+1)的滤波矩阵
6      int[][] filter={
7          {0,0,1,1,1,0,0},
8          {0,1,1,1,1,1,0},
9          {1,1,1,1,1,1,1},
10         {0,1,1,1,1,1,0},
11         {0,0,1,1,1,0,0}
```

```
    };

    double s=1.0/23;              //滤波系数之和为 23

    int K=filter[0].length/2;
    int L=filter.length/2;

    ImageProcessor copy=orig.duplicate();

    for (int v=L;v<=N-L-1;v++) {
        for (int u=K;u<=M-K-1;u++) {
            //计算(u,v)位置的滤波结果
            int sum=0;
            for (int j=-L;j<=L;j++) {
                for (int i=-K;i<=K;i++) {
                    int p=copy.getPixel(u+i,v+j);
                    int c=filter[j+L][i+K];
                    sum=sum+c * p;
                }
            }
        int q=(int) Math.round(s sum);
        if (q<0) q=0;
        if (q>255) q=255;
        orig.putPixel(u,v,q);
        }
    }
}
```

5.2.7 线性滤波器的类型

由于线性滤波器的滤波效果仅由滤波矩阵(可设定任意值)决定,因此,一般来说,存在无数种不同的线性滤波器。那么,这些滤波器应该如何使用,哪些滤波器适用于一个给定的任务呢?下面简要讨论在实际应用中非常重要的两大类线性滤波器:平滑滤波器和差分滤波器(图 5.8)。

平滑滤波器

目前为止讨论的所有滤波器都是以平滑为目的的。事实上,任意全正值系数的线性滤波器从某种意义上说都是平滑滤波器,因为这种滤波器仅仅是将图像中某一区域内的像素进行加权平均。

1. 箱式滤波器

箱式滤波器是所有平滑滤波器中最简单的、其 3D 形状像一个箱子(如图 5.8(a)所示)的滤波器,是一种广为人知的常用滤波器。然而不幸的是,由于侧面的急剧截断导致其频域

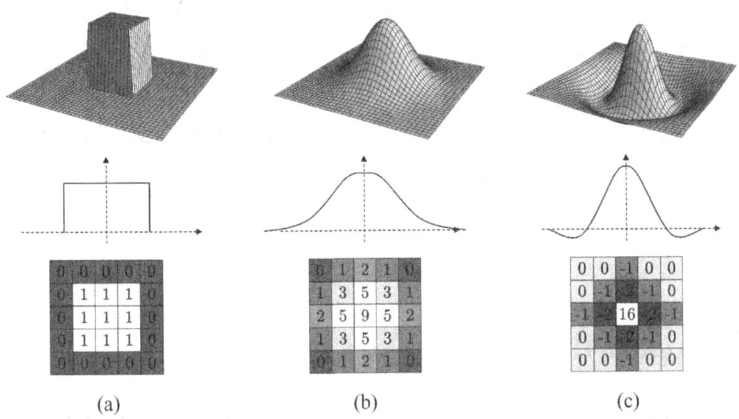

图 5.8 线性滤波器的典型示例，由 3D 图（上排图）、剖面轮廓线（中排图）以及近似的离散滤波矩阵（下排图）分别图示说明。其中箱式滤波器（a）和高斯滤波器（b）是全正值滤波系数的平滑滤波器。而“拉普拉斯”或称“墨西哥帽”滤波器（c）是一种差分滤波器，它计算的是中心像素与其周围像素的加权差值，因此它集中反映了局部变化的剧烈程度

性能不稳定，所以箱式滤波器远不是一种最优的平滑滤波器。用频域的术语来说，平滑滤波是一种低通滤波（就是说，有效地削减信号中给定截止频率之上的频率成分）。然而，使用箱式滤波器会在频域产生严重的“振铃效应”，因此通常认为它并不是一种高质量的平滑滤波器。另外，为滤波区域内的每个像素分配相同的权值也显得不够科学。因此可能会想到，与距中心较远的像素点相比，那些更靠近中心的像素点应该具有更大的权值。进一步来讲，平滑滤波器应该是各向同性的（也就是在每个方向上统一的），而箱式滤波器显然不是这样。

2. 高斯滤波器

这种平滑滤波器的滤波矩阵（图 5.8(b)）相当于一个离散的二维高斯函数：

$$G_\sigma(x,y) = e^{-\frac{r^2}{2\sigma^2}} = e^{-\frac{x^2+y^2}{2\sigma^2}} \tag{5.12}$$

其中 σ 是指“钟形”函数的宽度（标准差），r 是指与中心点的距离（半径）。中心处的像素具有最大的权值（即为 1.0，在图 5.8(b)所示的矩阵中，经尺度变换为整数 9），而其余的系数则随着与中心距离的增大而平稳减小。如果滤波矩阵足够大，能够充分逼近高斯函数（至少为 5×5），那么高斯滤波就是一种各向同性的滤波器。作为一种低通滤波器，高斯滤波器具有非常好的频域性能，因此它明显优于箱式滤波器。值得一提的是，一个二维高斯滤波器也可以分解为一对一维滤波器（参见 5.3.3 节），这样可以减少部分计算量。

差分滤波器

如果有一些滤波系数是负值，那么滤波结果可以看作是两部分和之差：滤波区域 R_H 中权值为正的像素值加权求和，减去权值为负的像素值加权求和。

$$\begin{aligned} I'(u,v) = &\sum_{(i,j)\in R_H^+} I(u+i,v+j)\cdot|H(i,j)| \\ &- \sum_{(i,j)\in R_H^-} I(u+i,v+j)\cdot|H(i,j)| \end{aligned} \tag{5.13}$$

其中 R_H^+ 和 R_H^- 分别表示具有正系数 $H(i,j)>0$ 和负系数 $H(i,j)<0$ 的部分区域。举

例来说,图 5.8(c)所示的 5×5 拉普拉斯滤波器就是计算中心像素(权值为 16)与周围 12 个像素(权值为－1 或－2)的加权和之差。其余 12 个像素权值为 0,因此在计算过程中可以忽略。

在使用平均化处理后,局部强度变化会变平滑,同时,也可以想到,当使用差分时可能出现完全相反的情况:局部强度变化被增强。因此,差分滤波器的重要应用包括图像的边缘增强(6.2 节)和图像锐化(6.6 节)。

5.3 线性滤波器的性质

在前面章节中,通过一种非正式的方式接触了滤波器的概念,从而能够快速地理解滤波器是如何定义和使用的。这种阐述可以满足大多数实际应用,然而,就目前为止所看到的这些有限范围内的简单示例而言,线性滤波器的功能并没有得到真正的展现。

线性滤波器真正的重要性(以及形式上的优美)只有在仔细分析其基础的理论细节时,才能够完全展示出来。此时,有经验的读者可能会惊讶地发现,目前为止还一直没有提及“卷积”这个术语。在接下来的小节中,将会弥补这一点。

5.3.1 线性卷积

前文所描述的与线性滤波器相关的操作,并非数字图像处理领域的创造发明,它在数学领域早已被了解。此操作称为线性卷积①,通常用于将两个维数相等的连续或离散的函数组合起来。对于离散情况,二维函数 I 和 H 的卷积操作可以定义为

$$I'(u,v)=\sum_{i=-\infty}^{\infty}\sum_{j=-\infty}^{\infty}I(u-i,v-j)\cdot H(i,j)\tag{5.14}$$

或者简写为

$$I'=I*H\tag{5.15}$$

其中 $*$ 表示卷积算子。此公式看起来与式(5.5)几乎一样,但有两点不同:求和时变量 i 和 j 的取值范围,以及 $I(u-i,v-j)$ 中坐标的负号。其中第一点很容易解释:因为滤波矩阵(又称滤波核)范围之外的系数都是 0,所以这些位置的像素与求和无关。为了解决坐标中负号的问题,不是对变量 i、j 求和,而是把式(5.14)修改为

$$\begin{aligned}I'(u,v)&=\sum_{(i,j)\in R_H}I(u-i,v-j)\cdot H(i,j)\\&=\sum_{(i,j)\in R_H}I(u+i,v+j)\cdot H(-i,-j)\\&=\sum_{(i,j)\in R_H}I(u+i,v+j)\cdot H^*(i,j)\end{aligned}\tag{5.16}$$

此结果与式(5.5)所示的线性滤波器相同,其中滤波函数 $H^*(i,j)=H(-i,-j)$是函数 H 沿水平方向和垂直方向的镜像(也就是旋转 180°)。确切地讲,式(5.5)定义了一种线

① 奇怪的是,卷积这一简单的概念常常让人觉得棘手、难以理解。

性的相关运算,它仅仅是与滤波矩阵的镜像做卷积。当然,一维时情况是相同的。线性相关运算常常用于图像或者其子图像的比较。

因此,卷积运算(*)成为所有线性滤波器的基本数学概念,滤波结果可以由卷积矩阵(或称卷积核)H 完全描述。为了图示这一关系,在示意图中常常把卷积运算绘制成一种"黑盒"操作,如图 5.9 所示。

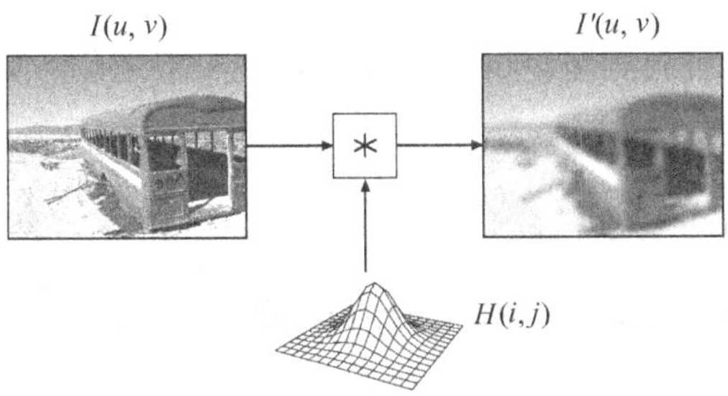

图 5.9　把卷积视作"黑盒"操作。原始图像 I 与卷积核 H 做线性卷积后,得到结果 I'

5.3.2　线性卷积的性质

线性卷积的重要性是建立在其简单的数学性质以及众多的应用之上的。线性卷积模型适合很多自然现象,包括力学、声学和光学系统。更重要的是,它与信号的傅里叶频谱联系非常紧密,而傅里叶频谱对于理解一些复杂现象(如采样和混叠)是极为有用的。下面先来看看线性卷积在信号或图像空间中的一些重要性质。

可交换性

线性卷积是可交换的,即

$$I * H = H * I \tag{5.17}$$

因此将图像与卷积核互换,结果不变;将卷积核 H 与图像 I 卷积或者反过来不会造成任何差别,这两个函数 I 和 H 的角色可互换。

线性

线性滤波之所以得名,就是因为卷积算子具有线性性质,它表现在许多方面。举例来说,如果一幅图像乘以一个标量常数 s,那么卷积结果应该乘以相同的因子:

$$(s \cdot I) * H = I * (s \cdot H) = s \cdot (I * H) \tag{5.18}$$

类似地,如果将两幅图像 I_1、I_2 逐像素相加,然后与某卷积核 H 做卷积,得到的结果与将两幅图像分别与卷积核卷积再相加相同:

$$(I_1 + I_2) * H = (I_1 * H) + (I_2 * H) \tag{5.19}$$

然而,也许会感到意外:如果简单地给图像加上一个常值 b,结果并不等于先进行卷积再加上常数 b,

$$(b + I) * H \neq b + (I * H) \tag{5.20}$$

这并不是线性性质的一部分。线性是一种非常重要的理论性质,同时也应该注意到,在实际应用中,由于舍入误差或者输出值的有限取值范围的缘故,"线性"滤波器通常是部分线性的。

结合性

线性卷积具有结合律，意思是，如果有若干个线性滤波运算，其运算顺序不影响最终结果：

$$A * (B * C) = (A * B) * C \tag{5.21}$$

因此，多个连续的滤波过程可以以任意顺序执行，并且它们可以任意地组合成新的滤波过程。

5.3.3 线性滤波的可分离性

如果卷积核 H 可以表示为如下多个核卷积的形式，

$$H = H_1 * H_2 * \cdots * H_n$$

那么(根据式(5.21)给出的性质)滤波运算 $I * H$ 可以实现为一系列构成核的卷积：

$$I * H = I * (H_1 * H_2 * \cdots * H_n) = (\cdots((I * H_1) * H_2) * \cdots * H_n) \tag{5.22}$$

通过这种分解，卷积过程的计算量可以得到大大节省。

x/y 可分离性

将一个二维卷积核 H 分解为一对一维卷积核 H_x、H_y，在许多实际应用中有着重大意义。举一个简单的示例，假设构成滤波函数的两个一维的核 H_x 和 H_y 分别为

$$H_x = [1\ 1\ \mathbf{1}\ 1\ 1] \quad 且 \quad H_y = \begin{bmatrix} 1 \\ \mathbf{1} \\ 1 \end{bmatrix} \tag{5.23}$$

如果这些滤波器连续作用于图像 I，即

$$I' \leftarrow (I * H_x) * H_y = I * \underbrace{(H_x * H_y)}_{H_{xy}} \tag{5.24}$$

那么，根据式(5.22)，它等价于应用一个复合的滤波核：

$$H_{xy} = H_x * H_y = \begin{bmatrix} 1 & 1 & 1 & 1 & 1 \\ 1 & 1 & \mathbf{1} & 1 & 1 \\ 1 & 1 & 1 & 1 & 1 \end{bmatrix} \tag{5.25}$$

因此这个二维的 5×3 的箱式滤波器 H_{xy} 可由两个长度分别为 5 和 3 的一维滤波器构成(这一结果显然对任意尺寸的箱式滤波器都成立)。但这样做到底有什么好处呢？以上面的情况为例，如果使用二维滤波器 H_{xy}，每个像素点需要 5×3=15 步运算，而使用两个独立的一维滤波器，在每个像素点处仅需要 5+3=8 步运算，运算量减少了近 50%。一般来讲，二维滤波器的运算量随滤波器大小(边长)的增长成二次方增加，而如果做了 x/y 分解，运算量仅成线性增加。因此，可分离性对于大尺寸线性滤波器的实现而言是一个非常有意义的性质。

可分离的高斯滤波器

一般而言，如果一个二维滤波器的滤波函数 $H(i,j)$ 可以表示为两个一维函数的外积

(⊗),那么它就是可 x/y 分离的,

$$H_{x,y}(i,j) = (H_x \otimes H_y)(i,j) = H_x(i) \cdot H_y(j) \tag{5.26}$$

因为在这种情况下,结果函数也与卷积结果 $H_{x,y}=H_x * H_y$ 相符合。一个明显的示例就是式(5.12)所示的被广泛使用的高斯函数 $G_\sigma(x,y)$,它可以表示为如下乘积的形式:

$$G_\sigma(x,y) = e^{-\frac{x^2+y^2}{2\sigma^2}} = e^{-\frac{x^2}{2\sigma^2}} \cdot e^{-\frac{y^2}{2\sigma^2}} = g_\sigma(x) \cdot g_\sigma(y) \tag{5.27}$$

因此,一个二维高斯滤波器 $H^{G,\sigma}$ 可以分解为一对一维高斯滤波器 $H_x^{g,\sigma}$、$H_y^{g,\sigma}$:

$$I' \leftarrow I * H^{G,\sigma} = I * H_x^{G,\sigma} * H_y^{G,\sigma} \tag{5.28}$$

如果 x 方向与 y 方向的 σ 取值不同,那么这一椭圆的高斯函数也可以用同样的方式分解。

随着与中心点距离的增大,高斯函数衰减相对缓慢。为了避免截断误差,离散的高斯函数应该具有足够大的尺寸,一般取 $\pm 2.5\sigma$ 到 $\pm 3.5\sigma$。例如,一个"半径"为 $\sigma=10$ 的离散二维高斯函数要求其最小滤波尺寸为 51×51 像素,在这种情况下,x/y 分离后的滤波器将比完整版的二维滤波器快 50 倍左右。程序 5.4 所示的 Java 方法 makeGaussKernel1d()展示了如何动态创建尺寸为 $\pm 3\sigma$(也就是长度为奇数 $6\sigma+1$ 的向量)的一维高斯滤波核。例如,在"反锐化掩膜"滤波过程中,就需要大尺寸的高斯滤波核(参见 6.6.2 节的程序 6.1)。

程序 5.4　动态创建一维高斯滤波核。对于给定的 σ,Java 方法 makeGaussKernel1d()返回的是一个尺寸足够大的、可以避免截断效应的离散一维高斯滤波核(float 型数组)。

```
float [] makeGaussKernel1d (double sigma) {

    //创建滤波核
    int center=(int) (3.0*sigma);
    float [] kernel=new float [2*center+1];        //奇数大小

    //填充滤波核
    double sigma2=sigma*sigma;                     //σ2
    for (int i=0;i<kernel.length;i++) {
        double r=center-I;
        kernel [i]=(float) Math.exp(-0.5*(rr)/sigma2);
    }

    return kernel;
}
```

5.3.4　滤波器的脉冲响应

线性卷积是一个涉及两个函数的二元运算,也有一个对结果不产生影响的"不变元素"的函数。脉冲函数或狄拉克函数 $\delta()$就是一个卷积不变函数,即

$$I * \delta = I \tag{5.29}$$

在离散二维情况下,脉冲函数定义为:

$$\delta(u,v) = \begin{cases} 1 & u = v = 0 \\ 0 & \text{其他} \end{cases} \tag{5.30}$$

如果把它当作一个图像来看，那么脉冲函数就是一个在无限大黑色（值为零）平面上的单个亮点（其值为 1），如图 5.10 所示。

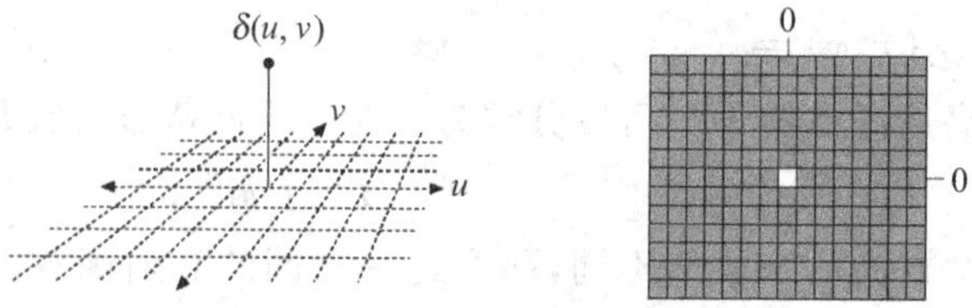

图 5.10　离散二维脉冲函数 $\delta(u,v)$

如果将脉冲函数作为式(5.29)所示的线性卷积中的滤波核，那么得到的结果对原图像没有任何改变（如图 5.11 所示）。相反的情况则更加有趣，如果某个滤波器 H 将脉冲函数 δ 作为输入，会有什么结果呢？根据式(5.17)，由于卷积具有交换性，可以得到：

$$H * \delta = \delta * H = H \tag{5.31}$$

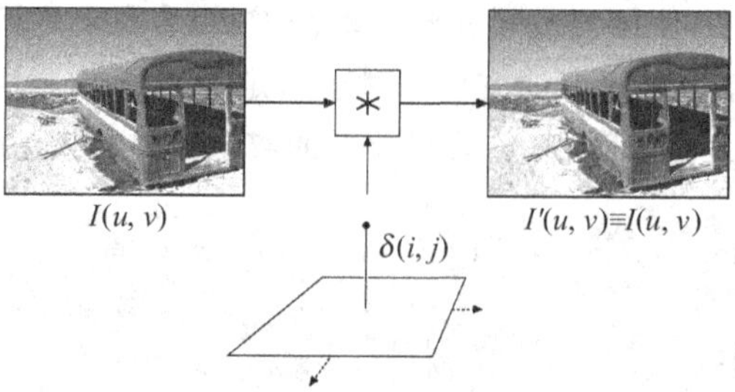

图 5.11　将原图像与脉冲函数做卷积，得到结果与原图像相同

卷积运算的结果就是滤波函数 H 本身（如图 5.12 所示）。也许你会觉得以脉冲函数作为线性滤波器的输入而得到滤波函数本身有些令人难以理解，但如果滤波函数 H 的特性（系数）未知的话，这一性质还是有其意义的。假设该滤波器是线性的，那么仅通过一个脉冲函数作为输入，观测滤波结果（称为滤波器的脉冲响应）就能得到其全部信息。在其他应用中，这一技术也常常用来测量光学系统的性能（例如镜头）。这时，一个点光源作为输入脉冲，输出结果是光能的分布情况，该分布称为系统的"点扩散函数"（point spread function，PSF）。

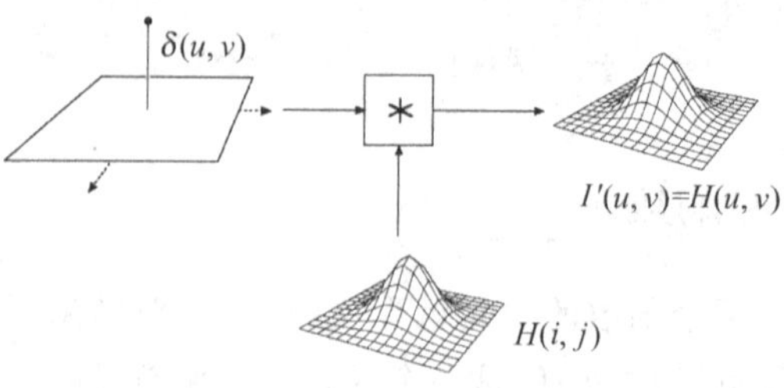

图 5.12　以脉冲函数 δ 作为输入与滤波函数 H 卷积得到结果为滤波函数 H 本身

5.4　非线性滤波器

线性滤波存在一个很重要的缺陷：当用来平滑图像或去除噪声时，所有的图像结构，包括点、边缘和线，都被模糊了，因此整个图像的质量显著下降了(如图 5.13 所示)。这种效应是无法避免的，因此线性滤波器在这类任务(特别是噪声去除)中的使用是受限的。接下来，将研究一些非线性滤波器，看看它们是否能为这些问题提供更好的解决方案。

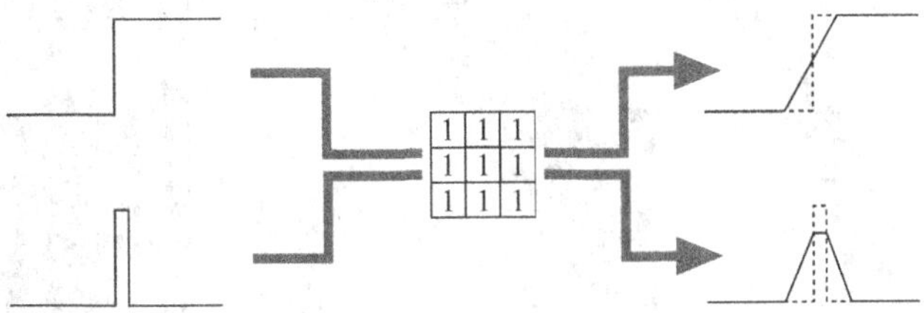

图 5.13　图像中的所有结构信息都被线性平滑滤波器模糊了。一些重要的图像结构如阶跃边缘(上方)或者细线(下方)都变宽了，局部的对比也明显下降了

5.4.1　最小值与最大值滤波

与所有其他滤波器一样，非线性滤波器也是通过在原图像上滑动的滤波区域 $R_{u,v}$ 中的像素点，来计算坐标 (u,v) 处的结果像素的。这类滤波器之所以称为非线性滤波器，是因为计算结果像素时是通过某种非线性函数将源像素结合起来的。其中最简单的一类非线性滤波器就是最小值与最大值滤波器，定义如下：

$$I'(u,v) \leftarrow \min\{I(u+i,v+j) \mid (i,j) \in R\} \tag{5.32}$$

$$I'(u,v) \leftarrow \max\{I(u+i,v+j) \mid (i,j) \in R\} \tag{5.33}$$

其中 R 表示滤波区域(滤波器坐标集合)，通常选择大小为 3×3 的方形。图 5.14 显示了一维最小值滤波器对各种局部图像结构的效果。

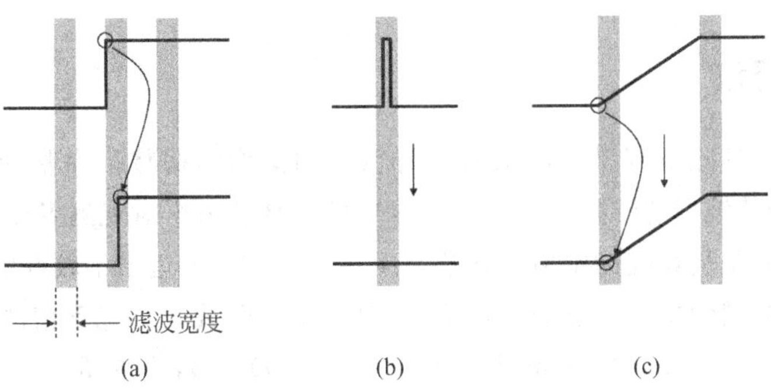

图 5.14　一维最小值滤波器对各种局部图像结构的效果。原信号(上方)和滤波结果(下方)，其中灰色条显示了滤波器的范围。阶跃边缘(a)与线性的斜坡(c)经变换后向右移动了滤波宽度的一半，而窄脉冲(b)则完全去除了

图 5.15 给出了对掺杂了椒盐噪声（即随机放置黑点和白点）的灰度图像应用 3×3 的最小值和最大值滤波后的结果。明显可以看出，最小值滤波器移除了白点（盐噪声），因为 3×3 的滤波区域中白像素点被它周围的像素值更小的像素点代替了。然而，应该注意到，最小值滤波同时也将图像中的所有黑色结构特征加宽了。

最大值滤波得到的结果与最小值滤波相反。白色的孤立像素点一旦出现在滤波区域 R 中，就成为局部最大值。因此，白点（包括图像中的白色结构特征）被展宽为滤波器的尺寸那么大，而黑点（椒噪声）则被滤除。

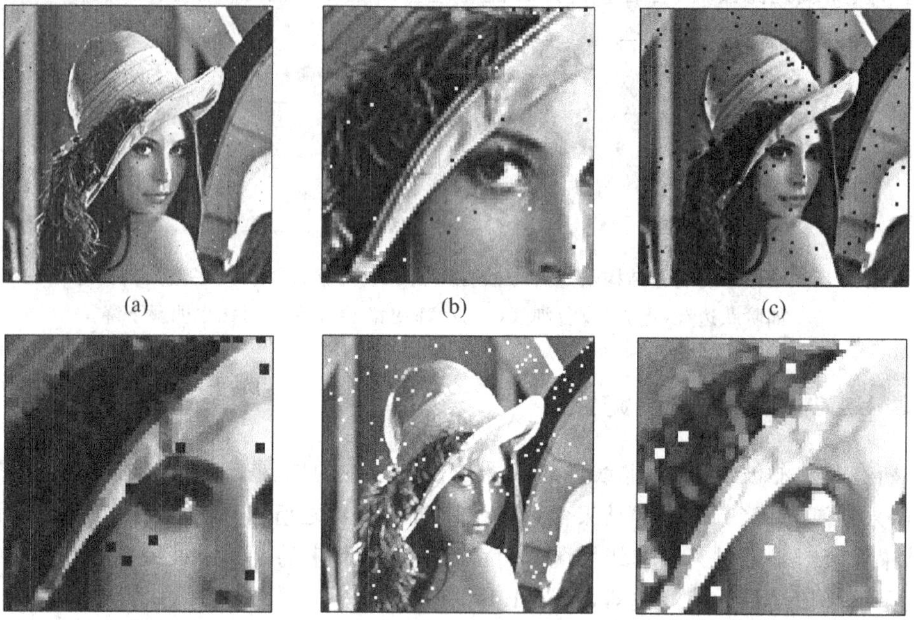

(a) (b) (c) (d) (e) (f)

图 5.15 最小值与最大值滤波器应用于灰度图像。原图像掺杂了椒盐噪声(a,b)。尺寸为 3×3 像素的最小值滤波器滤除了白点，并拓宽了所有的黑色图像结构(c,d)。而最大值滤波结果正好相反(e,f)

5.4.2 中值滤波

设计一种能够滤除所有噪声而保持所有重要的图像结构特征完整的滤波器是不可能的，因为没有哪种滤波器能够很好地辨别图像中的哪部分内容对观测者比较重要，哪部分内容不那么重要。而备受欢迎的中值滤波器至少在这一方向上迈出了较好的一步。

中值滤波器把图像中每一点的像素值，用对应滤波区域 R 内像素值的中值来代替，

$$I'(u,v) \leftarrow \text{median}\{I(u+i,v+j) \mid (i,j) \in R\} \tag{5.34}$$

$2K+1$ 个像素点 p_i 的中值定义为：

$$\text{median}(\underbrace{p_0,p_1,\cdots,p_{K-1}}_{\substack{K\text{个值}\\ p_i \leqslant p_K}},p_K,\underbrace{p_{K+1},\cdots,p_{2K}}_{\substack{K\text{个值}\\ p_i \geqslant p_K}}) = p_K \tag{5.35}$$

也就是说，如果数列($p_0,\cdots,p_{2K}$)以升序($p_i \leqslant p_{i+1}$)排列，那么其中值为 p_K。图 5.16 展示了滤波区域为 3×3 像素的中值滤波的计算过程。

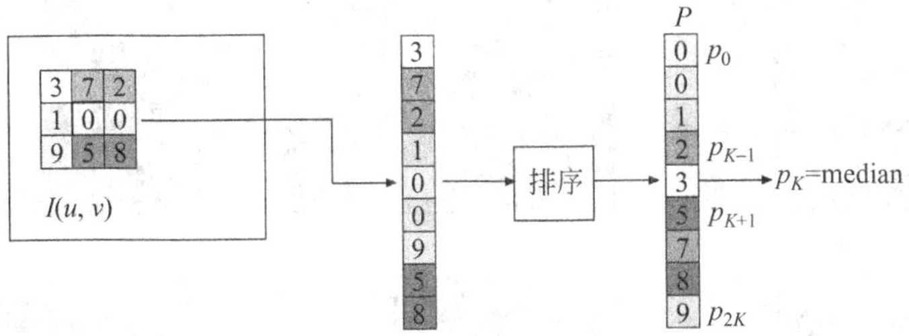

图 5.16 3×3 像素的中值滤波的计算过程。从 3×3 的滤波区域中取出的 9 个像素值以升序排列为一个向量，中间的像素值即被取作为中值

式(5.35)定义了奇数个值的中值，如果一个矩形滤波区域的每一边长度都是奇数个像素(通常都是这种情况)，那么整个区域内也有奇数个像素。在这种情况下，中值滤波不会创造出任何原图像中没有的新像素值。然而，如果像素个数为偶数($2K$，其中 $K>0$)，那么对于一个顺序排列的数列($p_0,\cdots,p_{2K-1}$)，其中值定义为中间两个元素的算术均值，

$$\text{median}(\underbrace{p_0,\cdots,p_{K-1}}_{\substack{K\text{个值}\\ p_i\leqslant p_K}},\underbrace{p_K,\cdots,p_{2K-1}}_{\substack{K\text{个值}\\ p_i\geqslant p_K}}) = \frac{1}{2}\cdot(p_{K-1}+p_K) \tag{5.36}$$

如果中值滤波的滤波区域像素个数为偶数，由于以上的插值过程，那么它通常会引入新的像素值。

图 5.17 说明了 3×3 像素的中值滤波器作用于选定的二维图像结构的效果。特别地，一些很小的结构特征(小于滤波器尺寸的一半)被滤除了，而所有的其他结构在很大程度上保持不变。图 5.18 给出了中值滤波与线性平滑滤波的结果对比。程序 5.5 给出了中值滤波器的 Java 实现，它的主要结构与程序 5.2 中的 3×3 像素的线性滤波器是相同的。

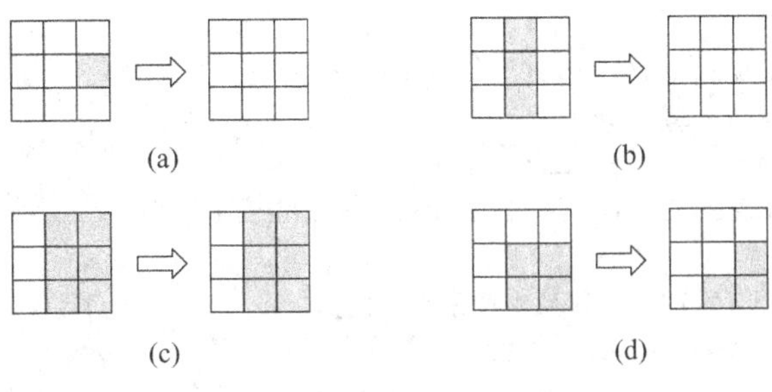

图 5.17 3×3 像素中值滤波器对二维图像结构的效果。孤立点(a)和细线(b)被滤除，阶跃边缘没有变化(c)，角点则变圆了(d)

程序 5.5 一个 3×3 中值滤波器(ImageJ 插件)。数组 P(第 15 行)是一个整型数组，存储对应每个滤波位置(u,v)的 9 个像素。这个向量可以通过 Java 中的 Arrays. sort()方法进行排序(第 28 行)。排序后的向量 $P[K]$中的中间元素被取做中值，并保存在原图像中(第 29 行)

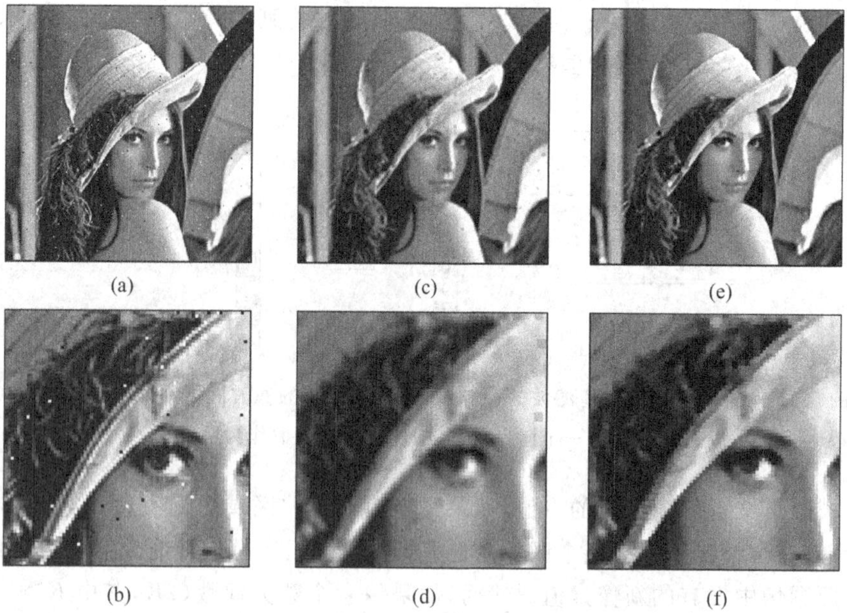

图 5.18　线性平滑滤波器与中值滤波器的对比。原图像掺杂了椒盐噪音(a,b)。线性的 3×3 像素箱式滤波器(c,d)一定程度上减少了白点和黑点,但并没有完全消除它们。另外,整幅图像变得模糊。中值滤波器(e,f)有效地消除了噪声点的影响,并保证了图像中尺寸较大的结构特征的完整性。然而,它也产生了一些强度变化不大的斑点,明显影响了图像的清晰度

```
import ij.*;
import ij.plugin.filter.PlugInFilter;
import ij.process.*;
import java.util.Arrays;

public class Filter_Median3x3 implements PlugInFilter {
    final int K=4;                          //滤波器的尺寸

    public void run(ImageProcessor orig) {
        int w=orig.getWidth();
        int h=orig.getHeight();
        ImageProcessor copy=orig.duplicate();

        //用于存储 3×3 邻域内像素点的向量
        int[] P=new int[2*K+1];

        for (int v=1;v<=h-2;v++) {
            for (int u=1;u<=w-2;u++) {
                //将滤波位置 u,v 处的像素值写入向量 P
                int k=0;
                for (int j=-1;j<=1;j++) {
                    for (int i=-1;i<=1;i++) {
```

```
                    P[K]=copy.getPixel(u+i,v+j);
                    k++;
                }
            }
            //对像素向量排序并取出中间的元素
            Arrays.sort(P);
            orig.putPixel(u,v,P[K]);
        }
    }
  }

} //类 Filter_Median3x3 结束
```

5.4.3 加权中值滤波器

中值是一个排列顺序统计量，从某种意义上可以理解为结果是由所涉及的像素中的"大多数"决定的。而个别特别高或特别低的像素值(异常值)不会对结果产生太大影响，它们仅仅是使结果向前或向后推一个值。因此中值(相对于线性平均)被认为是一种"鲁棒"的量。在普通的中值滤波中，滤波区域内的每个像素对结果的影响是相同的，而忽略它们与中心的距离对结果的影响。

加权中值滤波为滤波区域内的每个位置分配一个独立的权值，这些权值可以理解为对应像素值的"投票数"。与线性滤波器的系数矩阵 H 相同，权值的分配可以由一个权值矩阵 $W(i,j)\in N$ 决定。在滤波结果的计算过程中，每一个有关的像素值 $I(u+i,v+j)$ 被插入扩展的像素向量中，插入次数为其权值 $W(i,j)$。此扩展的像素向量为

$$Q=(p_0,\cdots,p_{L-1})$$

长度为

$$L=\sum_{(i,j)\in R}W(i,j)$$

然后对此向量排序，再像普通中值滤波一样，将中间元素作为中值。图 5.19 给出了加权中值滤波的计算过程，其权值矩阵尺寸为 3×3 矩阵：

$$W(i,j)=\begin{bmatrix}1 & 2 & 1\\ 2 & \mathbf{3} & 2\\ 1 & 2 & 1\end{bmatrix} \tag{5.37}$$

这一过程要求扩展向量长度为 $L=15$，也就是权值矩阵 W 中所有权值的和。

当然，此方法也可用于实现非矩形滤波区域的常规中值滤波器。例如，十字型中值滤波器的权值矩阵为

$$W^{+}(i,j)=\begin{bmatrix}0 & 1 & 0\\ 1 & \mathbf{1} & 1\\ 0 & 1 & 0\end{bmatrix} \tag{5.38}$$

然而，并不是每一种权值分配方式都是有用的。特别地，如果给中心分配的权值比其他权值加起来的和还要大，那么中心像素将总是代表大多数像素值，因此滤波就不会产生任何效果。

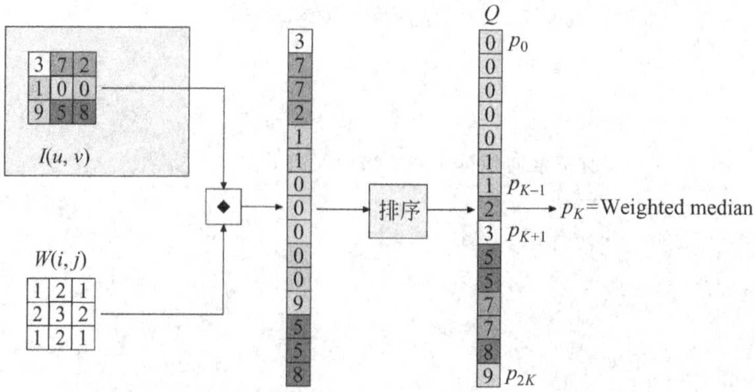

图 5.19 加权中值滤波示例。每个像素值都在扩展向量中重复多次，重复次数取决于权值矩阵 W。例如，中心像素点的像素值 0 重复了 3 次(因为 $W(0,0)=3$)，像素值 7 则重复了两次。然后对扩展向量排序，中间位置的值(2)作为中值

5.4.4 其他非线性滤波器

中值滤波与加权中值滤波是两种容易描述的、应用最为广泛的非线性滤波器。由于“非线性”包括所有不是线性的情况，因此有一大批的滤波器都可归为这一类，例如，用于对灰度图和二值图进行滤波的形态学滤波器，将在第 7 章讨论。其他类型的非线性滤波器，如角点检测器，通常直接描述其算法。

与线性情况不同，非线性滤波器通常没有很“健壮”的理论来描述。例如，不能像式(5.19)描述线性卷积一样来描述两幅图像的和与中值滤波结果之间的关系。同样，对于非线性滤波在频域内的效果描述通常也不多。

5.5 滤波器的实现

5.5.1 滤波程序的效率

大多数情况下，求解滤波结果的计算代价高昂，特别是大尺寸图像和大尺寸滤波核的情况。给定一幅大小为 $M\times N$ 的图像和一个 $(2K+1)\times(2L+1)$ 的滤波核，如果直接进行滤波，需要

$$2K \cdot 2L \cdot M \cdot N = 4KLMN$$

次运算，即加运算和乘运算(对线性滤波而言)。因此，如果将图像尺寸和滤波器的尺寸都设为 $N\times N$ 的话，直接滤波的时间复杂度①是 $O(N^4)$。如 5.3.3 节提到的，如果一个大尺寸的二维滤波器可以分解为两个一维滤波器的话，计算量将大大减小。

本章的程序示例有意设计得比较简单易懂，并没有经过特殊的优化。因此，很多地方代码都有优化的余地。优化的一个重要思路是将内层循环中所有不必要的操作提到循环之外

① 参见附录 A 对时间复杂度概念的解释。

去做，因为内层循环的执行次数是最多的。此方法特别适用于一些"计算代价高昂的"指令，例如，方法调用就可能需要相对较长的运行时间(尤其是在 Java 中)。

在示例中，特意使用 ImageJ 的标准方法 getPixel()来读取图像，使用 putPixel()来写图像。这是一种最简单、最安全的图像数据存取方法，同时也是最慢的方法。如果使用类 ImageProcessor 及其子类提供的更快读写方法 get()和 set()，速度将会获得显著改善。然而，需要注意的是，这种方法从不检测输入的图像坐标是否有效。最好的性能可以通过直接存取像素数组得到。

5.5.2　图像边界的处理

正如 5.2.2 节中提到的，在大多数滤波器的实现过程中，需要对图像的边界进行特殊处理。我前面曾提出：理论上，如果滤波矩阵不能完全包含于图像中，那么将不能算得滤波结果。因此，任何滤波过程都会使得结果图像的尺寸缩小，但这在大多数实际应用中是不允许的。在目前还不存在一种形式上正确的处理方法的情况下，有几种实用的方法可用于处理此边界区域问题：

(1) 方法 1：将未处理的边界像素赋值为常数(例如"黑色")。这当然是最简单的一种方法，不过在许多情况下都不采用这种方法，因为每做一次滤波，图像的尺寸就缩小一点。

(2) 方法：将未处理的边界像素赋值为原图像相同位置的像素值。通常，这种方法也是不被接受的，因为经过滤波的区域和没有经过滤波的区域差异将非常明显。

(3) 方法 3：通过在边界外填充额外像素的方法来延展图像(图 5.20)，然后对边界区域进行滤波，这时假设：

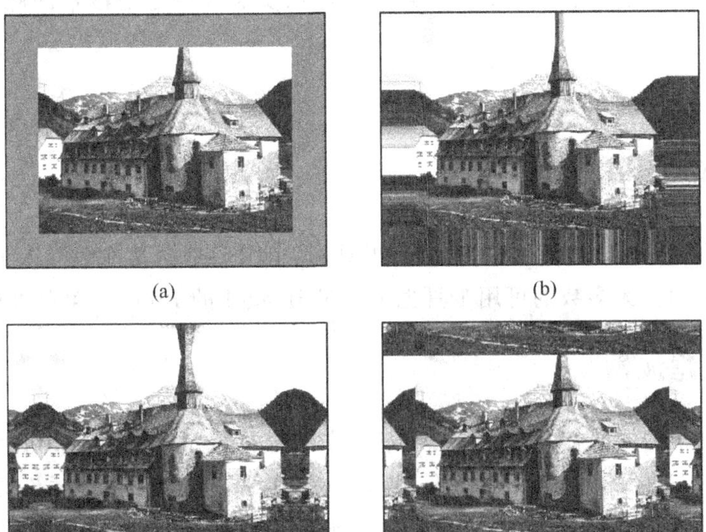

图 5.20　为便于边界处的滤波而采用的图像延展方法。假设原图像边界外的(并不存在的)像素被设置为(a)常值；(b)其最近的边界像素值；(c)边界镜像像素点的像素值；(d)沿坐标轴周期重复的对应像素值

- 图像边界外的像素具有常值(例如,黑色或灰色,如图 5.20(a)所示)。这将会使图像的边界处出现明显的瑕疵,特别是滤波器尺寸比较大时。
- 将图像的边界像素延伸至图像的边界之外(见图 5.20(b))。这种方法只有少量的瑕疵出现,也是比较容易计算的,因此通常作为可选方法。
- 将图像在四个边界处作镜像处理(见图 5.20(c)),其效果同上述几种方法相似,除非滤波器的尺寸特别大。
- 图像在水平方向和垂直方向做周期性重复(见图 5.20(d))。乍看起来,这种方法有些奇怪,通常情况下其结果也并不理想。然而,在离散频谱分析中,图像就被默认为一个周期函数。因此,如果图像是在频域中做滤波,那么其结果等价于这种周期重复模型在时域中的滤波结果。

上述方法没有一种是完美的。通常,对这些方法的正确选择依赖于图像和滤波器的种类。同时也要注意到,对图像边界的特殊处理往往比内部处理需要更多的编程投入(和运算时间)。

5.5.3 调试滤波器程序

经验表明,编程错误是很难避免的,即便是经验丰富的老程序员也是这样。除非在程序运行过程中出错(通常由访问不存在的数组元素引起),否则滤波程序总会对输入图像“做些什么”,其结果可能和期望的结果相似,但并不相同。为了确保程序代码是正确的,一开始就运行整个大尺寸图像是不明智的,而应该以小的、输出容易预计的测试图像开始。特别是实现线性滤波器时,在处理真实图像之前,最初的测试实验往往是滤波器的脉冲响应试验(如 5.3.4 节所述)。

5.6 ImageJ 的滤波运算

ImageJ 提供了一组可直接使用的滤波工具,其中很多是由其他编程人员采用不同的实现风格编写出来的。大多数的可用工具也可通过 ImageJ 的 Process 菜单直接调用。

5.6.1 线性滤波器

基于线性卷积的滤波器可以通过 ImageJ 中的类插件 ij. plugin. filter. Convolver 来实现,这一插件除了常用的 run()方法之外,还提供了其他一些方法。此插件的使用可以通过下面示例来说明,该示例把一幅 8 位灰度图像与式(5.7)所示的滤波核进行卷积:

$$H(i,j) = \begin{bmatrix} 0.075 & 0.125 & 0.075 \\ 0.125 & \mathbf{0.2} & 0.125 \\ 0.075 & 0.125 & 0.075 \end{bmatrix}$$

在下面的 run()方法中,先将滤波矩阵 H 定义为一个一维 float 型数组(注意 float 型常数应该写作“0.075f”等),然后在第 8 行建立一个新的 Convolver 类的实例(cv)。

```
1  import ij.plugin.filter.Convolver;
2  ...
3  public void run(ImageProcessor I) {
4      float [] H={                           //滤波数组是一维的
5          0.075f,0.125 f,0.075 f,
6          0.125 f,0.200 f,0.125 f,
7          0.075 f,0.125 f,0.075f };
8      Convolver cv=new Convolver();
9      cv.setNormalize(flase);                //无须应用滤波归一化
10     cv.convolve(I,H,3,3);                  //将 H 和 I 做卷积
11 }
```

第 10 行中调用 convolve()方法的作用是将图像 I 和滤波器 H 做卷积。因为 H 是作为一维数组输入的，所以 convolve()方法还需要两个额外的参数来表示滤波矩阵每一维的尺寸。经过这样一种操作后，图像 I 已经完全改变了。

在此示例中，有人也许会用到式(5.10)的非归一化的、整型值的滤波矩阵，因为可以在 convolve()方法之后调用 cv. setNormalize(true)来自动地对给定的滤波矩阵进行归一化。

5.6.2　高斯滤波器

ImageJ 类 ij. plugin. filter. GaussianBlur 实现了一个简单的任意半径(σ)的高斯滤波器。此滤波器使用的是 5.3.3 节所述的可分离一维高斯滤波器方法。下面是一个滤波半径为 $\sigma=2.5$ 的示例。

```
import ij.plugin.filter.GaussianBlur;
...
public void run(ImageProcessor ip) {
    GaussianBlur gb=new GaussianBlur();
    double radius=2.5;
    gb.blur(ip,radius);
}
```

程序 6.1 中还提到了可分离高斯滤波器的另一种替代实现方案，它通过程序 5.4 中定义的 makeGaussKernel1d()方法来动态创建所需的一维滤波核。

5.6.3　非线性滤波器

在 ImageJ 的 ij. plugin. filter. RankFilters 类中实现了几个非线性滤波器，包括最小值、最大值以及标准中值滤波。滤波区域近似为一圆形，半径可变。下面是先后使用这三种不同滤波器(具有相同半径)的示例。

```
import ij.plugin.filter.RankFilters;
...
public void run(ImageProcessor ip) {
```

```
    RankFilters rf=new RankFilter();
    double radius=3.5;
    rf.rank(ip,radius,RankFilters.MIN);                  //最小值滤波器
    rf.rank(ip,radius,RankFilters.MAX);                  //最大值滤波器
    rf.rank(ip,radius,RankFilters.MEDIAN);               //中值滤波器
}
```

5.7 练习题

5.1 解释为什么 Adobe Photoshop 中的“自定义滤波器”(图 5.6)并不是一种严格意义上的线性滤波器。

5.2 试确定如果使用如下线性滤波器对一幅 8 位灰度图像(像素取值范围为[0,255])进行滤波后,结果中可能出现的最大像素值和最小像素值。假设不进行门限限制运算。

$$H(i,j)=\begin{bmatrix}-1 & -2 & 0\\ -2 & \mathbf{0} & 2\\ 0 & 2 & 1\end{bmatrix}$$

5.3 修改程序 5.3 所示的 ImageJ 插件,使得图像边界也能处理。要求使用 5.5.2 节介绍的 4 种延展图像方法中的一种。

5.4 试说明标准箱式滤波器是各向异性的(也就是在每个方向上对图像的平滑是不同的)。

5.5 解释为什么对图像进行门限限制运算,从而将像素值限制在一定范围内是违背线性滤波器的线性性质(见 5.3.2 节)的。

5.6 当滤波器尺寸为 5×5、11×11、25×25、51×51 像素时,比较非分离线性滤波器和 x/y 可分离线性滤波器的运算次数,并计算在每种情况下,可分离性带来多大的速度提升。

5.7 将 5.4.3 节中所述的加权中值滤波器实现为一个 ImageJ 插件,其中权值矩阵是一个常值的二维 int 型数组。在合适的图像上测试此滤波器,并将结果与标准中值滤波器的结果进行比较。解释为什么权值矩阵取为如下形式时是没有意义的。

$$W(i,j)=\begin{bmatrix}0 & 1 & 0\\ 1 & \mathbf{5} & 1\\ 0 & 1 & 0\end{bmatrix}$$

5.8 验证式(5.31)给出的脉冲函数与线性滤波器卷积的性质。创建一幅只有中心一个白色像素、其余为黑色像素的图像作为二维脉冲函数,看看线性滤波器的脉冲响应结果是否真的为其滤波矩阵 H。

5.9 描述具有如下滤波矩阵的线性滤波器的滤波效果:

$$H(i,j)=\begin{bmatrix}0 & 0 & 0\\ 0 & \mathbf{0} & 1\\ 0 & 0 & 0\end{bmatrix}$$

5.10 设计一种线性滤波器,其效果为水平方向做长度为 7 像素的模糊,以此来模拟曝光过程中摄像机的运动模糊。

5.11　编写自己的 ImageJ 插件,实现半径为 σ 的高斯平滑滤波器。这个插件应该能动态创建想要的滤波核,并且在每个方向上尺寸至少是 5σ。必须利用高斯函数的 x/y 可分离性(参见 5.3.3 节)来实现。

5.12　图 5.8 所示的"拉普拉斯"(Laplacian of Gaussian,LoG)滤波器是通过对二维高斯函数的二阶导数求和得到的,定义为

$$\mathrm{LoG}_\sigma(x,y)=-\left(\frac{x^2+y^2-2\sigma^2}{\sigma^4}\right)\cdot e^{-\frac{x^2+y^2}{2\sigma^2}}$$

将此滤波器实现为一个可变宽度(σ)的 ImageJ 插件,类似练习题 5.11,并说明 LoG 函数是否是 x/y 可分离的。

第 6 章　边缘与轮廓

图像中源于灰度或色彩的局部变化的显著信息，例如边缘与轮廓，对于图像的视觉感知和理解具有非常重要的作用。图像中被感知的信息总量似乎与其所含的结构特征以及不连续内容有着直接的关系。事实上，类似于边缘的结构和轮廓对于人类的视觉系统来说是非常重要的，以至于在漫画或插图中，有时甚至很少的几条线就可以清楚地描绘一个物体或者一个场景。因此，图像的边缘检测和增强作为图像处理中的一个传统的、重要的研究课题也就不奇怪了。本章首先介绍几种简单的边缘检测方法，然后再讨论图像锐化的相关问题。

6.1　边缘是怎么来的

边缘与轮廓在人类的视觉系统、也可能在许多其他生物的视觉系统中扮演着非常重要的角色。边缘不仅在视觉上非常引人注目，而且经常通过几条关键线条，就能描述或重建一整幅图像，如图 6.1 所示。但是边缘是怎么形成的？技术上又如何对图像中的边缘进行定位呢？

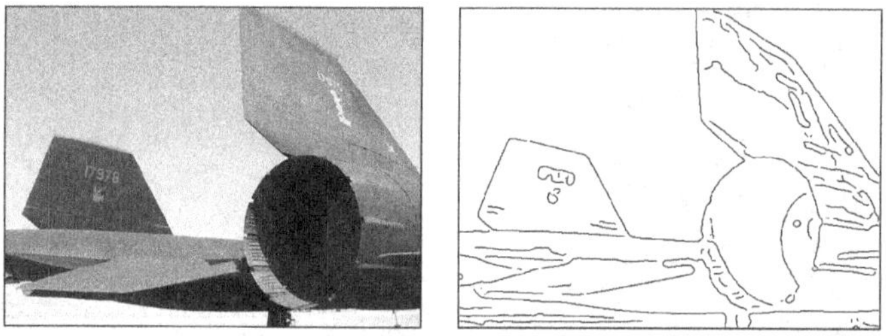

(a) 原始图像　　(b) 边缘图像

图 6.1　边缘在人类的视觉系统中扮演着非常重要的角色

边缘可以粗略地描述为图像中那些沿某一特定方向局部强度变化显著的位置。局部强度变化越强烈，越能证明这一位置存在边缘。在数学上，这个与空间距离相关的变化量，就是函数的一阶导数，因此将通过这一概念来逐步介绍第一种简单的边缘检测器。

6.2 基于梯度的边缘检测

为简单起见，这里首先研究一维情况。假设图像在中心存在一个孤立的亮区域，周围都是暗区域(图 6.2(a))，在这种情况下，图像中一行的灰度变化剖面图可以看作是一个一维函数 $f(x)$，如图 6.2(b)所示。从左到右计算 $f(x)$的一阶导数为：

$$f'(x) = \frac{\mathrm{d}f}{\mathrm{d}x}(x) \tag{6.1}$$

在局部灰度上升的区域结果为正值，而在灰度下降的区域结果为负值(如图 6.2(c)所示)。

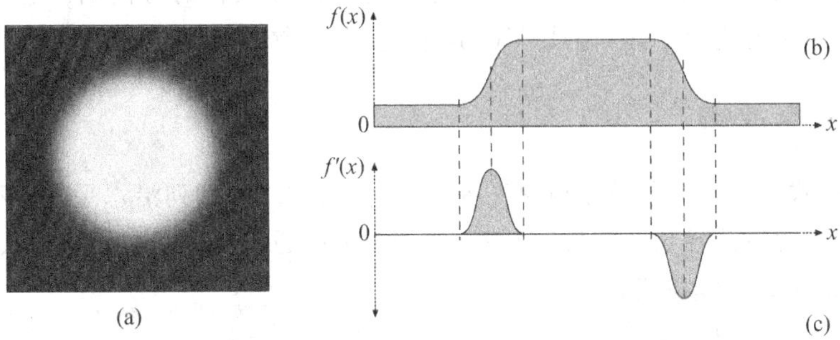

图 6.2 样图和一维情况下的一阶导数：原始图像(a)，图像最中间一行的水平方向灰度变化剖面图 $f(x)$(b)，及其一阶导数 $f'(x)$(c)

与连续情况不同的是，对于一个离散函数 $f(u)$(比如一幅真实图像某一行的剖面图)，没有定义其一阶导数，因此就需要用一些方法来估算它。图 6.3 给出了针对一维情况的基本思路：一个连续函数在位置 x 处的一阶导数，可以理解为此位置的切线斜率。对一个离散函数 $f(u)$，粗略估计点 u 处切线斜率的一个简单方法是，过其最邻近的两点做一条直线，并通过这两点的函数值 $f(u-1)$和 $f(u+1)$来估计这条直线的斜率。

$$\frac{\mathrm{d}f}{\mathrm{d}u}(u) \approx \frac{f(u+1)-f(u-1)}{(u+1)-(u-1)} = \frac{f(u+1)-f(u-1)}{2} \tag{6.2}$$

同样的方法当然也适用于垂直方向的导数，也就是沿图像中列的方向。

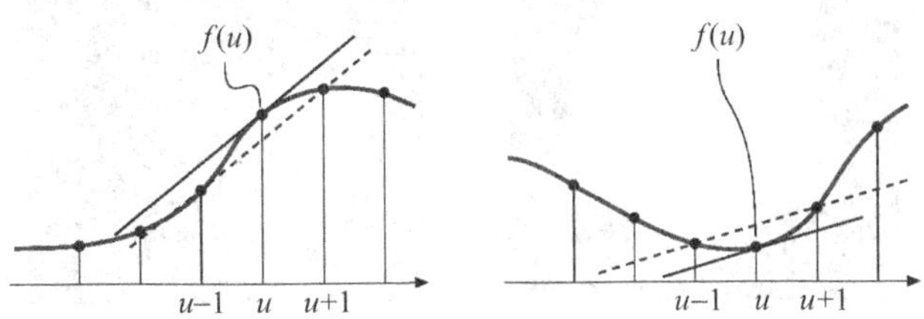

图 6.3 估计离散函数的一阶导数。相邻函数值 $f(u-1)$和 $f(u+1)$之间连线(虚线)的斜率用来估计在点 $f(u)$处切线的斜率(也就是一阶导数)

6.2.1 偏导数与梯度

多维函数沿某一坐标轴的导数称为偏导数，例如，

$$\frac{\partial I}{\partial u}(u,v) \quad 和 \quad \frac{\partial I}{\partial v}(u,v) \tag{6.3}$$

就是图像函数 $I(u,v)$ 沿 u 轴和 v 轴的偏导数①。函数

$$\nabla I(u,v) = \begin{bmatrix} \frac{\partial I}{\partial u}(u,v) \\ \frac{\partial I}{\partial v}(u,v) \end{bmatrix} \tag{6.4}$$

称为函数 I 在点 (u,v) 处的梯度向量(或者简称为梯度),其模值

$$|\nabla I|(u,v) = \sqrt{\left(\frac{\partial I}{\partial u}(u,v)\right)^2 + \left(\frac{\partial I}{\partial v}(u,v)\right)^2} \tag{6.5}$$

不会随图像的旋转而变化,因此它是独立于隐含图像结构的方向的。这一性质对各向同性的边缘定位起着重要作用,因此 $|\nabla I|$ 是许多实用边缘检测方法的基础。

6.2.2 导数滤波器

梯度函数(式(6.4))的各分量就是图像中的行(式(6.1))和列沿水平方向和垂直方向一阶导数。水平方向一阶导数(式(6.2))的近似计算可以通过一个系数矩阵为式(6.6)所示的线性滤波器(见6.2节)来实现。

$$H_x^D = [-0.5 \quad \mathbf{0} \quad 0.5] = 0.5 \cdot [-1 \quad 0 \quad 1] \tag{6.6}$$

其中系数 -0.5 和 $+0.5$ 分别对应像素 $I(u-1,v)$ 和 $I(u+1,v)$。注意到中心像素 $I(u,v)$ 本身的系数为0,因此忽略它。类似地,垂直方向的梯度分量可以通过如下线性滤波器来计算:

$$H_y^D = \begin{bmatrix} -0.5 \\ \mathbf{0} \\ 0.5 \end{bmatrix} = 0.5 \cdot \begin{bmatrix} -1 \\ \mathbf{0} \\ 1 \end{bmatrix} \tag{6.7}$$

图6.4给出了式(6.6)和式(6.7)所示梯度滤波器对人造测试图像进行滤波的结果。可以很明显地看出滤波响应对方向的依赖性。

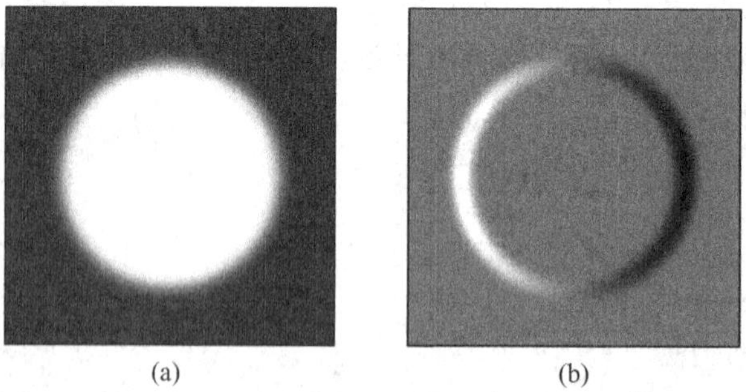

图6.4 二维函数的偏导数:人造图像函数 I(a);水平方向偏导数 $\partial I/\partial u$(b)和垂直方向偏导数 $\partial I/\partial v$(c);梯度的模值 $|\nabla I|$(d)。在(b)和(c)中,最小像素值(负值)显示为黑色,最大的值(正值)显示为白色,而0值显示为灰色

① 用 ∂ 表示偏导数或“del”算子。

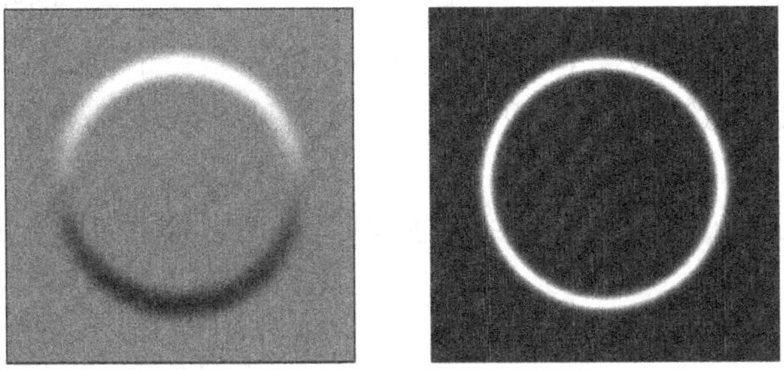

(c) (d)

图 6.4 （续）

水平方向的梯度滤波器 H_x^D 对水平方向的快速变化（也就是垂直边缘）响应很强烈，而垂直方向的梯度滤波器 H_y^D 则对水平边缘响应强烈。两种滤波器在图像中的平坦区域响应都是 0（在图 6.4(b)和图 6.4(c)中用灰色表示）。

6.3 边缘检测算子

对图像函数局部梯度的近似是很多经典边缘检测算子的基础。实际上不同边缘检测算子的差异，仅在于用于估算梯度分量的滤波器类型以及将这些梯度分量结合起来的方法。在许多情况中，不仅关心边缘点的强度，也比较关心边缘的方向。这两类信息都包含在梯度函数中，并可以简单地由方向分量计算出。下面描述了一些简单的、常用的边缘检测算子。这些边缘检测算子已经存在很多年了，因此从历史回顾的角度来看也是非常有趣的。

6.3.1 Prewitt 算子与 Sobel 算子

分别由 Prewitt 和 Sobel 提出的边缘检测算子是两类典型的方法，两者的差异不同仅在于它们使用的滤波器不同。

梯度滤波器

Prewitt 算子与 Sobel 算子使用的线性滤波器包含相邻的三行三列，以抵消简单（单行/单列）梯度滤波器（如式(6.6)和式(6.7)所示）的噪声敏感性。Prewitt 算子使用了如下滤波器：

$$H_x^P = \begin{bmatrix} -1 & 0 & 1 \\ -1 & \mathbf{0} & 1 \\ -1 & 0 & 1 \end{bmatrix} \quad 且 \quad H_y^P = \begin{bmatrix} -1 & -1 & -1 \\ 0 & \mathbf{0} & 0 \\ 1 & 1 & 1 \end{bmatrix} \tag{6.8}$$

分别通过相邻的三行或三列来计算平均的梯度分量。这一滤波器也可以写成如下分离形式：

$$H_x^P = \begin{bmatrix} 1 \\ \mathbf{1} \\ 1 \end{bmatrix} * \begin{bmatrix} -1 & \mathbf{0} & 1 \end{bmatrix} \quad 且 \quad H_y^P = \begin{bmatrix} 1 & \mathbf{1} & 1 \end{bmatrix} * \begin{bmatrix} -1 \\ \mathbf{0} \\ 1 \end{bmatrix} \tag{6.9}$$

明显可以看出，H_x^P 在计算 x 方向的梯度(式(6.6))之前就是一个简单的三行的箱式平滑滤波器。同理，H_y^P 在计算 y 方向梯度(式(6.7))之前是一个包含三列的平滑滤波器。根据线性卷积的交换性，上述讨论也可以等价地表述为另一种方式，也就是算出梯度之后再进行平滑处理。

Sobel 算子与 Prewitt 算子的滤波器几乎相同，只是它为中间的行和列分别分配了更大的权值：

$$H_x^S = \begin{bmatrix} -1 & 0 & 1 \\ -2 & \mathbf{0} & 2 \\ -1 & 0 & 1 \end{bmatrix} \quad 且 \quad H_y^S = \begin{bmatrix} -1 & -2 & -1 \\ 0 & \mathbf{0} & 0 \\ 1 & 2 & 1 \end{bmatrix} \tag{6.10}$$

对局部梯度分量的估计可以通过用滤波结果乘以适当的尺度因子来实现：

$$\nabla I(u,v) \approx \frac{1}{6} \cdot \begin{bmatrix} (I * H_x^P)(u,v) \\ (I * H_y^P)(u,v) \end{bmatrix} \tag{6.11}$$

式(6.11)是对于 Prewitt 算子的，而对于 Sobel 算子的是：

$$\nabla I(u,v) \approx \frac{1}{8} \cdot \begin{bmatrix} (I * H_x^S)(u,v) \\ (I * H_y^S)(u,v) \end{bmatrix} \tag{6.12}$$

边缘强度与方向

在下面的讨论中，把乘以尺度因子之后的滤波结果(不管是用 Sobel 算子还是 Prewitt 算子得到的)表示为下式：

$$D_x = H_x * I \quad 和 \quad D_y = H_y * I$$

在这两种方法中，局部边缘强度 $E(u,v)$ 定义为梯度的模值

$$E(u,v) = \sqrt{(D_x(u,v))^2 + (D_y(u,v))^2} \tag{6.13}$$

局部边缘方向角 $\Phi(u,v)$[①]定义为

$$\Phi(u,v) = \tan^{-1}\left(\frac{D_y(u,v)}{D_x(u,v)}\right) = \mathrm{Arctan}(D_y(u,v), D_x(u,v)) \tag{6.14}$$

边缘模值和方向的整个提取过程如图 6.5 所示。首先，原始图像 I 分别同两个梯度滤波器 H_x 和 H_y 卷积，随后可根据滤波结果计算边缘强度 E 和方向 Φ。图 6.6 显示了通过式(6.10)的 Sobel 滤波器所获得的两幅测试图像的边缘强度与方向。

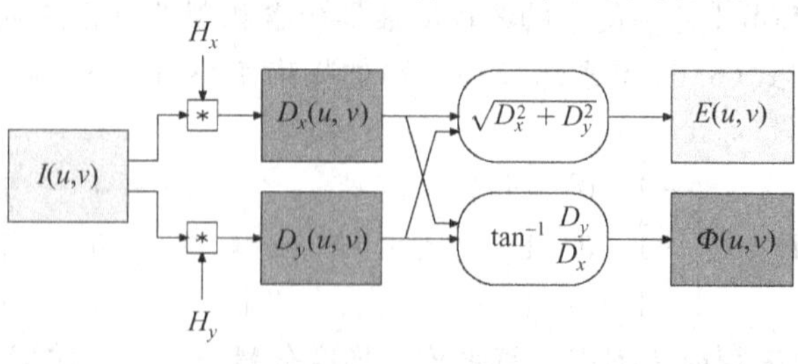

图 6.5 基于梯度的边缘提取的典型过程。两个线性梯度滤波器 H_x 和 H_y 分别生成两个梯度图像 D_x 和 D_y。它们被用于计算每个图像位置 (u,v) 处的边缘强度 E 和方向 Φ

① 参见附录 B.1.6 中通过 $\mathrm{Arctan}(x,y)$ 计算反正切 $\tan^{-1}(y/x)$ 的提示信息。

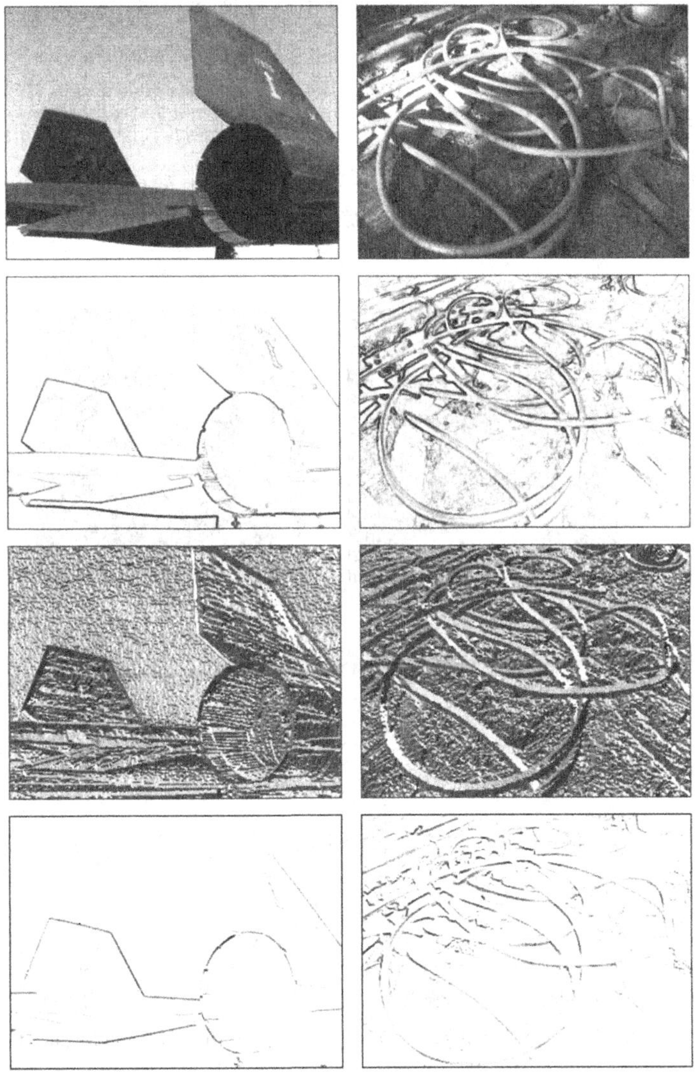

图 6.6　通过 Sobel 算子获得的边缘强度和方法。原始图像(a)，边缘强度 $E(u,v)$(b)，局部边缘方向 $\Phi(u,v)$(c)，(d)中的图像显示了边缘角度

通过原始的 Prewitt 滤波器和 Sobel 滤波器来估计边缘的方向相对而言不那么准确，参考文献[24]提出的一种改进的 Sobel 滤波器，可以将方向误差减到最小：

$$H_x^{S'}=\frac{1}{32}\begin{bmatrix}-3 & 0 & 3\\ -10 & \mathbf{0} & 10\\ -3 & 0 & 3\end{bmatrix}\quad 且\quad H_y^{S'}=\frac{1}{32}\begin{bmatrix}-3 & -10 & -3\\ 0 & \mathbf{0} & 0\\ 3 & 10 & 3\end{bmatrix}\tag{6.15}$$

这些边缘检测算子之所以广泛应用，是因为它们效果良好(见图 6.11)，并且易于实现，特别是 Sobel 算子在许多图像处理工具和软件包(包括 ImageJ)中都可以直接调用。

6.3.2　Roberts 算子

作为最简单、最古老的边缘检测器之一，Roberts 算子的主要作用在于其历史意义。它使用了两个非常小的 2×2 滤波器沿图像的对角线方向来估算方向梯度：

$$H_1^R = \begin{bmatrix} 0 & \mathbf{1} \\ -1 & 0 \end{bmatrix} \quad 且 \quad H_2^R = \begin{bmatrix} -1 & 0 \\ 0 & \mathbf{1} \end{bmatrix} \tag{6.16}$$

当然，这类滤波器对图像中的对角线边缘有良好的响应，但却没有很好的方向选择性，也就是说，这两种滤波器在相对较宽的角度范围内都有很强的响应结果(图 6.7)。与梯度计算类似，局部边缘强度可以通过计算作为结果的二维向量的长度得到，但是其分量需旋转 45°(图 6.8)。

图 6.7　Roberts 算子得到的两个对角线梯度分量

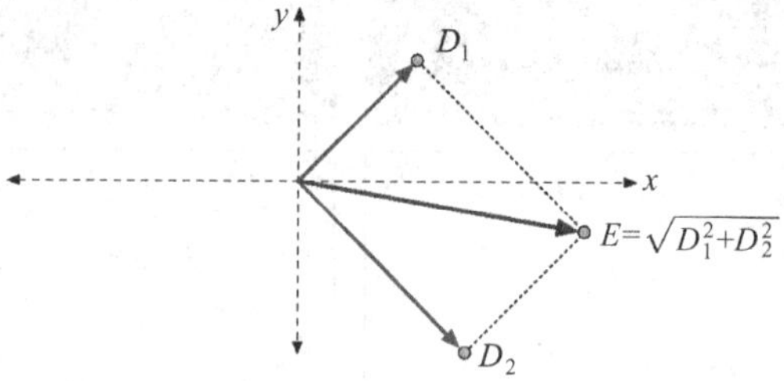

图 6.8　Roberts 算子的边缘强度定义。边缘强度 $E(u,v)$ 相当于将两个正交的梯度分量(滤波结果)$D_1(u,v)$ 和 $D_2(u,v)$ 相加得到的和向量的长度

6.3.3　罗盘算子

线性边缘检测滤波器的设计需要考虑一种平衡：一个滤波器如果对类似边缘的结构响应越强，那它对方向性就越敏感。换句话说，方向不敏感的滤波器趋向于对非边缘结构有良好响应，而最具识别能力的边缘检测滤波器通常只对一个比较狭小的角度范围内的边缘有响应。一个解决方案是，不仅仅是在两个方向上使用一对范围相对较宽的滤波器(例如 Prewitt 滤波器和 Sobel 滤波器)，而是使用一系列敏感方向范围较窄的滤波器。一个典型的例子是使用以下 8 个方向跨距为 45°的滤波器：

$$H_0^S = \begin{bmatrix} -1 & 0 & 1 \\ -2 & 0 & 2 \\ -1 & 0 & 1 \end{bmatrix} \qquad H_4^S = \begin{bmatrix} 1 & 0 & -1 \\ 2 & 0 & -2 \\ 1 & 0 & -1 \end{bmatrix} \tag{6.17}$$

$$H_1^S=\begin{bmatrix}-2&-1&0\\-1&0&1\\0&1&2\end{bmatrix}\quad H_5^S=\begin{bmatrix}2&1&0\\1&0&-1\\0&-1&-2\end{bmatrix}\tag{6.18}$$

$$H_2^S=\begin{bmatrix}-1&-2&-1\\0&0&0\\1&2&1\end{bmatrix}\quad H_6^S=\begin{bmatrix}1&2&1\\0&0&0\\-1&-2&-1\end{bmatrix}\tag{6.19}$$

$$H_3^S=\begin{bmatrix}0&-1&-2\\1&0&-1\\2&1&0\end{bmatrix}\quad H_7^S=\begin{bmatrix}0&1&2\\-1&0&1\\-2&-1&0\end{bmatrix}\tag{6.20}$$

这 8 个滤波器 H_0^S、H_1^S、…、H_7^S 中仅需要计算 4 个滤波结果，因为事实上其他 4 个的结果仅仅是符号上有些差异。例如，根据等式 $H_4^S=-H_0^S$ 以及卷积的线性性质(式(6.18))，整个卷积过程满足

$$I*H_4^S=I*-H_0^S=-(I*H_0^S)\tag{6.21}$$

也就是说，滤波器 H_4^S 的结果只需简单地对滤波器 H_0^S 的结果求反就可得到。8 个 Sobel 滤波器的每个方向的输出 D_0、D_1、…、D_7 可以由下式计算：

$$\begin{aligned}&D_0\leftarrow I*H_0^S\quad D_1\leftarrow I*H_1^S\quad D_2\leftarrow I*H_2^S\quad D_3\leftarrow I*H_3^S\\&D_4\leftarrow -D_0\quad D_5\leftarrow -D_1\quad D_6\leftarrow -D_2\quad D_7\leftarrow -D_3\end{aligned}\tag{6.22}$$

点 (u,v) 处的边缘强度 E^S 定义为这 8 个输出结果的最大值，即

$$\begin{aligned}E^S(u,v)&\triangleq\max(D_0(u,v),D_1(u,v),\cdots,D_7(u,v))\\&=\max(|D_0(u,v)|,|D_1(u,v)|,|D_2(u,v)|,|D_3(u,v)|)\end{aligned}\tag{6.23}$$

响应最强的滤波器也可以通过下式来确定为局部的边缘方向：

$$\Phi^S(u,v)\triangleq\frac{\pi}{4}j,\quad 其中\quad j=\underset{0\leqslant i\leqslant 7}{\operatorname{argmax}}D_i(u,v)\tag{6.24}$$

然而在实际应用中，本类及其他“罗盘算子”相对于前面介绍的其他简单的算子仅有微小的优势，例如它不需要进行平方根运算(平方根运算的运算量是相对比较大的)。

另一种典型的罗盘算子是由 Kirsch 提出的[27]，它也是基于以下 8 个方向过滤器的。

$$H_0^K=\begin{bmatrix}-5&3&3\\-5&0&3\\-5&3&3\end{bmatrix}\quad H_4^K=\begin{bmatrix}3&3&-5\\3&0&-5\\3&3&-5\end{bmatrix}\tag{6.25}$$

$$H_1^K=\begin{bmatrix}-5&-5&3\\-5&0&3\\3&3&3\end{bmatrix}\quad H_5^K=\begin{bmatrix}3&3&3\\3&0&-5\\3&-5&-5\end{bmatrix}\tag{6.26}$$

$$H_2^K=\begin{bmatrix}-5&-5&-5\\3&0&0\\3&3&3\end{bmatrix}\quad H_6^K=\begin{bmatrix}3&3&3\\3&0&3\\-5&-5&-5\end{bmatrix}\tag{6.27}$$

$$H_3^K=\begin{bmatrix}3&-5&-5\\3&0&-5\\3&3&3\end{bmatrix}\quad H_7^K=\begin{bmatrix}3&3&3\\-5&0&3\\-5&-5&3\end{bmatrix}\tag{6.28}$$

同样，由于对称性，只需应用 8 个过滤器中的 4 个就可以，并可以以前面介绍的扩展

Sobel 算子相同的方式组合得到结果。

6.3.4 ImageJ 的边缘检测算子

当前版本的 ImageJ 实现了 Sobel 算子,可用于几乎所有类型的图像。它可以通过 Process→Find Edges 菜单调用,也可通过方法 void findEdges()对类型为 ImageProcessor 的对象进行操作。

6.4 其他边缘检测算子

基于一阶导数(如前面章节所描述的)的边缘检测算子的一个重要问题是:得到的边缘都是与灰度过渡范围等宽的,因此边缘可能无法被精确定位。一类可供选择的边缘检测算子利用了图像函数的二阶导数,包括一些流行的最新边缘算子,这些算子也涉及多尺度下的边缘检测问题。下面就这些问题做简要讨论。

6.4.1 基于二阶导数的边缘检测

函数的二阶导数可以度量其局部曲率。基于二阶导数的边缘检测,其思路是:边缘通常存在于图像函数的二阶导数的零点位置(或更准确地说是过零点处),如图 6.9 所示的一维情况。由于二阶导数通常会放大图像噪声,因此需要使用合适的低通滤波器做预平滑处理。

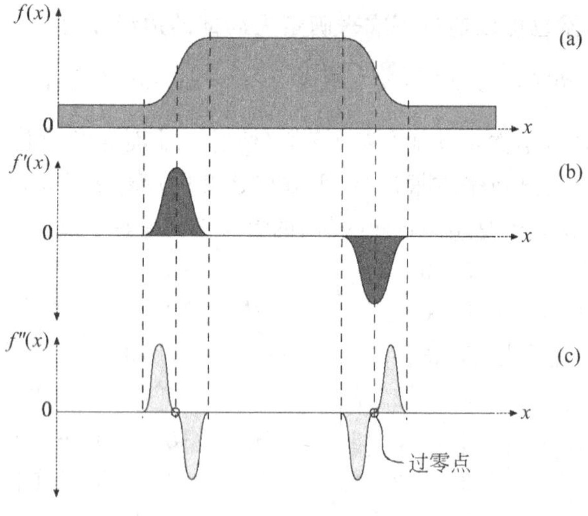

图 6.9 基于二阶导数的边缘检测原理:原始函数(a),一阶导数(b),以及二阶导数(c)。边缘点位于那些二阶导数穿过零点且一阶导数有较高模值处

一个流行的例子是"Laplacian-of-Gaussian"(LoG)算子[29],它将高斯平滑和计算二阶导数(见 6.6.1 节拉普拉斯滤波器)结合为一个线性滤波器。图 6.11 的例子表明:LoG 算子提取的边缘比 Prewitt 算子和 Sobel 算子的结果定位更加精确,并且"杂波"的数量也相对要少。关于 LoG 算子的详情和普通边缘检测算子的综述内容参见[37]和[31]。

6.4.2 不同尺度下的边缘

遗憾的是，迄今为止所讨论的简单边缘检测算子所检测出的边缘常常与人类感知所认为的重要边缘相异。这主要因为以下两方面原因。

- 第一，边缘检测算子只对局部的灰度变化有响应，然而人类的视觉系统却可以分辨那些对比度很小甚至为零的区域边缘。
- 第二，边缘并不是仅仅存在于某个固定分辨率或尺度上，而是遍及多种可能的尺度。

典型的小型边缘检测算子，例如 Sobel 算子，仅能对 3×3 的滤波区域内的灰度变化做出响应。为了在更大范围内识别类似边缘的结构特征，要么选择更大的边缘检测算子(对应于更大尺寸的滤波器)，要么在缩小后的图像上应用之前的(小型)算子。这就是“多分辨率”技术(也称为“分层”或者“金字塔”技术)的基本思想。该技术广泛应用于许多图像处理的应用领域[7,28]。多尺度边缘检测技术相当于首先检测各种尺度下的边缘，然后在每个图像位置上判断哪一个尺度上的哪一条边缘(如果有的话)是主要的。

6.4.3 Canny 算子

这种方法一个广受欢迎的例子就是 Canny[8]提出的边缘检测算子，它在不同分辨率的图像上使用了一系列的相对大尺寸的有向滤波器进行滤波，然后将这些滤波结果融合起来成为一张正常的边缘图。此方法试图达到以下三个主要目标：(a)使错误的边缘点的数量最小；(b)使边缘定位更精确；(c)在每个边缘点位置仅给出单个结果。Canny 算子的核心是一种梯度方法(基于一阶导数的，见 6.2 节)，它使用二阶导数的过零点来精确定位边缘。然而，通常只使用此算法滤波半径可调(平滑参数 σ)的单一尺度版本，即便如此，它仍然优于大多数的简单边缘检测算子(见图 6.10 和图 6.11)。因此，即使是它的基本形式(单一尺度)，Canny 算子也比其他边缘检测方法更受青睐。关于这一算法的更多细节和 Java 实现可以在[12]中找到。

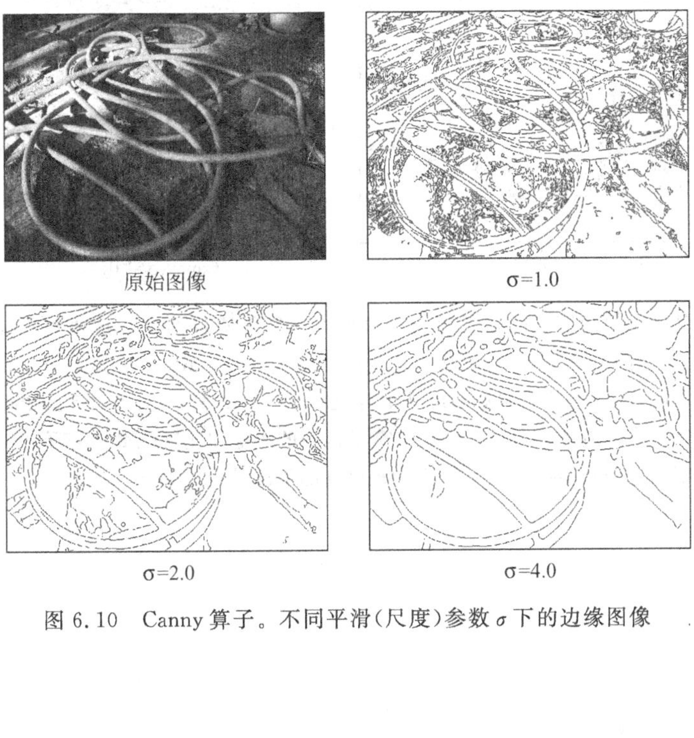

图 6.10　Canny 算子。不同平滑(尺度)参数 σ 下的边缘图像

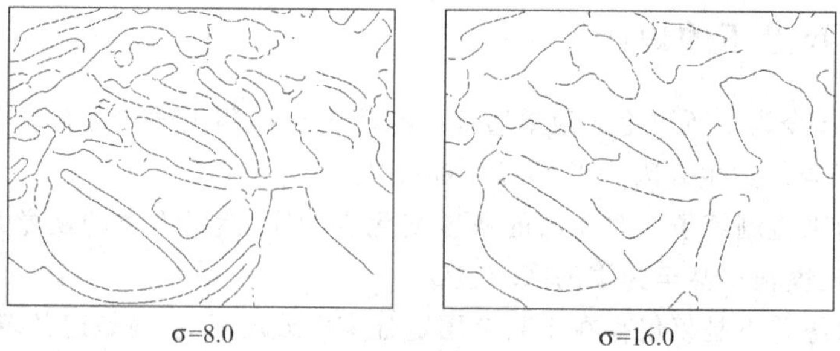

图 6.10 （续）

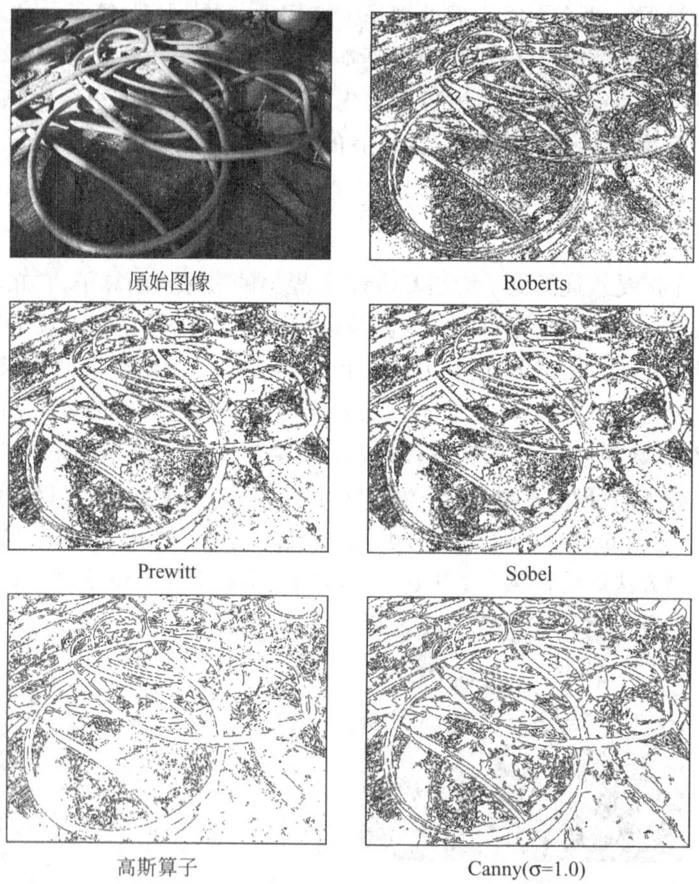

图 6.11 各种边缘检测算子的结果比较。边缘检测结果质量的一个重要判断标准是“杂波”（不恰当的边缘元素）的数量和显著边缘的连通性。Roberts 算子对很小的边缘结构都有响应，因为其滤波器的尺寸本身就是很小的。Prewitt 算子和 Sobel 算子的相似性体现在对应的结果中。Canny 算子得到的边缘图比其他简单算子得到的结果更加清晰，甚至在固定的、相对较小的尺度 σ 的情况下也是如此

6.5 从边缘到轮廓

无论应用哪种边缘检测方法，其结果中每个图像位置的边缘强度或者局部边缘方向角常常是一个连续值。那么，怎样用这些信息来提取大的图像结构和对象的轮廓呢？

6.5.1 轮廓跟踪

循着已检测到的边缘点从而找到轮廓线的想法是很容易想到的，并且看上去也是很容易实现的。从那些边缘强度较大的地方开始，沿着两个不同方向跟踪边缘点，直到这两条轨迹相遇并形成一条闭合的轮廓线。然而，遗憾的是，有几个难点使得这项工作并非看起来那么简单。这些难点主要包括以下几个方面。

- 边缘将会在那些灰度梯度很弱甚至消失的地方终止。
- 交叉的边缘会导致歧义。
- 轮廓线有时可能会存在多个分支。

由于存在这些问题，轮廓跟踪通常不用于原始图像或者连续取值的边缘图像中，除非特别简单的情况，比如当前景和背景被明显分开时。另外，在二值图像中进行轮廓跟踪当然会变得简单许多。

6.5.2 边缘图

在许多情况下，边缘增强(通过一些边缘检测算子)之后的下一个步骤便是选择边缘点，也就是对一个图像像素是否属于边缘点做二值判断。其中最简单的方式是通过阈值运算来区分由各种边缘检测算子得到的边缘强度，这种阈值可以是固定的，也可以是自适应的，然后将结果存为一张二值的边缘图像(或称为“边缘图”)。

在实际情况下，边缘图中通常很少存在完美的轮廓线，更普遍的情况是包含很多细小的、不连续的轮廓片段，它们常常在边缘强度不足的地方中断。在阈值化处理后，这些中断的空区域显然不包含任何可用于后续步骤(例如连接相邻的边缘片段)的边缘信息。尽管存在这样的弱点，由于其简单性，全局阈值化处理还是经常被使用；而一些常用的后处理方法，例如霍夫变换，能够很好地处理不完整的边缘图。

6.6 边缘锐化

图像锐化是一项常见工作，例如，使经过扫描或者尺度变化后不那么锐利的图像重新变得锐利，又如，对打印或显示过程中图像可能出现的不够锐利的情况进行预补偿。对图像进行锐化的通常做法是增强图像中的高频分量，而图像中的高频分量主要与图像的锐度和最强的局部灰度变化程度有关。下面将介绍两种人工的图像锐化方法，它们都是基于与边缘检测相似的技术，因此这些内容适合放在本章讲述。

6.6.1 边缘锐化与拉普拉斯滤波器

通常，定位图像中灰度快速变化的区域采用的是基于图像函数二阶导数的滤波器方法。图 6.12 阐释了这种思路用于一维连续函数 $f(x)$的情形。阶跃函数 $f(x)$的二阶导数 $f''(x)$ 在 $f(x)$值过渡区域的下端对应有一个正脉冲、上端对应一个负脉冲。函数的锐化可以通过从原图像函数 $f(x)$中减去其二阶导数 $f''(x)$的一部分得到，

$$\check{f}(x) = f(x) - w \cdot f''(x) \tag{6.29}$$

依赖于权重因子 $w \geqslant 0$ 的大小，式(6.29)所示的表达式将引起灰度函数在边缘两侧不同程度的过冲，从而夸大了边缘、增加了感知锐度。

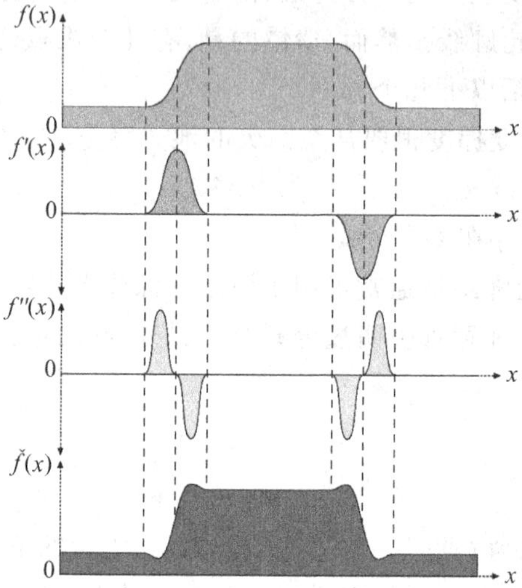

图 6.12　通过二阶导数进行边缘锐化。图中由上至下所示分别为：原始灰度函数 $f(x)$，其一阶导数 $f'(x)$，其二阶导数 $f''(x)$，以及锐化后的灰度函数 $\check{f}(x)=f(x)-w \cdot f''(x)$

拉普拉斯算子

二维函数的锐化可以通过如下方法实现：首先在水平和垂直方向分别计算二阶导数，然后使用所谓的拉普拉斯算子将它们结合起来。二维函数 $f(x,y)$的拉普拉斯算子∇^2定义为沿 x 和 y 方向的二阶偏导数的和：

$$(\nabla^2 f)(x,y) = \frac{\partial^2 f}{\partial^2 x}(x,y) + \frac{\partial^2 f}{\partial^2 y}(x,y) \tag{6.30}$$

类似于一阶导数的情形(见 6.2.2 节)，离散图像函数的二阶导数也可由一系列简单的线性滤波器来估计。这同样存在多种方案，例如，如下两个一维滤波器

$$\frac{\partial^2 f}{\partial^2 x} \equiv H_x^L = \begin{bmatrix} 1 & \mathbf{-2} & 1 \end{bmatrix} \quad 且 \quad \frac{\partial^2 f}{\partial^2 y} \equiv H_x^L = \begin{bmatrix} 1 \\ \mathbf{-2} \\ 1 \end{bmatrix} \tag{6.31}$$

可以分别求出沿 x 和 y 方向的二阶导数，然后将它们结合起来形成一个二维拉普拉斯滤波器

$$H^L = H_x^L + H_y^L = \begin{bmatrix} 0 & 1 & 0 \\ 1 & -\mathbf{4} & 1 \\ 0 & 1 & 0 \end{bmatrix} \tag{6.32}$$

图 6.12 给出了一幅灰度图像经过拉普拉斯滤波器 H^L 滤波后的效果，其中每个边缘两侧的一对正负峰值清晰可见。尽管这一小尺寸滤波核仅能粗糙地逼近二阶导数，但仍能看出这一滤波器基本是各向同性的。

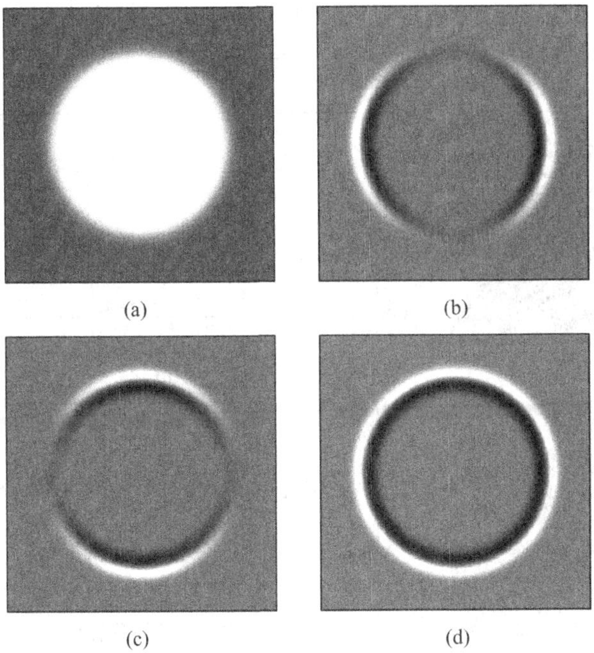

图 6.13 拉普拉斯滤波器 H^L 的结果：合成的测试图像 I(a)，水平方向二阶偏导数$\partial^2 I/\partial^2 u$(b)，垂直方向二阶偏导数$\partial^2 I/\partial^2 v$(c)，和拉普拉斯算子$\nabla^2 I(u,v)$(d)。其中(b～d)的灰度值是经过尺度变化后的，因此最大正值和负值分别显示为白色和黑色，零值则为灰色

注意到式(6.32)中的 H^L 并不是一个通常意义上的可分离滤波器(如 5.3.3 节所描述的)，但是由于卷积的线性性质(式(5.17)和式(5.19))，它可以表示为两个一维滤波器的和，

$$I * H^L = I * (H_x^L + H_y^L) = (I * H_x^L) + (I * H_y^L) \tag{6.33}$$

类似于梯度滤波器(用来估计一阶导数)，所有拉普拉斯滤波器的滤波系数之和都是零，因此它在灰度为常值的平坦区域的响应为零(图 6.13)。其他常用的 3×3 拉普拉斯滤波器有：

$$H_8^L = \begin{bmatrix} 1 & 1 & 1 \\ 1 & -\mathbf{8} & 1 \\ 1 & 1 & 1 \end{bmatrix} \quad 且 \quad H_{12}^L = \begin{bmatrix} 1 & 2 & 1 \\ 2 & -\mathbf{12} & 2 \\ 1 & 2 & 1 \end{bmatrix} \tag{6.34}$$

锐化

为了执行实际的锐化处理，如式(6.29)所示的一维情况，首先对图像 I 进行拉普拉斯滤波，然后从原图像中减掉滤波结果的一部分，

$$\check{I} \leftarrow I - w \cdot (H^L * I) \tag{6.35}$$

因子 w 描述了拉普拉斯滤波结果被减去的比例，因此描述了锐化的强度。w 的适当取值也依赖于式(6.35)中所采用的具体的拉普拉斯滤波器，因为上面所有类型的拉普拉斯滤波器都没有进行归一化操作。

图 6.13 给出了对合成的测试图像应用拉普拉斯滤波器(滤波核由式(6.32)给出)的结果，其中每个边缘两边的一对正负峰值清晰可见。这种滤波器几乎是各向同性的，尽管这一小尺寸的滤波核对二阶导数的逼近是很粗糙的。图 6.14 给出了对真实灰度图像使用式(6.32)所示滤波器 HL 的滤波结果，其中 $w=1.0$。

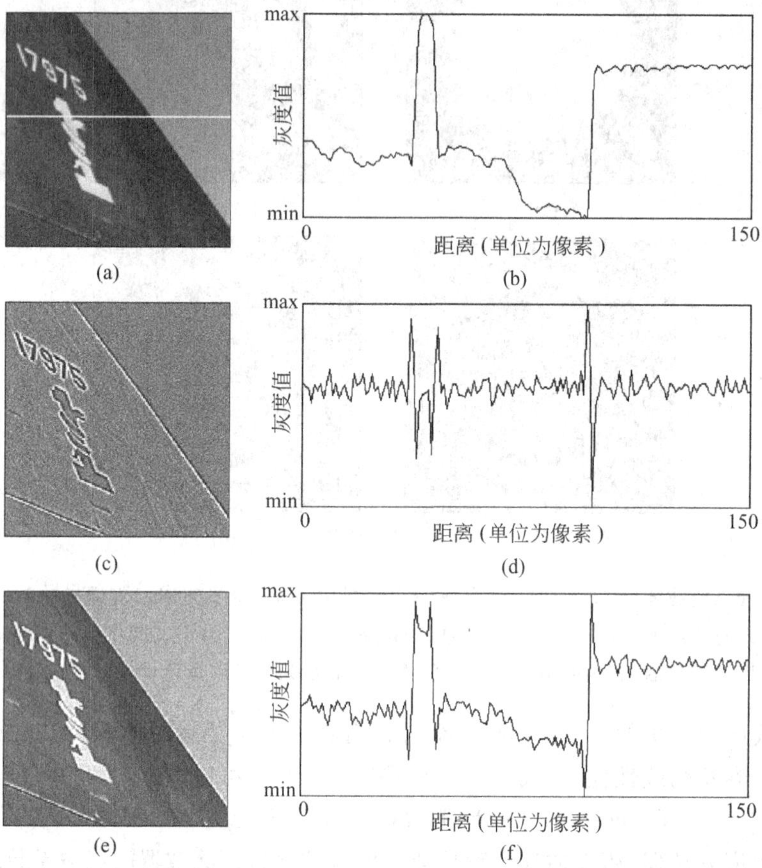

图 6.14　通过拉普拉斯滤波器进行的边缘锐化：原始图像中标记线所在位置的水平方向剖面图为(a,b)，拉普拉斯滤波器 H^L 的结果为(c,d)，锐化图像为(e,f)

正如对二阶导数的预期，拉普拉斯滤波器对噪声相当敏感，它可以通过采用预平滑措施，比如高斯平滑(见 6.4.1 节)，来减弱噪声的影响(就像通过一阶导数检测边缘一样)。

6.6.2　USM 锐化

USM(Unsharp masking)锐化是一种边缘锐化技术，它在天文图像、数字印刷以及其他许多图像处理领域有着非常广泛的应用。这一术语来源于传统摄影学，在这一领域中，图像常常与经过平滑的("非锐利的")副本相融合,以达到对其锐度进行光学增强的目的。这一处理过程和对数字图像的处理是相似的。

处理过程

USM 滤波器的第一步是从原始图像中减去一个其平滑后的副本,这一结果称为"掩膜"。在模拟摄影学中,所需的平滑副本可以通过镜头散焦简单地得到。然后,将此掩膜重新叠加到原图像上,这样图像中的边缘就得到了锐化。总的来说,USM 滤波主要包括以下几个步骤:

(1) 掩膜 M 是由原图像 I 减去其经过平滑后的一个副本,即

$$M \leftarrow I - (I * \tilde{H}) = I - \tilde{I} \tag{6.36}$$

其中平滑滤波器的滤波核 $\tilde{H}$ 假设已经是归一化处理过的(见 5.2.5 节)。

(2) 为了获得锐化后的图像 $\check{I}$,将掩膜 M 以因子 a 加权后叠加到原图像 I 上,权重因子用于控制锐化的强度,即

$$\check{I} \leftarrow I + a \cdot M \tag{6.37}$$

然后代入式(6.36),得到:

$$\check{I} \leftarrow I + a \cdot (I - \tilde{I}) = (1 + a) \cdot I - a \cdot \tilde{I} \tag{6.38}$$

平滑滤波器

原则上说,任何平滑滤波器都可用作式(6.36)所示的滤波核 $\tilde{H}$,但滤波半径为 σ 的高斯滤波器 $H^{G,\sigma}$ 是最常用的(见 5.2.7 节)。典型的 σ 值可以从 1～20 之间取,而锐化因子 a 的取值范围通常是 0.2～4.0(也就是 20%～400%)之间。图 6.15 展示了以不同半径 σ 高斯平滑滤波器为滤波核的 USM 滤波结果。

扩展

USM 滤波器相对拉普拉斯滤波器而言,其优势在于它降低了对噪声的敏感性,因为它包含了一个平滑的过程,并且通过参数 σ(空间范围)和 a(锐化强度因子)提高了滤波结果的可控性。

当然 USM 滤波器不仅仅对真实的边缘有响应,它对任何灰度变化的地方都有响应,因此它可能会放大连续图像区域中的一些可见噪声。因此一些软件工具(例如 Adobe Photoshop)提供了一个额外的阈值参数 t_c 来描述需要进行边缘锐化的最小局部对比度。锐化工作仅当某点 (u,v) 处的局部对比度(例如由梯度的模值 $|\nabla I|$ 描述,见式(6.5))大于那个阈值时才进行。否则,像素点不被修改,

$$\check{I}(u,v) \leftarrow \begin{cases} I(u,v) + a \cdot M(u,v) & \text{当 } |\nabla I|(u,v) \geq t_c \\ I(u,v) & \text{其他} \end{cases} \tag{6.39}$$

可以看到,不同于原始的 USM 滤波(见式(6.37)),此扩展版本已不再是一个线性滤波器。对于彩色图像,USM 滤波通常对所有颜色通道采用相同的参数设置。

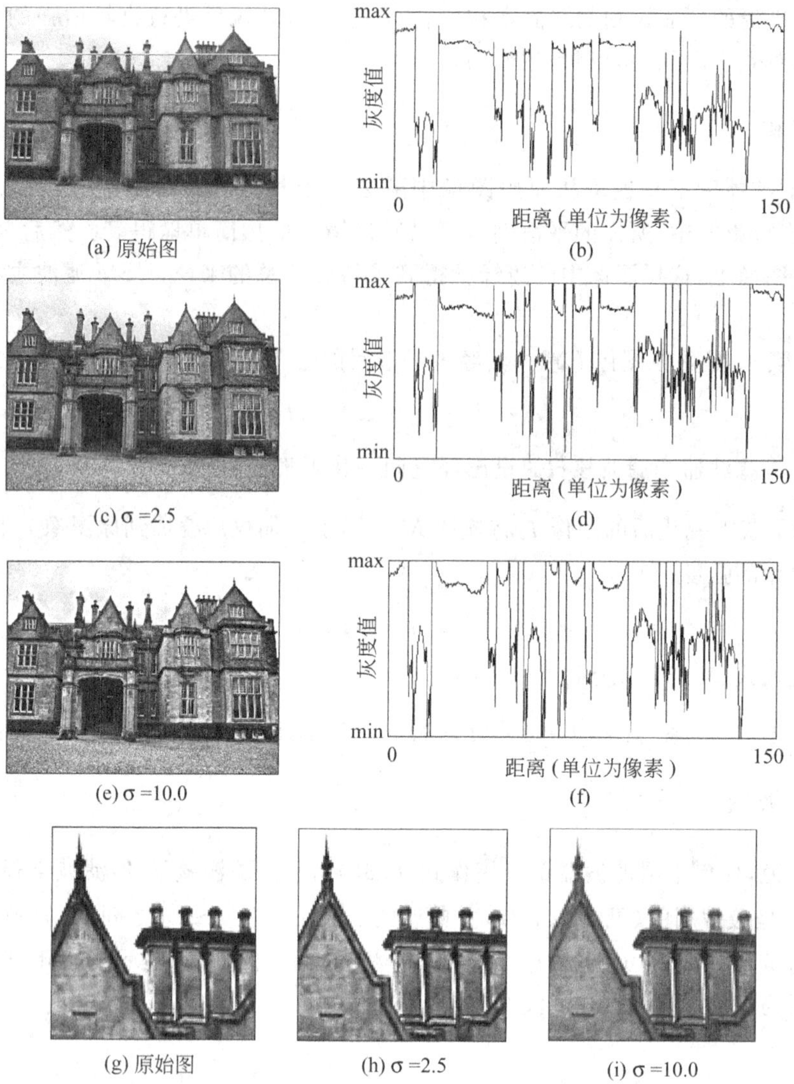

图 6.15　USM 滤波器：原始图像(a)，细节放大(b)，以及标记线处的灰度剖面图(c)；高斯平滑半径分别为 $\sigma=2.5$(c，d)和 $\sigma=10.0$(e，f)的 USM 滤波结果；放大后的图像(g～i)。锐化强度因子 a 的值为 1.0(100%)

实现

USM 滤波器几乎在所有的图像处理软件中都可以找到。由于其简单性和灵活性，USM 滤波器已经成为许多专业用户必不可少的工具。在 ImageJ 中，USM 滤波器由插件类 ij. plugin. filter. UnsharpMask 实现，它可以通过如下菜单调用：

```
Process→Filter→Unsharp Mask...
```

ImageJ 中 UnsharpMask 的实现版本是以 GaussianBlur 类作为平滑滤波器的。另一种可供选择的实现方案如程序 6.1 所示，其实现过程是按照式(6.38)进行的，并且使用了尺寸足够大的滤波核，此滤波核是通过程序 5.4 中定义的 makeGaussKernel1d()方法创建的。

拉普拉斯与 USM 滤波器的对比

仔细研究这两种方法会发现：用拉普拉斯滤波器进行锐化（见 6.6.1 节）可以看作是 USM 锐化的特例。如果将式(6.32)定义的拉普拉斯滤波器分解为如下形式：

$$H^L = \begin{bmatrix} 0 & 1 & 0 \\ 1 & -\mathbf{4} & 1 \\ 0 & 1 & 0 \end{bmatrix} = \begin{bmatrix} 0 & 1 & 0 \\ 1 & \mathbf{1} & 1 \\ 0 & 1 & 0 \end{bmatrix} - 5\begin{bmatrix} 0 & 0 & 0 \\ 0 & \mathbf{1} & 0 \\ 0 & 0 & 0 \end{bmatrix}$$

$$= 5\left(\frac{1}{5}\begin{bmatrix} 0 & 1 & 0 \\ 1 & \mathbf{1} & 1 \\ 0 & 1 & 0 \end{bmatrix} - \begin{bmatrix} 0 & 0 & 0 \\ 0 & \mathbf{1} & 0 \\ 0 & 0 & 0 \end{bmatrix}\right) = 5(\widetilde{H} - \delta) \tag{6.40}$$

那么可以看到，H^L 是由一个简单的 3×3 像素的平滑滤波器 $\widetilde{H}$ 减去一个脉冲函数 δ 得到的。由式(6.35)给出的权值因子为 w 的拉普拉斯锐化滤波器可表示为

$$\begin{aligned} \check{I}_L &\leftarrow I - w \cdot (H^L * I) = I - w \cdot (5(\widetilde{H} - \delta) * I) \\ &= I - 5w \cdot (\widetilde{H}^L * I - I) = I + 5w \cdot (I - \widetilde{H}^L * I) \\ &= I + 5w \cdot M^L \end{aligned} \tag{6.41}$$

也就是 USM 滤波器的形式 $\check{I} \leftarrow I + a \cdot M$（见式(6.37)）。因此拉普拉斯滤波器其实是 USM 锐化滤波器的一种特殊情况，其掩膜为 $M = M^L = (I - \widetilde{H}^L * I)$，具体的平滑滤波器为

$$\widetilde{H} = \widetilde{H}^L = \frac{1}{5}\begin{bmatrix} 0 & 1 & 0 \\ 1 & \mathbf{1} & 1 \\ 0 & 1 & 0 \end{bmatrix}$$

其中锐化强度因子 $a = 5w$。

程序 6.1　USM 锐化的 Java 实现。首先在第 3 行中将原始图像转换为一个 FloatProcessor 对象 $I(I)$，然后在第 6 行中复制这个对象用于保存模糊后的图像副本 $J(\check{I})$。由程序 6.4 定义的方法 makeGaussKernel1d()被用于创建水平方向和垂直方向的一维高斯滤波核（第 10、11 行）。其余依据式(6.33)进行计算

```
1  public void unsharpMask(ImageProcessor ip,
2      double sigma,double a) {
3      ImageProcessor I=ip.convertToFloat();       //I
4
5      //创建图像的一个模糊副本
6      ImageProcessor J=I.duplicate();             //Ǐ
7      float [] H=GaussKernel1d.create(sigma);     //见程序 5.4
8      Convolver cv=new Convolver();
9      cv.setNormalize(true);
10     cv.convolve(J,H,1,H.length);
11     cv.convolve(J,H,H.lenght,1);
```

```
    I.multiply(1+a);                          //I← (1+a) · I
    J.multiply(a);                            //Ĩ← a · Ĩ
    I.copyBits(J,0,0,Blitter.SUBTRACT); //Ĩ← (1+a) · I-a · Ĩ

    //将结果复制回原始图像中
    ip.insert(I.convertToByte(false),0,0);
}
```

6.7 练习题

6.1 应用近似计算式(6.2)和(6.32),手工计算如下图像函数的梯度和拉普拉斯滤波结果。

$$I(u,v)=\begin{bmatrix}14 & 10 & 19 & 16 & 14 & 12\\ 18 & 9 & 11 & 12 & 10 & 19\\ 9 & 14 & 15 & 26 & 13 & 6\\ 21 & 27 & 17 & 17 & 19 & 16\\ 11 & 18 & 18 & 19 & 16 & 14\\ 16 & 10 & 13 & 7 & 22 & 21\end{bmatrix}$$

6.2 将式(6.10)定义的(图 6.5 所示)Sobel 边缘检测算子实现为一个 ImageJ 插件,并提供适当方式显示边缘的方向。要求插件能生成两幅新图像,分别用于表示边缘的模值 $E(u,v)$和边缘的方向 $\Phi(u,v)$。

6.3 类似于式(6.9)Prewitt 算子,将 Sobel 算子表示为 x/y 可分离形式。

6.4 类似练习题 6.2,实现 Kirsch 算子(见式(6.25)),特别要注意比较两种方法在估计边缘方向时的不同。

6.5 设计并实现多于 8 个(例如 16 个)不同方向滤波器的罗盘式边缘检测器。

6.6 选择合适的测试图像,比较 ImageJ 和 Adobe Photoshop 中 USM 滤波器的滤波结果。如果希望两种方法得到的结果相似,那么在两种实现过程中平滑半径 σ 和权重 a 应该如何取值?

第 7 章　形态学滤波器

在第 5 章中值滤波器的(5.4.2 节)讨论中，注意到这种类型滤波器可以以某种方式改变二维图像的结构。图 7.1 再次解释了如何使角变圆、填充一定尺寸的洞、移除一些小的结构(如孤立的小圆点或细线)。中值滤波能够反映出图像结构中的某些局部形状，如果能够有针对性而不是随意地使用这一滤波器，那么它能够为其他场合的应用提供一些帮助。“形态学”滤波器可以以一种可预测的方式改变局部结构，这便是本章关注的主题。

(a) 原始图像　　(b) 3×3像素中值滤波结果　　(c) 5×5中值滤波结果

图 7.1　二值图像的中值滤波

起初，形态学滤波器是针对二值图像的，即图像中只有两种可能的像素值，分别是 0 与 1(或黑与白)。二值图像可用于很多领域，尤其如数字打印、文档传真和存储、在视频图像编辑中作为掩模。二值图像可以通过对灰度图像使用全局或局部变化阈值的阈值转换法(见 4.1.4 节)得到。用 1 和 0 两个二值像素来分别表示前景与背景像素。在下面很多示例中，前景像素用黑色表示，背景像素用白色表示。

本章末将看到，形态学滤波器不仅可以用于二值图像，也可用于灰度甚至彩色图像，尽管这些操作与二值图像操作有明显区别。

7.1　收缩与放大

可以观察到，一个简单的 3×3 像素的中值滤波器可以使二值图像中较大的结构变圆，并且去除较小的结构，如点或细线。这可以用于去除小于某一尺寸的结构(例如，清除一幅图像的噪声或污点)，但是，如何控制由此操作影响到的结构大小和形状呢?

尽管其结构性的影响可能比较有意思，但此时此刻先把中值滤波器放在一边，重新开始这项工作。假设要去除二值图像中小的结构但同时较大的结构不能有明显改变，实现这一功能的关键思想如下(图 7.2)。

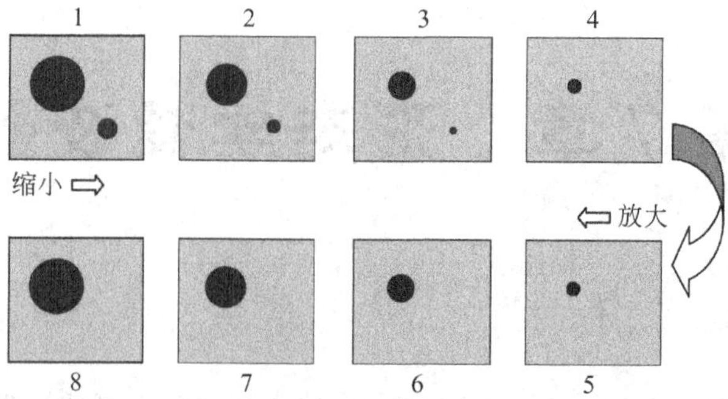

图 7.2　通过逐步地缩小和放大去除小的图像结构

(1) 通过将图像中所有结构的边界剥掉一定厚度的一层,逐级地“收缩”结构。

(2) 小的结构被逐步地缩小并去除,只有较大的结构保留。

(3) 保留下来的结构再同样程度地放大回去。

(4) 最终较大的区域可以回归到原始的形状,而较小的区域则从图像中消失。

以上功能需要两种操作来完成。“收缩”的意思是从前景区域的外围边界中去除最外边一层像素(图 7.3)。另一种操作“放大”是在前景区域的边界上增加一层像素(图 7.4)。

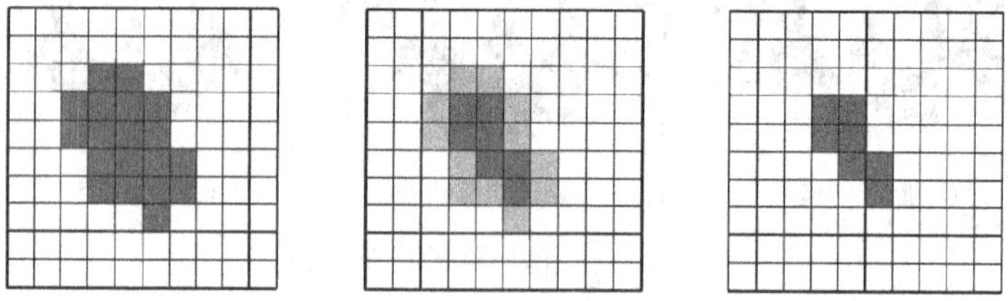

(a) 原始图像　(b) 标记与背景直接相连的边界像素　(c) 收缩后的结果

图 7.3　通过去除一层边界像素来“收缩”前景区域

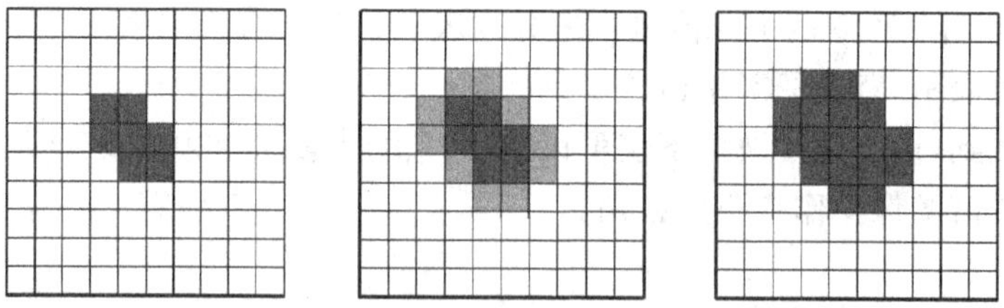

(a) 原始图像　(b) 标记与区域直接相连的背景像素　(c) 放大后的结果

图 7.4　通过给前景区域增加一层像素来“放大”前景

7.1.1　像素的邻域

对于上述两种操作,要定义邻近的两个像素的含义(即邻域)。以下两种邻域定义通常用于矩形像素网格(图 7.5)。

- 4 邻域($\mathcal{N}_4$)：与给定像素在水平和垂直方向相邻的 4 个像素；
- 8 邻域($\mathcal{N}_8$)：$\mathcal{N}_4$加上对角线上相邻的 4 个像素。

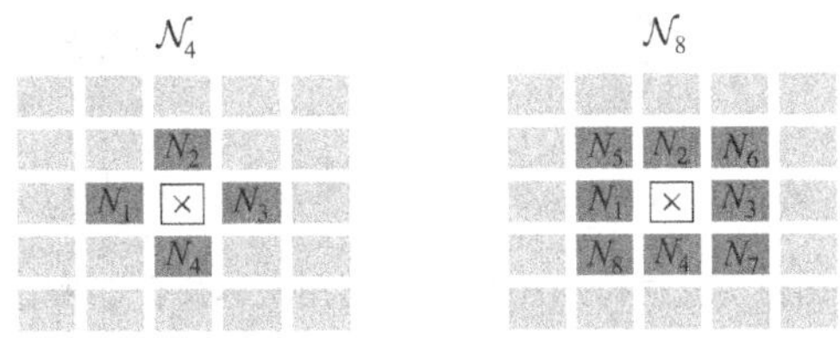

图 7.5　在矩形像素网格中“邻域”的定义：4 邻域$\mathcal{N}_4=\{N_1\cdots N_4\}$(左图)和 8 邻域$\mathcal{N}_8=N_4\cup\{N_5,\cdots N_8\}$(右图)

7.2　基本的形态学运算

收缩和放大实际上是形态学运算的两个基本操作，它们分别称为“腐蚀”和“膨胀”。然而，这些形态学运算比以上介绍的示例更一般化。它们远不止去除或者增加单层像素那么简单，并且两者的组合可以完成更复杂的操作。

7.2.1　结构元素

与线性滤波器(见 5.2 节)的系数矩阵类似，形态学滤波器的性能由称为“结构元素”的矩阵中的元素决定。在二值形态学中，结构元素只包含两个值(即 0 和 1)，

$$H(i,j)\in\{0,1\}$$

并且用元素热点标记 H 的坐标原点(图 7.6)。需要注意的是，热点不一定是结构元素的中心，值也不一定是 1。

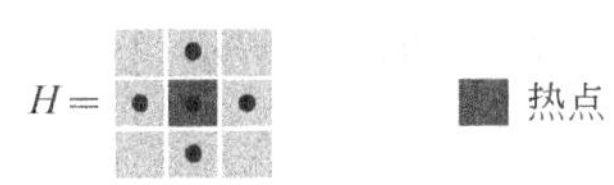

图 7.6　二值结构元素(例)。1 用 · 表示，0 用空格表示

7.2.2　点集

将二值图像描述为二维坐标点集有助于对形态学运算的理解。对于二值图像 $I(u,v)\in\{0,1\}$，相应的点集$\mathcal{Q}_I$包含所有前景像素的坐标 $p=(u,v)$：

$$\mathcal{Q}_I=\{p\mid I(p)=1\} \tag{7.1}$$

当然，如图 7.7 所示，除了二值图像之外，结构元素 H 也可以描述为点集。

给定一个点集，二值图像上的基本操作可以表示为简单的集合运算。例如，反转一副二值图像 $I\rightarrow$(即交换前景与背景)相当于创建集合的补集：

$$\mathcal{Q}_I=\widetilde{\mathcal{Q}}_I=\{p\in\mathbb{Z}^2\mid p\notin\mathcal{Q}_I\} \tag{7.2}$$

对两幅图像 I_1 和 I_2 对应像素进行或运算，结果是点集$\mathcal{Q}_{I_1}$与$\mathcal{Q}_{I_2}$的并集，即

$$\mathcal{Q}_{I_1\vee I_2}=\mathcal{Q}_{I_1}\cup\mathcal{Q}_{I_2} \tag{7.3}$$

由于点集$\mathcal{Q}_I$是二值图像的一种等价的表示方式(即 $I\equiv\mathcal{Q}_I$)，将图像和点集同义表示。例如，用 $\tilde{I}$ 代替 $\widetilde{\mathcal{Q}}_I$ 来表示式(7.2)中的图像反转，或用 $I_1\cup I_2$ 来代替式(7.3)中的$\mathcal{Q}_{I_1}\cup\mathcal{Q}_{I_2}$。

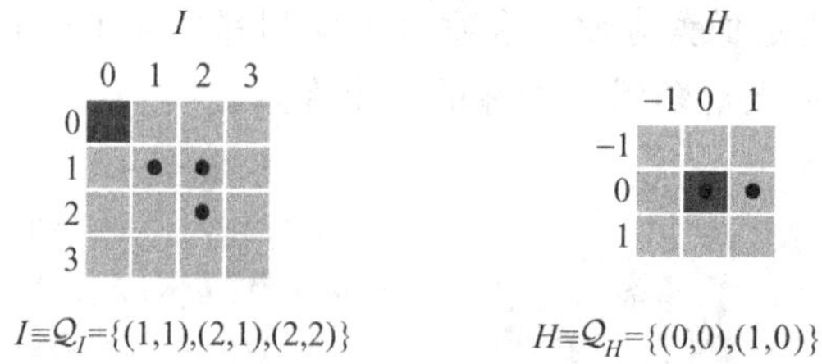

图 7.7　二值图像 I 或结构元素 H 可分别用坐标集合 Q_I 和 Q_H 来描述。H 中的黑点元素表示坐标原点(热点)

在给定的上下文中,图像和点集的语义应当是清晰的。

这样,将图像 I 平移某个坐标向量 d 得到新的图像 $I_d(p+d)=I(p)$,这对应于点集 Q_I 的所有坐标平移了向量 d,即

$$I_d \equiv \{(p+d) \mid p \in I\} \tag{7.4}$$

在某些情况下,有必要对一个二值图像或点集做关于其原点的镜像变换,其表示为:

$$H^* \equiv \{-p \mid p \in H\} \tag{7.5}$$

7.2.3 膨胀

膨胀是相对于上述直观上"放大"概念的形态学运算。作为一个集合运算,其定义如下:

$$I \oplus H \equiv \{(p+q) \mid 当\ p \in I 且\ q \in H\} \tag{7.6}$$

这样,通过膨胀运算生成的点集便是原始集合 I 和 H 所有可能坐标点对的(向量)和,如图 7.8 中的示例所示。

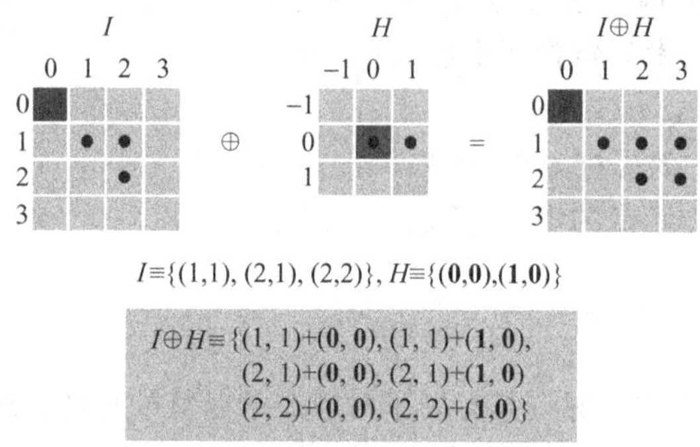

图 7.8　膨胀举例。用 H 对二值图像 I 膨胀。结果 $I\oplus H$ 中,结构元素 H 在原始图像 I 的每个前景像素上做了复制

也可以将膨胀看作是结构元素 H 在图像 I 的每个前景像素上被复制,或者相反地,图像 I 在 H 的每个前景元素上被复制。用集合符号参见 1.2 节。表示为:

$$I \oplus H \equiv \bigcup_{p \in I} H_p = \bigcup_{q \in H} I_q \tag{7.7}$$

其中 H_p、I_q 分别表示式(7.4)中用 p 和 q 平移后的集合 H、I。

7.2.4 腐蚀

腐蚀是膨胀的逆运算,用集合符号表示为:

$$I \ominus H \equiv \{p \in \mathbb{Z}^2 \mid (p+q) \in I, \text{对于所有 } q \in H\} \tag{7.8}$$

这一定义可能显得很隐晦，但可以简单地解释如下：将结构元素 H 放在某位置 p 上，如果这时 H 完全包含在前景像素中（即 H_p 是 I 的子集），那么 p 就包含在 $I \ominus H$ 的结果中。与式(7.8)类似，腐蚀可以这样定义：

$$I \ominus H \equiv \{p \in \mathbb{Z}^2 \mid H_p \subseteq I\} \tag{7.9}$$

图 7.9 给出了二值腐蚀的简单示例。

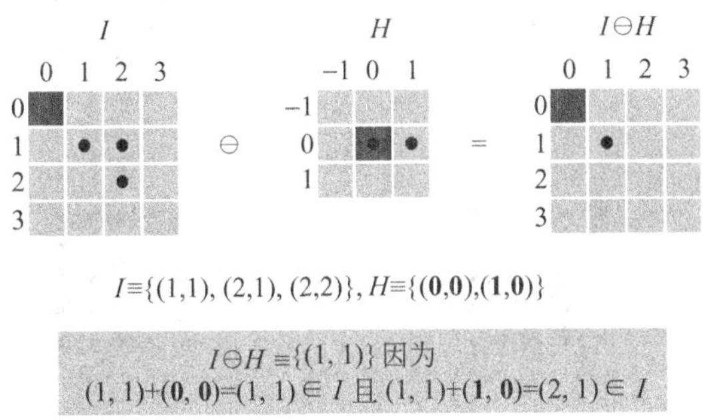

图 7.9 腐蚀举例。用结构元素 H 对二值图像 I 进行腐蚀。只有在 $p=(1,1)$ 处，H 被 I 覆盖。这样，结果点集中只包含单个坐标(1,1)

7.2.5 膨胀与腐蚀的性质

膨胀运算是可交换的，即

$$I \oplus H = H \oplus I \tag{7.10}$$

因此，正如线性卷积一样，图像和结构元素（滤波器）位置互换可以得到相同的结果。膨胀运算还具有结合性

$$(I_1 \oplus I_2) \oplus I_3 = I_1 \oplus (I_2 \oplus I_3) \tag{7.11}$$

因此，多次膨胀与顺序无关。类似于线性滤波器（式(5.21)），这也意味着用一个形如 $H_{\text{big}} = H_1 \oplus H_2 \cdots \oplus H_K$ 的大型结构元素进行膨胀运算，可以实现为用小型结构元素高效地进行多级膨胀。

$$I \oplus H_{\text{big}} = (\cdots((I \oplus H_1) \oplus H_2) \oplus \cdots \oplus H_K) \tag{7.12}$$

类似于线性卷积的狄拉克函数（见 5.3.4 节），膨胀也有不变子 δ：

$$I \oplus \delta = \delta \oplus I = I, \quad \text{其中 } \delta \equiv \{(0,0)\} \tag{7.13}$$

腐蚀运算与膨胀相比（类似于算术减法）通常是不可交换的，即：

$$I \ominus H \neq H \ominus I \tag{7.14}$$

但是，当腐蚀与膨胀相结合时，类似于算术减法与加法，满足以下链式法则：

$$(I_1 \ominus I_2) \ominus I_3 = I_1 \ominus (I_2 \oplus I_3) \tag{7.15}$$

虽然膨胀与腐蚀并不是互为逆运算（总的来说，膨胀的效果通常不能用紧随其后的腐蚀操作来抵消），但这两个运算之间仍然有着密切的关系。

举例来说，对前景(I)做膨胀可以通过对背景($\bar{I}$)做腐蚀，然后求补来完成，在此意义上讲膨胀与腐蚀是对偶的，即：

$$I \oplus H \equiv \overline{(\bar{I} \ominus H^*)} \tag{7.16}$$

其中 H 表示 H 的镜像(式(7.5))。类似的另一种方式也成立,即可以通过用结构元素的镜像膨胀背景的方式来达到腐蚀前景的目的:

$$I \ominus H \equiv \overline{(\bar{I} \oplus H^{*})} \tag{7.17}$$

如图 7.10 中的示例所示(证明见[17])。

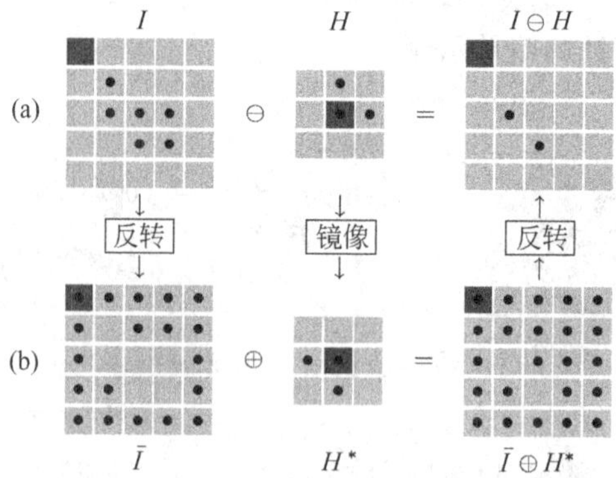

图 7.10 通过膨胀来实现腐蚀。前景的二值腐蚀 $I \ominus H$(a)可以通过用镜像结构元素 H 对反转图像进行膨胀,之后再反转整个结果来实现(b)

式(7.17)很有意思,考虑到很容易进行前景-背景转换,当需要同时计算膨胀与腐蚀时,只需单独用膨胀或腐蚀便可完成。算法 7.1 给出了基于以上关系的膨胀和腐蚀的算法描述。相应的 Java 实现在后面 7.5.2 节中会讲到。

算法 7.1 二值膨胀与腐蚀。DILATE()实现了式(7.7)中的二值膨胀。用 H 替换原始图像 I 的每个前景坐标并复制到结果 I' 中。假设结构元素 H 的原点为(0,0)。Erode()实现了二值腐蚀,如式(7.17)所示用结构元素的镜像 H 对反转图像进行膨胀,以达到腐蚀的目的

```
DILATE(I,H)
  I: 二值图像
  H: 二值结构元素
  返回膨胀后的图像 I'=I⊕H
  令 I'←一个新的大小为 w×h 的图像
  对于所有(u,v),令 I'(u,v)←0                          //I'←∅
  for 结构元素 H 中的所有 q=(i,j) do
    if H(i,j)=1 then                                  //q∈H
      将 Iq 与 I'合并                                  //I'←I'∪Iq
      for 所有图像位置 p=(u,v) do
        if I(u,v)=1 then                              //p∈I
          I'(u+i,v+j)←1                               //I'←I'∪{(p+q)}
  return I'
```

```
ERODE(I,H)
  I: 二值图像
  H: 二值结构元素
  返回膨胀后的图像 I'=I⊖H
```

```
I←INVERT(I)                      //Ī←∁I
H←REFLECT(H)
return INVERT(DILATE(Ī,H*))      //I⊕H=(Ī⊕H*)
```

7.2.6　设计形态学滤波器

形态学滤波器由(a)运算类型和(b)结构元素的内容明确指定。结构元素的尺寸和形状依赖于应用场合和图像的分辨率等。实际应用中,经常用到准圆形的形状,如图 7.11 中的示例所示。

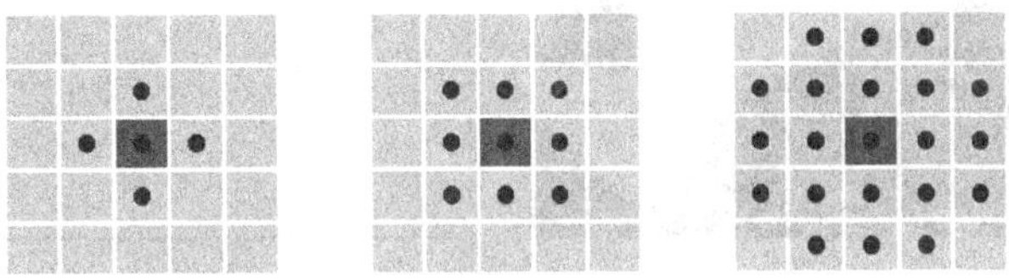

(a) 4邻域　(b) 8邻域　(c) "小圆盘"

图 7.11　典型的小结构元素

用半径为 r 的圆盘形结构元素进行膨胀,相当于给图像中任意前景结构增加厚度为 r 的一层。相反,用同样的结构元素进行腐蚀,会给前景剥去同样厚度的一层。图 7.13 给出了对图 7.12 用不同半径的圆盘形结构元素进行膨胀的结果。图 7.14 给出了用其他不同结构元素进行膨胀和腐蚀的结果。

图 7.12　原始二值图像与用于下例的部分图像(Albrecht Durer 制图,1515 年)

图 7.13　用圆盘形结构元素进行膨胀与腐蚀的结果。圆盘半径(r)分别为 1.0(上图)、2.5(中图)和 5.0(下图)

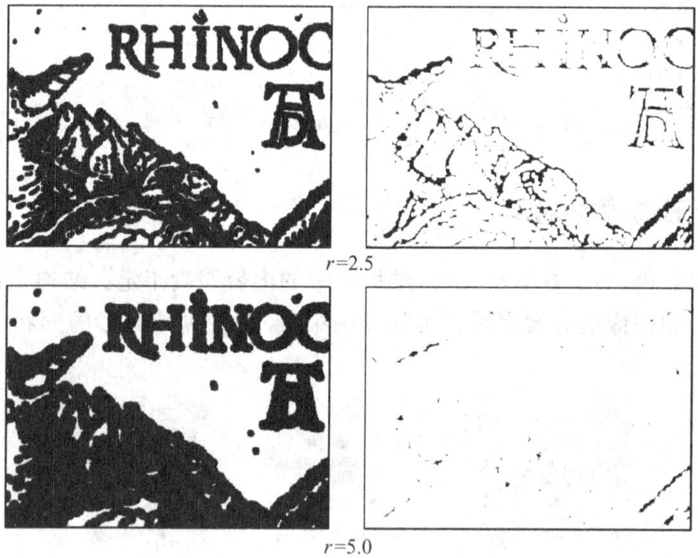

图 7.13 （续）

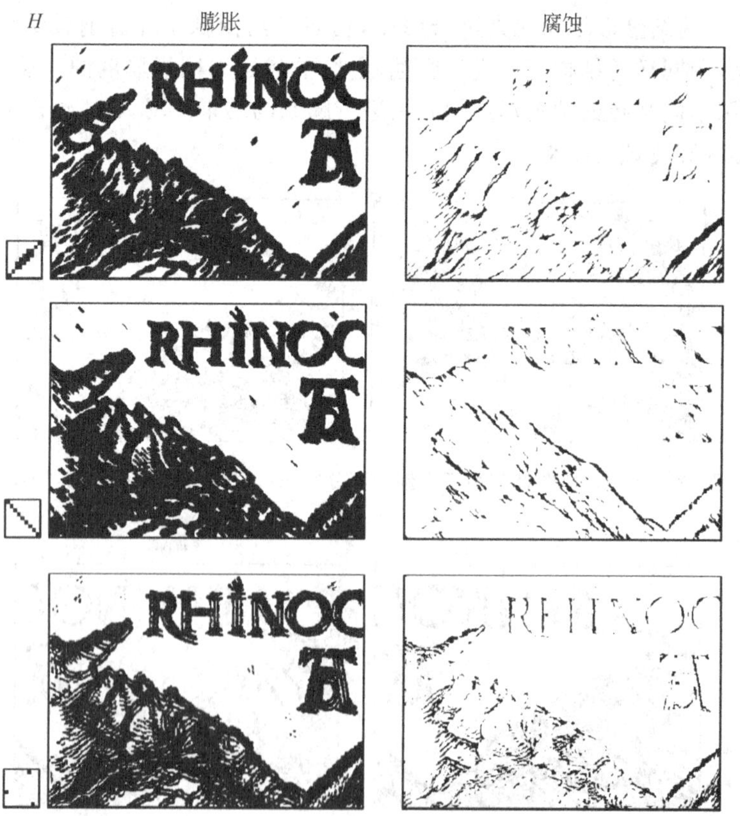

图 7.14 用各种自由形状的结构元素进行二值膨胀和腐蚀的示例。左下角为对应的结构元素(放大的)。注意,类似于线性滤波器的冲激响应,膨胀使前景的孤立点放大到结构元素的形状。在腐蚀中,图像中只有能够完全覆盖结构元素的部分被保留下来

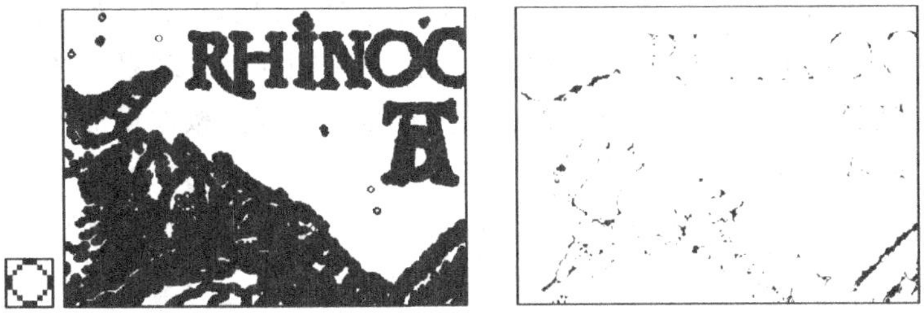

图 7.14　(续)

圆盘形结构元素通常用于各向同性滤波器，即在每个方向有同样效果的形态学滤波器。不同于线性滤波器(例如，5.3.3 节中的二维高斯滤波器)，由于用 $H_x \oplus H_y$ 膨胀，通常作用于一个矩形(非各向同性)结构，因此不可能根据一维结构元素 H_x 和 H_y 构造出二维各向同性的结构元素 H°。通常用不同形状的更小的圆盘形算子来逼近大圆盘形滤波器，如图 7.15 所示。最终的滤波器通常不是完全各向同性的，但可以用一系列小的滤波器有效逼近。

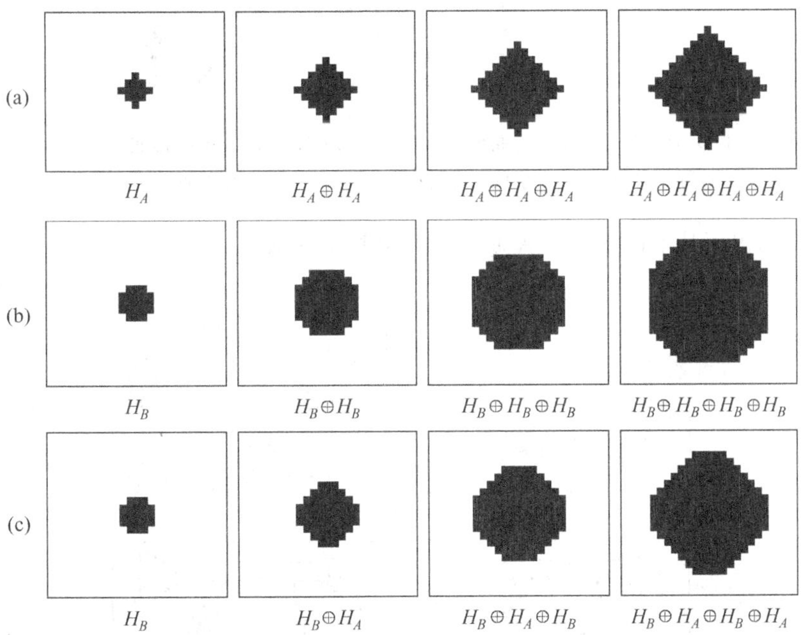

图 7.15　通过重复使用小的滤波器构造大的滤波器：重复使用结构元素 H_A(a)和 H_B(b)；交替使用 H_B 和 H_A(c)

7.2.7　应用举例：轮廓

形态学运算的典型应用是提取前景结构的边界像素。处理过程很简单，首先用 4 邻域或 8 邻域(图 7.11)作为结构元素 H_n，对原始图像 I 做腐蚀去掉前景的边界像素：

$$I' = I \ominus H_n$$

为了提取实际的边界像素集 B，我们计算了原始图像 I 与反转的结果 $\bar{I}'$ 的交集，即：

$$B = I \cap \bar{I}' = I \cap \overline{(I \ominus H_n)} \tag{7.18}$$

注意，用 4 邻域作为结构元素 H_n 时生成了"8 连通"轮廓，反之亦然。

图 7.16 给出了简单的边界提取过程的示例。在图中可见，结果 B 实际上包含了原始图像 I 和腐蚀图像 $I'=I\ominus H_n$ 中不相同的像素，这也可以通过按像素的异或运算得到。即，一幅二值图像的边界提取可以这样完成

$$B(u,v) = \mathrm{XOR}(I(u,v), I'(u,v)), \text{对于所有的}(u,v) \tag{7.19}$$

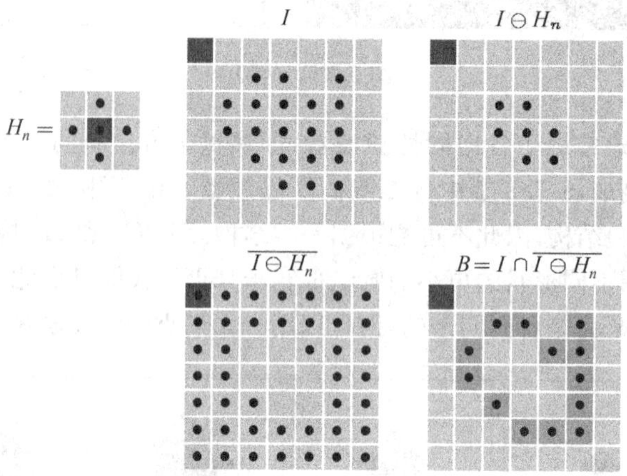

图 7.16　用 4 邻域结构元素 H_n 提取轮廓的示例。对图像 I 先进行膨胀($I\ominus H_n$)然后反转 $\overline{(I\ominus H_n)}$。最终边界像素作为交集 $I\cap\overline{(I\ominus H_n)}$ 被提取出来

图 7.17 给出了从实际图像中提取边界的更复杂的示例。

图 7.17　用形态学运算提取边界像素。4 邻域结构元素作用于(a)生成 8 连通轮廓。相反，用 8 邻域做结构元素得到 4 连通轮廓(b)

7.3 复合运算

由于两者的半对偶性，膨胀与腐蚀通常共同用于混合运算中，其中两个混合运算“开”和“闭”尤其重要，它们可能是实际中应用最多的形态学运算。

7.3.1 开运算

二值开运算 I∘H 表示用同一个结构元素 H 先做腐蚀后做膨胀：

$$I \circ H = (I \ominus H) \oplus H \tag{7.20}$$

开运算的主要作用是去除第一步(腐蚀)中小于结构元素的前景结构。剩下的结构被随后的膨胀平滑，并恢复到近似原始的尺寸(如图 7.18 所示的例证)。这一先收缩后放大的过程相当于在 7.1 节中描述的去除小结构的思想。

7.3.2 闭运算

将开运算中腐蚀和膨胀的顺序颠倒，得到闭运算，用 $I \bullet H$ 表示：

$$I \bullet H = (I \oplus H) \ominus H \tag{7.21}$$

闭运算可以填补前景结构中小于结构元素 H 的孔洞和缝隙。图 7.18 给出了一些典型的圆盘形结构元素的示例。

7.3.3 开运算和闭运算的性质

开运算和闭运算是幂等的，意思是任何随后的相同操作不改变运算结果，其结果是“最终”结果，即：

$$\begin{aligned} I \circ H &= (I \circ H) \circ H = ((I \circ H) \circ H) \circ H = \cdots \\ I \bullet H &= (I \bullet H) \bullet H = ((I \bullet H) \bullet H) \bullet H = \cdots \end{aligned} \tag{7.22}$$

开运算和闭运算也是“对偶”的，对前景做开运算等价于对背景做闭运算，反之亦然，即：

$$I \circ H = \overline{(\bar{I} \bullet H)} \quad \text{和} \quad I \bullet H = \overline{(\bar{I} \circ H)} \tag{7.23}$$

7.4 灰度形态学

形态学运算并不局限于二值图像，也可用于灰度图像。灰度形态学运算的定义是二值形态学的推广，实际上，它用算术 MAX 和 MIN 算子分别代替二值的 OR 和 AND 算子。结果，灰度形态学的程序仍可用于二值形态学(并非其他方法)[①]。对于彩色图像，灰度运算通常分别用于每个颜色通道。

---

① ImageJ 给出了处理二值和灰度图像的形态学运算的实现(参见 7.5.5 节)。

图 7.18 用圆盘形结构元素进行二值开与闭运算。结构元素 H 的半径 r 分别为 1.0(上图)、2.5(中图)和 5.0(下图)

7.4.1 结构元素

不同于二值方案，灰度形态学的结构元素不是定义为点集而是实型的 2D 函数：

$$H(i,j) \in \mathbb{R}, \quad 其中(i,j) \in \mathbb{Z}^2$$

H 的值可为负或 0。注意，与线性卷积不同(5.3.1 节)，灰度形态学中的 0 元素通常对结果是有贡献的①。因此，灰度形态学结构元素的设计必须明确地区别 0 值单元与空("不关心")单元，例如：

$$\begin{array}{|c|c|c|} \hline 0 & 1 & 0 \\ \hline 1 & 2 & 1 \\ \hline 0 & 1 & 0 \\ \hline \end{array} \neq \begin{array}{|c|c|c|} \hline & 1 & \\ \hline 1 & 2 & 1 \\ \hline & 1 & \\ \hline \end{array} \tag{7.24}$$

7.4.2 膨胀与腐蚀

灰度膨胀 $I \oplus H$ 定义为 H 中的值与 I 的当前子图中的值之和的最大值：

① 线性卷积矩阵中的零系数是指忽略对应的图像像素。

$$(I \oplus H)(u,v) = \max_{(i,j)\in H}\{I(u+i,v+j)+H(i,j)\} \tag{7.25}$$

类似地，灰度腐蚀是之差的最小值：

$$(I \ominus H)(u,v) = \min_{(i,j)\in H}\{I(u+i,v+j)-H(i,j)\} \tag{7.26}$$

图 7.19 和图 7.20 分别用简单的示例图解了灰度膨胀与腐蚀的基本过程。一般地，任何一个运算都有可能产生负值，这需要考虑是否限制像素值的范围，例如，通过压缩结果的方法(见 5.1.2 节)。图 7.21 给出了用不同尺寸的圆盘形结构元素对自然图像做灰度膨胀和腐蚀的示例。图 7.22 给出了用自由设计的结构元素的相同运算的示例。

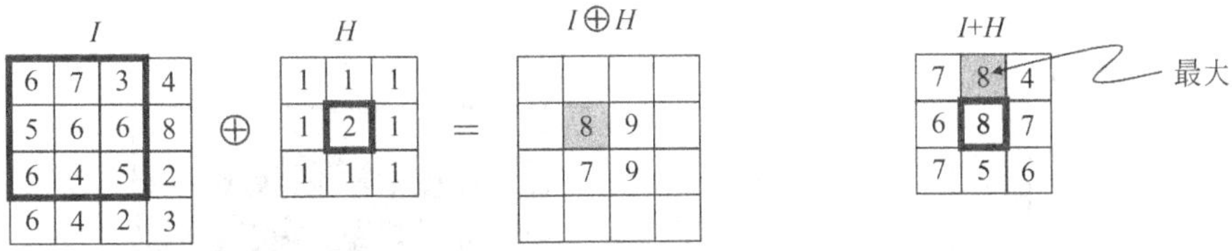

图 7.19　灰度膨胀 $I \oplus H$。3×3 的结构元素置于图像 I 的左上角。H 上对应元素的值加到 I 上；右图表示此位置的中间结果。最大值 8=7+1 插入到滤波器当前位置的结果($I \oplus H$)中。其他几个位置的结果如图所示

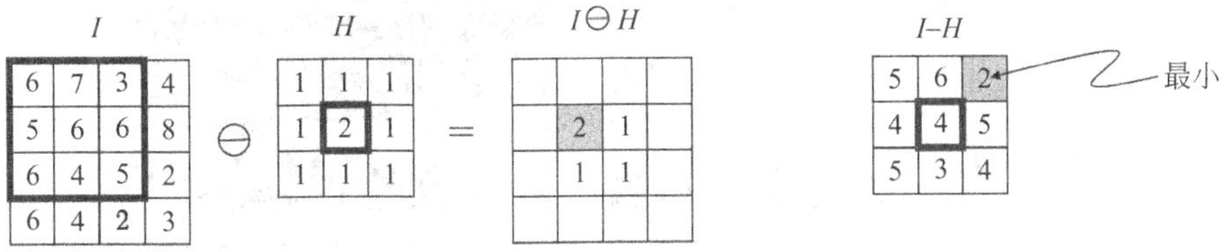

图 7.20　灰度腐蚀 $I \ominus H$。3×3 的结构元素置于图像 I 的左上角。H 上对应元素的值被 I 减去；右图表示当前位置的中间结果。最小值 3−1=2 插入到滤波器当前位置的结果($I \ominus H$)中。其他几个位置的结果如图所示

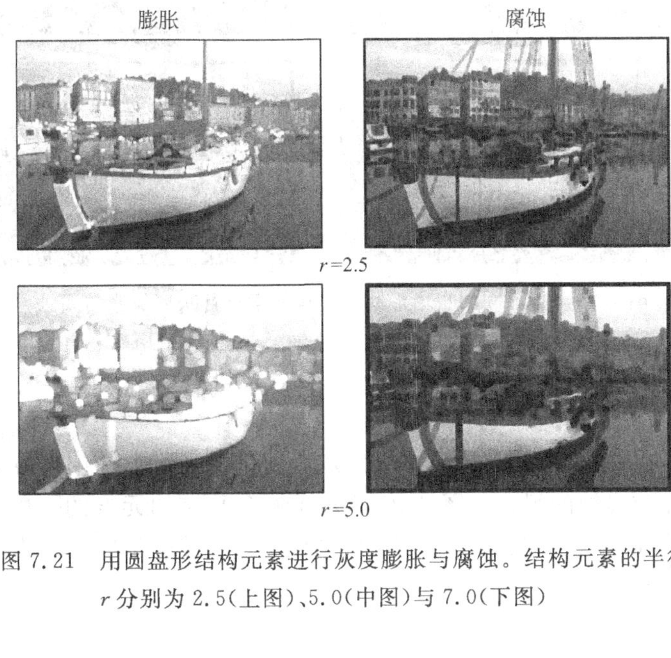

图 7.21　用圆盘形结构元素进行灰度膨胀与腐蚀。结构元素的半径 r 分别为 2.5(上图)、5.0(中图)与 7.0(下图)

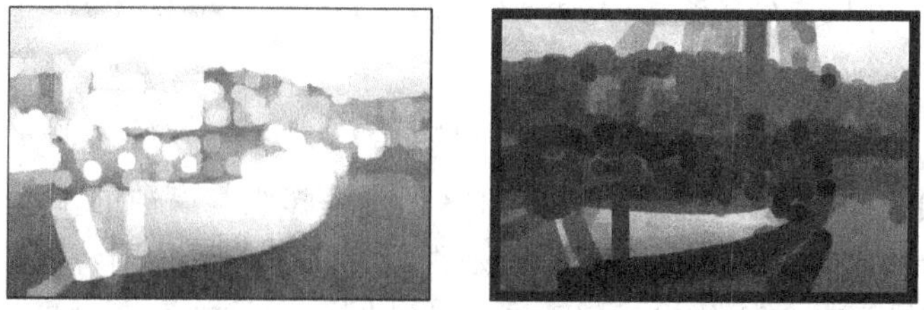

r=10.0

图 7.21 （续）

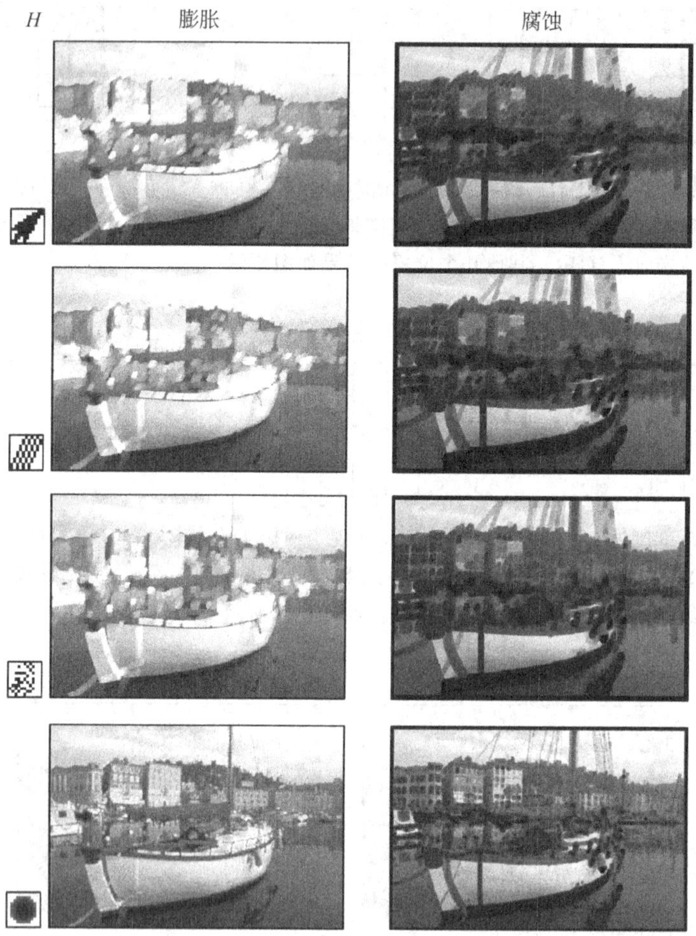

图 7.22 用不同的自由形状的结构元素进行灰度膨胀与腐蚀

7.4.3 灰度开运算与闭运算

与二值情况相同(式(7.20)与式(7.21))，灰度图像的开运算与闭运算定义为用同一个结构元素进行膨胀与腐蚀的组合。图 7.23 给出了圆盘形结构元素的一些示例，图 7.24 是不同的非标准结构元素的示例。注意得到的有趣结果，尤其是像刷子或者其他笔画形状的结构元素形成的结果。

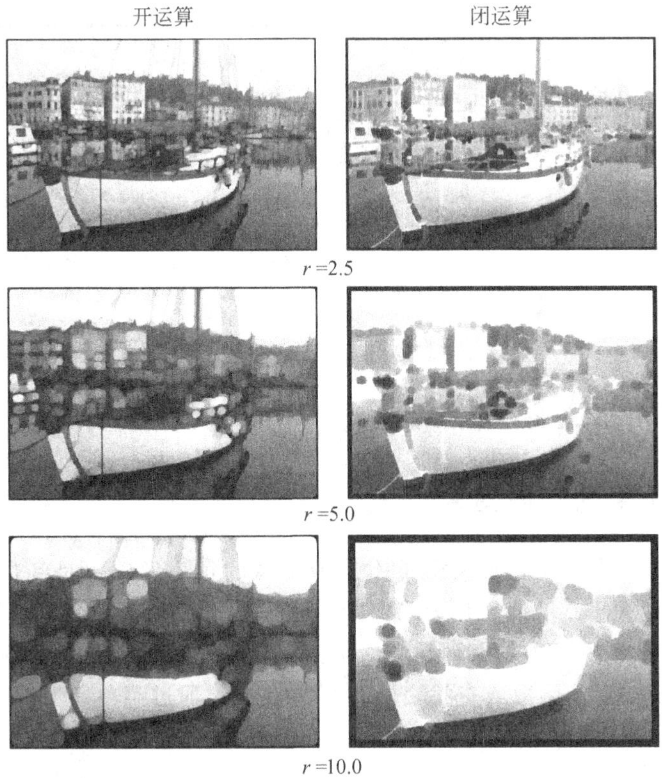

图 7.23　使用圆盘形结构元素的灰度开运算(左侧图)和闭运算(右侧图),结构元素的半径分别为 2.5(上图)、5.0(中图)、10(下图)

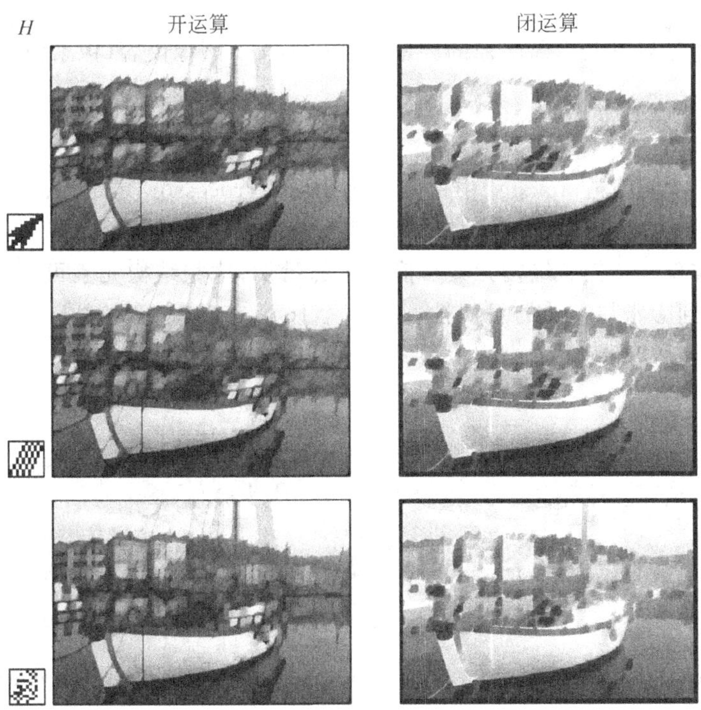

图 7.24　使用各种自由形式结构元素的灰度开运算和闭运算

图 7.24 （续）

7.5 实现形态学滤波器

7.5.1 ImageJ 中的二值图像

在 ImageJ 中，与普通灰度图像相同[1]，二值图像的每个像素也是 8 位。零亮度值被转化为二值的 0，其他大于 0 的值转化为二值的 1。通常，用亮度 0 和 255 来分别表示二值的 0 和 1，这样背景像素为黑色而前景像素默认为白色。如果需要相反的显示（黑色为前景），可以很容易地通过反转显示函数或查找表（LUT）来完成。通过菜单

```
Image→Lookup Tables→Invert LUT
```

或者在 Java 程序中对相应的 ImageProcessor 对象调用 ImageProcessor 方法

```
void invertLut()
```

来实现。这些指令只改变当前图像的屏幕显示而不改变图像内容（像素值）。

7.5.2 膨胀与腐蚀

大多数形态学运算在 ImageJ 中被实现为 ImageProcessor 类（见 7.5.5 节）的方法，但是这些方法只限于 3×3 像素大小的结构元素。

下面描述实现一个任意结构元素二值膨胀的示例，这些结构元素可用于大部分其他形态学运算（考虑到膨胀与腐蚀的对偶性，见式（7.16））。dilate() 的输入是一幅二值图像 I，使用 0 值表示背景，255 表示前景[2]，以及一个原点（热点）在图像中心 0/1 取值的二维结构元素 H。

```
import ij.process.Blitter;
import ij.process.ImageProcessor;
...
void dilate(ImageProcessor I,int[][] H){
```

---

① ImageJ 不提供二值图像的特殊数据形式。类 BinaryProcessor 用字节（8 位）数组存储图像数据，与灰度图像 ByteProcessor 相同。

② 事实上任何像素值大于 0 的像素都被看作是前景像素。

```
5      //假设图像 H 的热点位于其中心位置(ic,jc)
6      int ic=(H[0].length-1)/2;
7      int jc=(H.length-1)/2;
8
9      //新建一幅临时(空)图像
10     ImageProcessor tmp
11         =I.createProcessor(I.getWidth(),I.getHeight());
12
13     for (int j=0; j<H.length; j++){
14         for (int i=0; i<H[j].length; i++){
15             if (H[j][i]>0) {                    //设置像素
16                 //将图像复制到位置(i-ic,j-jc)处
17                 tmp.copyBits(I,i-ic,j-jc,Blitter.MAX);
18             }
19         }
20     }
21     //将临时结果复制回原始图像
22     I.copyBits(np,0,0,Blitter.COPY);
23 }
```

dilate()方法破坏性地修改了输入图像 I。首先(第 10 行),新建一个与 I 大小相同的临时(空)图像 tmp,之后对其修改,并最后替换输入图像。实际的膨胀操作迭代执行,对于结构元素 $H(i,j)>0$ 中的所有位置 (i,j),将原始图像进行偏移后复制到临时图像 tmp 中。这是通过代码第 17 行中 ImageProcessor 的 copyBits()方法以 Blitter. MAX 为运算参数来完成的(参见 4.8.3 节)。如果像素值是二值的,那么,求最大值的运算,对应于中间图像 tmp 与偏移后的输入图像 I 之间像素的逻辑 OR 运算。

膨胀运算是唯一需要具体实现的运算,因为腐蚀运算可以通过对背景的膨胀来实现,即先反转图像,然后做膨胀运算,之后再反转图像(参见算法 7.1):

```
24 void erode(ImageProcessor I,int[][] H) {
25     ip.invert();
26     dilate(ip,reflect(H));
27     ip.invert();
28 }
```

在上述代码中,reflect(H)方法(第 26 行)返回结构元素 H 的镜像副本;invert()函数(第 25、27 行)是定义在类 ImageProcessor 中的标准 ImageJ 方法。

7.5.3　开运算与闭运算

开运算与闭运算可以通过组合使用相同结构元素的膨胀和腐蚀运算来方便地实现。如 7.3 节所述。

```
29 void open(ImageProcessor I,int [][] H) {
30     erode(I,H);
31     dilate(I,H);
32 }
```

```
33 void close(ImageProcessor I,int [][] H) {
34     dilate(I,H);
35     erode(I,H);
36 }
```

7.5.4 Outline 函数

为了实现 7.2.7 节描述的提取边界像素的轮廓操作，使用 3×3 像素的结构元素 H 表征 4 邻域关系。首先创建输入图像(I)的复制(Ie)，用于结构元素为 H 的腐蚀运算(第 43 行)，通过计算原始图像与腐蚀图像的差值可以得到边界像素(使用参数为 Blitter. DIFFERENCE 的标准方法 copyBits())。在二值情况下，用 I 与 Ie 之间的异或(XOR)运算替换，实现了集合的交(见式(7.10))。代码第 44 行的差值运算将结果保存在 I 中，最后得到的图像 I 就包含了前景结构的边界像素。

```
37 void outline(ImageProcessor I) {
38     int [][] H={                                    //4 邻域结构元素
39         {0,1,0},
40         {1,1,1},
41         {0,1,0}};
42     ImageProcessor Ie=I.duplicate();
43     erode(Ie,H);                                    //I'←I⊖H
44     I.copyBits(Ie,0,0,Blitter.DIFFERENCE);          //I←XOR(I,I')
45 }
```

7.5.5 ImageJ 中的形态学运算 ImageProcessor 类

ImageJ 为 ImageProcessor 类定义了处理基本形态学运算的多个方法：

```
void dilate()
void erode()
void open()
void close()
```

所有这些方法都使用 3×3 像素的矩形结构元素(见图 7.11(b))，并且根据图像内容执行二值化或者灰度运算。ColorProcessor 类对每个颜色通道分别处理，使用与处理一般灰度图像或二值图像同样的方法处理 RGB 图像。

BinaryProcessor 类

BinaryProcessor 类(ByteProcessor 类的子类)提供了特殊的形态学运算方法：

```
void outline()
void skeletonize()
```

以上方法只针对二值图像。其中 outline()方法使用 8 邻域结构元素提取边界像素，参见 7.2.7 节。

由 skeletonize()方法实现的运算通常称为“细化”或者“骨架化”，即反复地进行腐蚀运算直至结构的厚度为 1 个像素。这需要根据滤波器区域(典型的是 3×3 像素)内的当前图像内容判断是否进行下一次腐蚀运算。该运算将重复进行直至结果不再发生变化(细节参见[17]或者[24])。ImageJ 中该算法是基于参考文献[14]的高效算法来实现的。图 7.25 演示了一个使用 skeletonize()方法的示例。

(a) 原始图像和局部特写　　(b) “细化” 后的结果

图 7.25　使用 skeletonize()方法进行图像“细化”的示例

方法 outline()和 skeletonize()仅适用于 BinaryProcessor 类型的对象，该对象可以通过现有的 ByteProcessor 对象创建。但是，这其中包含了一个假设：原始图像只包含灰度值为 0 的像素(背景)和灰度值为 255 的像素(前景)。以下示例借助 ImageJ 插件中的 run()方法说明了 outline()的使用方法。

```
public void run(ImageProcessor ip) {
    ByteProcessor byteP
        = (ByteProcessor) ip.convertToByte(true);       //缩放
    BinaryProcessor binP
        =new BinaryProcessor(byteP);
    binP.outline();
    ...
}
```

注意到新的 BinaryProcessor 对象 binP 并不分配任何新的图像数据，而只是引用基类中的图像数据 byteP，因而任何后续对 binP 的修改(通过调用方法 outline())都将同时作用于 byteP。

其他形态学滤波器

除了 ImageJ 中实现的形态学运算，还提供了在线的额外插件和完整的形态学运算函数包[①]，其中包括 Gabriel Landini 的形态学算子和 Dimiter Prodanov 的灰度形态学函数包，这些在线资源允许编程人员以交互方式指定结构元素。

7.6 练习题

7.1 手工计算下面图像 I 使用结构元素 H_1 和 H_2 进行膨胀和腐蚀运算的结果。

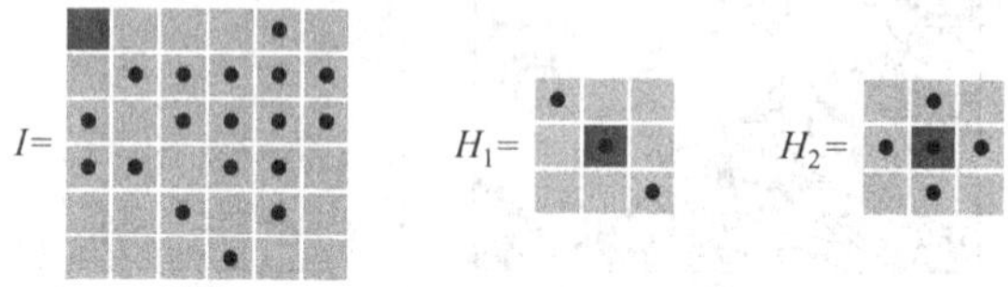

7.2 假设一幅二值图像 I 中含有最大半径为 5 像素的前景噪点，现在需要去除这些噪点，并且保留图像的内容不被破坏。设计一套合适的形态学运算，并在适当的测试图像中验证其效果。

7.3 证明如下结论：在使用题中所示的结构元素进行形态学运算时，用于二值图像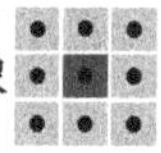和用于灰度图像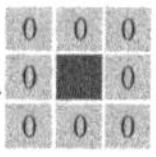，膨胀运算等价于卷积一个 3×3 像素最大化滤波器，而腐蚀等价于卷积一个 3×3 像素最小化滤波器(见 5.4.1 节)。

---

① 参见 http://rsb.info.nih.gov/ij/plugins/。

第 8 章　彩色图像

彩色图像在日常生活中随处可见，并且在日常生活中扮演着很重要的角色，比如电视、摄影、打印等。色觉是一个非常有吸引力并且复杂的现象，数百年来，它吸引了无数科学家、心理学家、哲学家和艺术家的兴趣[38,39]。在本章中，将重点放在颜色的技术层面上，这在与数字彩色图像打交道的过程中是十分重要的。本章的重点是理解各种各样的颜色表示，并且在编程的过程中正确地使用它们。

8.1　RGB 彩色图像

RGB 颜色方案将颜色编码为三基色(红(R)、绿(G)、蓝(B))的混合。这种方案被广泛应用于彩色图像的传输、表示和存储，不仅在诸如电视这样的模拟装置中，而且在数字装置中(比如计算机、数字摄像机和扫描仪)也有广泛应用。基于这个原因，许多图像处理和图形程序都将 RGB 方案作为彩色图像的内部表示，而且很多语言库都将它作为标准的图像表示方案，比如 Java 的图像 API。

RGB 是一个叠加性颜色系统，意思是说所有的颜色起初都是黑色，通过添加基色来形成不同的颜色。可以将这个系统中颜色的形成过程想象为在一间漆黑的屋子里面，将三束光线(一束红光，一束绿光，一束蓝光)投射到一张白纸上。为了得到不同的颜色，需要单独调整每一束光线的强度。每一基色光束的不同强度控制着最终颜色深浅和强度的大小。灰色和白色就是通过将三种基色光束以相同的强度混合在一起得到的。在彩色电视或者基于 CRT① 的计算机显示器的屏幕上，也存在类似的操作。屏幕上相距很近的红、绿、蓝的荧光小点被一束电子同时激活，显示不同的能量级别(亮度)，从而形成了看起来连续的彩色图像。

可以把 RGB 颜色空间想象为一个以三基色为坐标轴的三维单位立方体。RGB 的值是正的，并且处在$[0,C_{\max}]$范围内，对于多数数字图像来说，$C_{\max}=255$。任意一种可能的颜色 C_i 对应于 RGB 颜色立方体中的一个形如 $C_i=(R_i,G_i,B_i)$的点，其中 $0\leqslant R_i,G_i,B_i\leqslant C_{\max}$。

通常把 RGB 的值归一化到区间[0,1]，所以最终的颜色空间形成了一个单位立方体(见图 8.1)。点 $S=(0,0,0)$对应于黑色，点 $W=(1,1,1)$对应于白色，连接 S 和 W 的对角线上所有的点对应于具有不同深浅的灰色，这些颜色由相同大小的颜色分量构成，即 $R=G=B$。

---

① 阴极射线管。

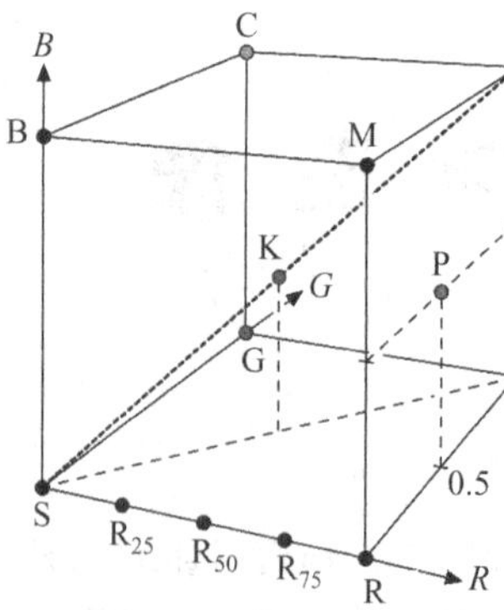

点	颜色	RGB 值 R	G	B
S	黑	0.00	0.00	1.00
R	红	1.00	0.00	1.00
Y	黄	1.00	1.00	1.00
G	绿	0.00	1.00	1.00
C	青	0.00	1.00	1.00
B	蓝	0.00	0.00	1.00
M	品红	1.00	0.00	1.00
W	白	1.00	1.00	1.00
K	50% 灰	0.50	0.50	0.50
R_{75}	75% 红	0.75	0.00	0.00
R_{50}	50% 红	0.50	0.00	0.00
R_{25}	25% 红	0.25	0.00	0.00
P	粉红	1.00	0.50	0.50

图 8.1 将 RGB 颜色空间表示为一个三维的单位立方体。三基色(红(R)、绿(G)、蓝(B))构成了坐标系。其中纯色(包括红色(R)、绿色(G)、蓝色(B)、青色(C)、品红(M)和黄色(Y))位于颜色立方体的顶点上。不同深浅的灰色(比如 K)位于代表黑色的点 S 和代表白色的点 W 之间的对角线上

图 8.2 显示的是一幅彩色测试图像和相应的 RGB 颜色分量,在这里以灰度图像显示。在这一章接下来的很多示例中都会应用到这幅图像。

R *G* *B*

图 8.2 一幅彩色图像和它相应的 RGB 通道。图中所绘的水果主要是黄色和红色,因此,在 R 通道和 G 通道有较大的值。除了苹果上那些颜色逐渐变白的高亮区域外,在很多区域中,B 通道的值都相对较低(这里用较暗的灰色来表示)。前景中的桌面是紫色的,因此,其 B 通道显示了相对较高的值

RGB 是一个非常简单的颜色系统,正如 8.2 节所表明的,只需要具有它的一些基本知识,就足以进行彩色图像处理,或把它们转换到其他的颜色空间中去。在这个颜色空间中,无法确定一个 RGB 像素对应于现实世界中的哪一种颜色,甚至没法弄清楚红、绿、蓝这三基

色明确的物理意义是什么。

8.1.1 彩色图像的组织结构

彩色图像和灰度图像的表示方法是一样的，都是通过一系列像素来表达的，只是用来表达各自颜色分量顺序的模型不同而已。在接下来的章节中，会比较真彩色图像和所谓的调色板图像或者称为索引图像之间的不同，其中真彩色图像使用的是均匀地选自整个颜色空间的颜色，而索引图像仅仅使用一个有着明显差异的颜色集合。到底应该选取哪一种图像取决于应用中的要求。

真彩色图像

真彩色图像中的一个像素，只要落在了各个颜色分量（离散）的范围之内就可以表示它所在颜色空间中的任意一种颜色。当图像包含很多具有轻微差别的颜色时，比如在数字摄影和真实感计算机图形学中，真彩色图像是非常合适的。接下来讨论真彩色图像中对各颜色分量进行排列的方法：分量排列和打包排列。

1. 分量排列

在分量排列（也称为平面排列）中，各颜色分量被分配到相同大小的不同数组中。这时，彩色图像可以认为是一组相关的强度图像 I_R、I_G 和 I_B（见图 8.3），

$$I = (I_R, I_G, I_B)$$

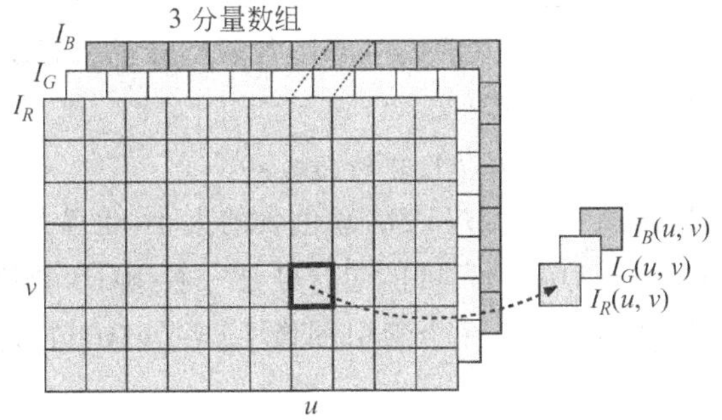

图 8.3　分量排列下的 RGB 彩色图像。三个颜色分量被分配在具有相同大小的不同数组 I_R、I_G 和 I_B 中

彩色图像 I 在点 (u,v) 处的 RGB 分量值可以通过如下方式访问所有的三个强度图像得到：

$$\begin{pmatrix} R_{u,v} \\ G_{u,v} \\ B_{u,v} \end{pmatrix} \leftarrow \begin{pmatrix} I_R(u,v) \\ I_G(u,v) \\ I_B(u,v) \end{pmatrix} \tag{8.1}$$

2. 打包排列

在打包排列中，表示某个特定像素颜色的分量值被打包放在表示该图像数组的单个元素中（见图 8.4），所以

$$I(u,v) = (R_{u,v}, G_{u,v}, B_{u,v})$$

一个打包图像 I 在点 (u,v) 处的 RGB 值可以通过如下方式分别访问颜色的各分量

得到：

$$\begin{pmatrix} R_{u,v} \\ G_{u,v} \\ B_{u,v} \end{pmatrix} \leftarrow \begin{pmatrix} \mathrm{Red}(I(u,v)) \\ \mathrm{Green}(I(u,v)) \\ \mathrm{Blue}(I(u,v)) \end{pmatrix} \tag{8.2}$$

访问函数 Red()、Green()和 Blue()取决于对彩色像素进行编码的具体实现。

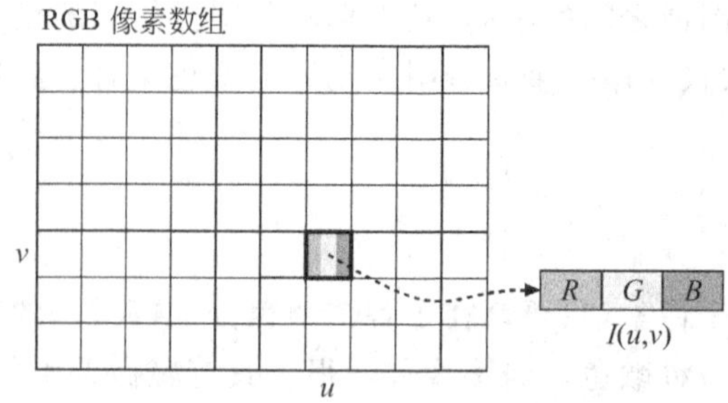

图 8.4 打包排列下的 RGB 彩色图像。三个颜色分量 R、G 和 B 一起被放在单个数组元素中

索引图像

索引图像只包含十分有限的几种不同颜色，因此，多数情况下用于那些包含大块相同颜色区域的图表或图形中。通常，这种类型的图片是以索引 GIF 或者 PNG 文件的形式应用于网络环境中。在这些索引图像中，像素数组不包含表示颜色或亮度的数据，而是包含一个用来索引颜色表或者"调色板"的整数 k。

$$P(k) = (r_k, g_k, b_k)$$

其中 $k=0,\cdots,N-1$（见图 8.5）。N 表示颜色表的大小，也就是图像中不同颜色数目的最大值（通常 $N=2\sim256$）。因为颜色表可能包含任意一种 RGB 颜色(r_k, g_k, b_k)，所以颜色表必须作为图像的一部分保存起来。一个索引图像 I_{idx} 在(u,v)位置处 RGB 各分量的值按下式确定：

$$\begin{pmatrix} R \\ G \\ B \end{pmatrix} \leftarrow \begin{pmatrix} P_R(k) \\ P_G(k) \\ P_B(k) \end{pmatrix} = \begin{pmatrix} r_k \\ g_k \\ b_k \end{pmatrix} \quad \text{其中 } k = I_{\mathrm{idx}}(u,v) \tag{8.3}$$

在从真彩色图像到索引图像的转换（比如从一幅 JPEG 格式图像到 GIF 格式图像的转换）过程中，最优化颜色缩减问题，也就是颜色量化的问题就会凸显出来。颜色量化就是确定一个最优颜色表，并将其与初始颜色对应起来的过程。我们将在颜色量化章节（8.5 节）中进行详细的阐述。

8.1.2 ImageJ 中的彩色图像

ImageJ 提供了两种简单的彩色图像：

- RGB 全色图像（24 位 RGB 颜色）。
- 索引图像（8 位颜色）。

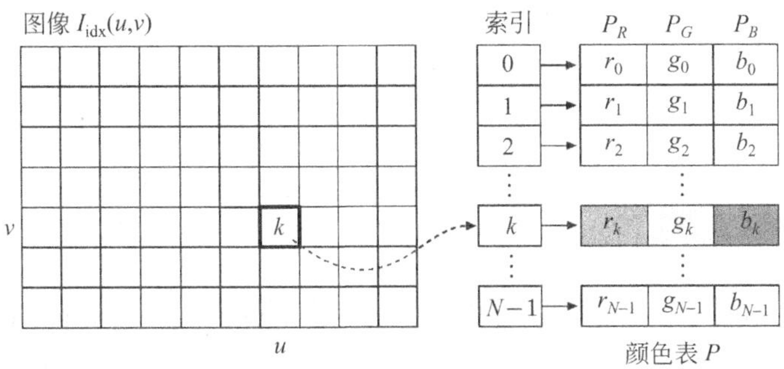

图 8.5 RGB 索引图像。在 $I_{idx}(u,v)$ 中的像素不再包括全颜色值，而是包含一个索引 k。对应于每一个 k 的颜色值由颜色表或者调色板 $P[k]$ 相应的入口来确定

RGB 真彩图像

ImageJ 下的 RGB 彩色图像应用的是打包排序(见 8.1.1 节)，每一个颜色像素由一个 32 位的整型值来表示。如图 8.6 所示，RGB 每个分量分别用 8 位表示，每个分量的范围是 0～255。剩下的 8 位用来表示透明度①，即 alpha(α)分量。这也是 Java② 中 RGB 彩色图像通常的表示方法。

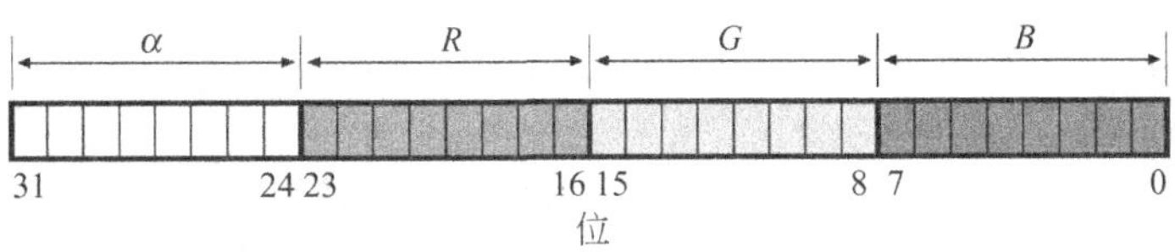

图 8.6 Java 中 RGB 颜色像素的组成。对于 32 位整型数，以 8 位为一个单位按下列顺序进行排列：R、G、B 各分量值和透明度 α 值(ImageJ 下未使用)

1. 访问 RGB 像素值

RGB 彩色图像由一系列像素来表示，像素用标准的 Java 整型数表示。为了从打包的整型值中分解出三个分量值，需要应用适当的移位和掩码操作。在下面示例中，假设图像处理器 ip 包含一幅 RGB 彩色图像：

```
int c=ip.getPixel(u,v);              //彩色像素
int r=(c & 0xff0000)>>16;            //红色通道值
int g=(c & 0x00ff00)>>8;             //绿色通道值
int b=(c & 0x0000ff);                //蓝色通道值
```

在这个示例中，打包像素 c 中的每一个 RGB 分量通过位与操作(&)和一个合适的位掩码(下面规定：位掩码以十六进制③的形式给出)分离出来，然后对提取出来的二进制位进行

① 透明度值 α 表示的是我们透过彩色像素看清背景的程度。这里，在 ImageJ 中不使用 α 通道。

② Java 高级窗口工具包(AWT)。

③ 掩码 oxff0000 是整型数，表示的是 32 位二进制数 00000000111111110000000000000000。

右移 16 位(对于 R)或者 8 位(对于 G)(见图 8.7)。

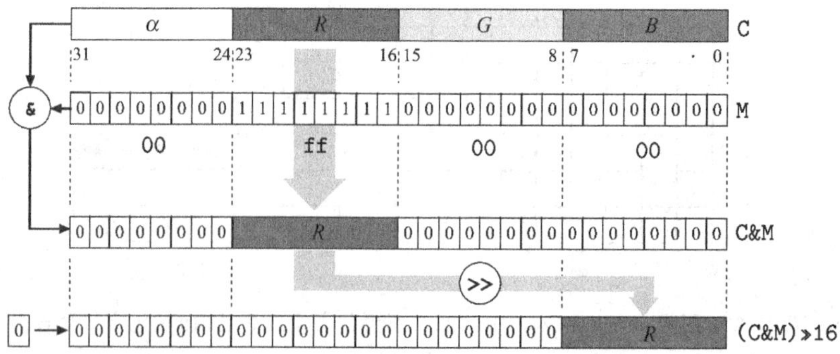

图 8.7 通过位操作对 RGB 彩色图像进行分解。RGB 像素 C(见上方)的 R 分量(第 16～23 位)通过位与操作(&)和位掩码 M=0xff0000 进行分离。除了 R 分量之外的位全部被置为 0,表示 R 分量的位保持不变。之后将二进制表示的结果右移(>>)16 位,这样 R 分量就被移到低 8 位上,其值的范围是 0～255。在移位的过程中,左边位进行补零操作

由 R、G、B 分量值构建 RGB 像素是按相反的方向进行的,应用位或操作(|)和左移操作(<<):

```
int r=169;                                  //红色通道值
int g=212;                                  //绿色通道值
int b=17;                                   //蓝色通道值
int c=((r & 0xff)<<16)|((g & 0xff)<<8)|b & 0xff;
ip.putPixel(u,v,c);
```

在这里用 0xff 作为掩码是可行的,因为除了 0～7 位(0～255 之间的值)之外,其他位都已经被置为 0。一个完整的利用位操作对 RGB 彩色图像进行操作的示例参见程序 8.1。相比应用 ImageJ 的访问函数访问颜色像素,这些程序直接访问像素数组,以提高效率(亦可参见 B.1.3 节)。

ImageJ 类 ColorProcessor 提供了一种简单易用的方法来返回 RGB 各分量(以包含三个元素的整型数组的形式)。下面的示例表明了它的实现,其中 ip 具有 ColorProcessor 类型:

```
int[] RGB=new int[3];
...
RGB=ip.getPixel(u,v,RGB);
int r=RGB [0];
int g=RGB [1];
int b=RGB [2];
...
ip.putPixel(u,v,RGB);
```

程序 8.1 针对 RGB 彩色图像应用位操作(ImageJ 插件,变体 1)。这个插件将三个颜

色通道的值提高了 10 个单位。这段程序展示了如何访问像素数组(第 17 行)、如何通过位操作将颜色分量分离出来(第 19～21 行)以及对各颜色分量进行修饰之后如何重新组成一个颜色像素(第 27 行)。在接口 PlugInFilter 中定义的、由方法 setup()返回的 DOES_RGB 值表明这个插件是专为 RGB 格式的真彩图形设计的(第 10 行)

```
1  //文件 Brighten_Rgb_1.java
2
3  import ij.ImagePlus;
4  import ij.plugin.filter.PlugInFilter;
5  import ij.process.ImageProcessor;
6
7  public class Brighten_Rgb_1 implements PlugInFilter {
8
9      public int setup(String arg,ImagePlus imp) {
10         return DOES_RGB;                //这个插件工作于 RGB 图像下
11     }
12
13     public void run(ImageProcessor ip) {
14         int[] pixels=(int[]) ip.getPixels();
15
16         for (int i=0;i<pixels.length;i++) {
17             int c=pixels\;
18             //将彩色像素分解为 RGB 分量
19             int r=(c & 0xff0000)>>16;
20             int g=(c & 0x00ff00)>>8;
21             int b=(c & 0x0000ff);
22             //对颜色进行修饰
23             r=r+10;if (r>255) r=255;
24             g=g+10;if (g>255) g=255;
25             b=b+10;if (b>255) b=255;
26             //重组彩色像素并插入到像素数组中
27             pixels[i]
28                 =((r & 0xff)<<16)|((g & 0xff)<<8)|b & 0xff;
29         }
30     }
31
32 }                                    //类 Brighten_Rgb_1 结束
```

程序 8.2 中的简单插件展示了一个更加详细和全面的示例。在这个示例中一幅 RGB 图像的三个通道的值分别被提高了 10 个单位。可以看出,插件将最终的分量值限定在 255 以下,因为方法 putPixcel()只用每个分量的低 8 位,不会去测试传过来的值是否超出了 0～255 这个范围。没有这项测试,就可能发生算术溢出。相比于直接访问数组,应用这种访问方法的代价是运行时间的明显延长(运行时间几乎是程序 8.1 中的 4 倍)。

程序 8.2　不使用位操作对 RGB 彩色图像进行操作(ImageJ 插件,变体 2)。这个插件通过类 ColorProcessor 中的访问方法 getPixel(int,int,int[])和 putPixel(int,int,int[])将三通道的值提高了 10 个单位(第 22 和 26 行)。由于该方法的调用,运行时间大约是程序 8.1 中的 4 倍

```
1  //文件 Brighten_Rgb_2.java
2
3  import ij.ImagePlus;
4  import ij.plugin.filter.PlugInFilter;
5  import ij.process.ColorProcessor;
6  import ij.process.ImageProcessor;
7
8  public class Brighten_Rgb_2 implements PlugInFilter {
9      static final int R=0,G=1,B=2;                   //各分量索引
10
11     public int setup(String arg,ImagePlus imp) {
12         return DOES_RGB;                            //这个插件工作于 RGB 图像下
13     }
14
15     public void run(ImageProcessor ip) {
16         //确保图像是 ColorProcessor 类型
17         ColorProcessor cp= (ColorProcessor) ip;
18         int[] RGB=new int[3];
19
20         for (int v=0;v<cp.getHeight();v++) {
21             for (int u=0;u<cp.getWidth();u++) {
22                 cp.getPixel(u,v,RGB);
23                 RGB[R]=Math.min(RGB[R]+10,255); //各通道值加 10 并
24                 RGB[G]=Math.min(RGB[G]+10,255); //限制在 255 以内
25                 RGB[B]=Math.min(RGB[B]+10,255);
26                 cp.putPixel(u,v,RGB);
27             }
28         }
29     }
30
31 }                                                   //类 Brighten_Rgb_2 结束
```

2. 打开、保存 RGB 图像

ImageJ 支持以下类型的 RGB 真彩色图像格式。

- TIFF(未压缩): 3×8 位的 RGB。一幅 16 位深的 TIFF 彩色图像被当作包含三幅 16 位灰度图像的图像栈来打开。
- BMP、JPEG: 3×8 位的 RGB。
- PNG(只读): 3×8 位的 RGB。
- RAW: 通过 ImageJ 的菜单 File→Import→RAW,将 ImageJ 不直接支持的格式图像打开为 RGB 图像。之后可以选择颜色分量不同的组织方式。

3. 创建 RGB 图像

通过 ImageJ 创建一幅新的 RGB 图像的最简单方法是用类 ColorProcessor 的一个实例，如下例所示：

```
1 int w=640,h=480;
2 ColorProcessor cip=new ColorProcessor(w,h);
3 ImagePlus cimg=new ImagePlus("My New Color Image",cip);
4 cimg.show();
```

如果需要，彩色图像可以通过创建类 ImagePlus 的一个实例（第 3 行）然后调用方法 show()来显示。由于 cip 是 ColorProcessor 类型，最终 ImagePlus 的对象 cimg 也是一幅彩色图像。以下程序段演示如何验证 cimg 是否是彩色图像：

```
5 if (cimg.getType()==ImagePlus.COLOR_RGB) {
6     int b=cimg.getBitDepth();        //b=24
7     IJ.write("this is an RGB color image with "+b+" bits");
8 }
```

索引彩色图像

ImageJ 下的索引图像的结构已经在图 8.5 中给出，其中索引数组的每一个元素用 8 位二进制数表示，最多可以代表 256 种不同的颜色。在编程时，索引图像和灰度图像很相似，都是通过颜色表来确定像素的具体颜色。像素图像和灰度图像唯一的不同是颜色表中的内容不是灰度值，而是 RGB 值。

1. 打开和保存索引图像

ImageJ 支持以下格式的索引图像：

- GIF：1～8 位的索引值（表示 2～256 种颜色），3×8 位的颜色值。
- PNG（只读）：1～8 位的索引值（表示 2～256 种颜色），3×8 位的颜色值。
- BMP、TIFF（未压缩）：1～8 位的索引值（表示 2～256 种颜色），3×8 位的颜色值。

2. 应用索引图像

索引格式通常用来节省存储空间，而不直接用作处理格式，因为像素数组中的索引值和它所表示的颜色表中的真实颜色值之间的关系是随意的。在应用索引图像的过程中，赋予像素值任何数字化的解释或者将为 8 位灰度图像设计的滤波操作应用于索引图像，都是没有任何意义的。图 8.8 展示了对索引图像的像素应用高斯滤波和中值滤波的结果。因为在实际的颜色值和索引值之间没有合理的数量关系，因此结果是无意义的。注意到即使是中值滤波也是不可以接受的，这是因为在索引值之间也不存在顺序关系。因此，除了一些特例外，ImageJ 的函数是不允许这种操作应用于索引图像的。一般在处理一幅索引图像时，首先将其转换为真彩 RGB 图像，处理完之后再将其转换为索引图像。

当一个 ImageJ 插件要处理索引图像时，其 setup()方法会返回标志位 DOES_8C（“8 位彩色”）。程序 8.3 中的插件向我们展示了如何将一幅索引图像的三个分量值提高 10 个单位（与程序 8.1 和程序 8.2 中处理 RGB 图像类似）。注意，在索引图像中只是调色板做了修改，原始

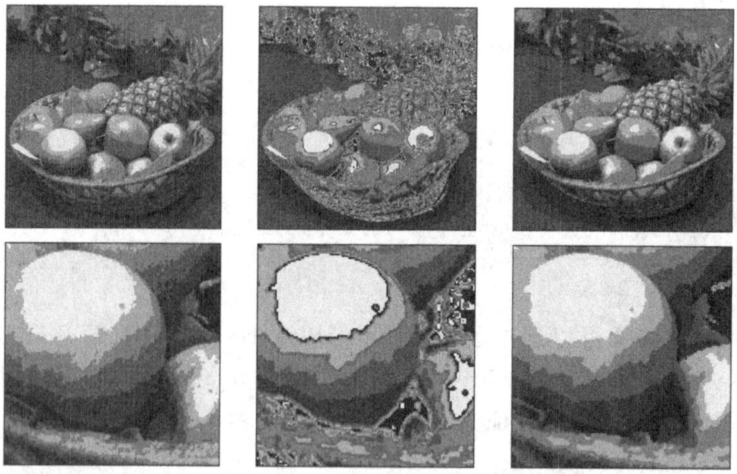

(a) (b) (c)

图 8.8 平滑滤波器在索引彩色图像上的不恰当应用。16 色索引图像(a)以及对其应用线性平滑滤波的结果(b)和对其像素值(即索引值)应用 3×3 中值滤波的结果(c)。当然，线性滤波的应用是没有任何意义的，因为像素数组中的索引值和实际的图像亮度之间是没有任何关系的。但是中值滤波的结果(c)在这种情况下好像是合理的，不过它的应用同样是不可以接受的，因为在索引值之间是没有合适的顺序关系的

的像素数据(即索引值)是不变的。可以通过 ColorModel[1] 对象来访问 ImageProcessor 的颜色表：通过方法 getColorModel()读取数据，通过方法 setColorModel()进行修改。

程序 8.3 应用索引图像(ImageJ 的插件)。这个插件通过修改调色板将图像的亮度提高 10 个单位。用来对调色板进行索引的像素数组中的实际值没有改变

```
//文件 Brighten_Index_Image.java

import ij.ImagePlus;
import ij.WindowManager;
import ij.plugin.filter.PlugInFilter;
import ij.process.ImageProcessor;
import java.awt.image.IndexColorModel;

public class Brighten_Index_Image implements PlugInFilter {

    public int setup(String arg,ImagePlus imp) {
        return DOES_8C;            //这个插件工作在索引彩色图像下
    }

    public void run(ImageProcessor ip) {
        IndexColorModel icm=
```

① 在标准 Java 类 java.awt.image.ColorModel 中进行定义。

```
17         (IndexColorModel) ip.getColorModel();
18         int pixBits=icm.getPixelSize();
19         int mapSize=icm.getMapSize();
20
21         //从当前的查找(映射)表中检索出 R、G、B 各通道值
22         byte[] Rmap=new byte[mapSize];icm.getReds(Rmap);
23         byte[] Gmap=new byte[mapSize];icm.getGreens(Gmap);
24         byte[] Bmap=new byte[mapSize];icm.getBlues(Bmap);
25
26         //修改查找表
27         for (int idx=0;idx<mapSize;idx++){
28             int r=0xff & Rmap[idx];//作为无符号字节对待的掩码
29             int g=0xff & Gmap[idx];
30             int b=0xff & Bmap[idx];
31             Rmap[idx]=(byte) Math.min(r+10,255);
32             Gmap[idx]=(byte) Math.min(g+10,255);
33             Bmap[idx]=(byte) Math.min(b+10,255);
34         }
35
36         //创建一个新的颜色模型应用到这幅图像上
37         IndexColorModel icm2=
38             new IndexColorModel(pixBits,mapSize,Rmap,Gmap,Bmap);
39         ip.setColorModel(icm2);
40
41         //更新结果图像
42         WindowManager.getCurrentImage().updateAndDraw();
43     }
44
45 }    //类 Brighten_index_Image 结束
```

应用于索引图像的 ColorModel()对象(也适用于 8 位灰度图像)是 IndexColorModel()的一个子类型,包含三个颜色表(图),以分离的字节数组形式代表红、绿、蓝三个分量。这些表的大小(2～256)可以通过调用方法 getMapSize()得到。注意,调色板的元素应该理解为无符号的字节,取值范围是 0～255。就像处理灰度像素值一样,在转为 int 型值之前,这些颜色分量值也必须通过 0xff 进行掩码操作,如程序 8.3(第 28～30 行)所示。

程序 8.4 给出了一个更深一层的示例,展示了如何将索引图像转换为具有 ColorProcessor 类型的真彩 RGB 图像。该方向的转换不存在任何问题,因为一特定像素的 RGB 分量值是按照式(8.3)的描述,直接来自于相应的颜色表入口。但是,反方向的转换则需要对 RGB 颜色空间进行量化,并且这个规则是十分困难和复杂的。在实际应用中,多是借用已经存在的转换方法,比如那些在 ImageJ 下可以得到的方法。

程序 8.4　将索引图像转换为真彩 RGB 图像(ImageJ 插件)

```
//文件 Index_To_Rgb.java

```

```
import ij.ImagePlus;
import ij.plugin.filter.PlugInFilter;
import ij.process.ColorProcessor;
import ij.process.ImageProcessor;
import java.awt.image.IndexColorModel;

public class Index_To_Rgb implements PlugInFilter {
    static final int R=0,G=1,B=2;

    public int setup(String arg,ImagePlus imp) {
        return DOES_8C+NO_CHANGES;              //不改变原图像
    }

    public void run(ImageProcessor ip) {
        int w=ip.getWidth();
        int h=ip.getHeight();

        //从颜色表(调色板)中检索出 R、G、B
        IndexColorModel icm=
         (IndexColorModel) ip.getColorModel();
        int mapSize=icm.getMapSize();
        byte[] Rmap=new byte[mapSize];icm.getReds(Rmap);
        byte[] Gmap=new byte[mapSize];icm.getGreens(Gmap);
        byte[] Bmap=new byte[mapSize];icm.getBlues(Bmap);

        //创建新的 24 位 RGB 图像
        ColorProcessor cp=new ColorProcessor(w,h);
        int[] RGB=new int[3];
        for (int v=0;v<h;v++) {
            for (int u=0;u<w;u++) {
                int idx=ip.getPixel(u,v);
                RGB[R]=Rmap[idx];
                RGB[G]=Gmap[idx];
                RGB[B]=Bmap[idx];
                cp.set(u,v,RGB);
            }
        }
        ImagePlus cimg=new ImagePlus("RGB Image",cp);
        cimg.show();
    }

}                                           //类 Index_To_Rgb 结束
```

3. 创建索引图像

在ImageJ中没有专门用于创建索引图像的方法，所以，在几乎所有情况下，索引图像是通过已有图像转换而来的。下面方法展示了必要时如何直接创建一幅索引图像：

```
ByteProcessor makeIndexColorImage(int w,int h,int nColors) {
    //分配红、绿、蓝颜色表
    byte[] Rmap=new byte[nColors];
    byte[] Gmap=new byte[nColors];
    byte[] Bmap=new byte[nColors];
    //颜色图在这里填充
    byte[] pixels=new byte[w*h];
    //像素数组(颜色索引)在这里填充
    IndexColorModel cm
        =new IndexColorModel(8,nColors,Rmap,Gmap,Bmap);
    return new ByteProcessor(w,h,pixels,cm);
}
```

参数nColors定义了颜色的数目(因此也定义了调色板的大小)，其值必须在2～256之间。为了应用上面的模板，必须为RGB分量(Rmap，Gmap，Bmap)填充三个byte数组(即Rmap、Gmap和Bmap)，为索引数组(像素)填充合适的值。

4. 透明度

透明度是索引图像经常被用作网络图像的一个重要原因。在索引图像中，我们可以通过定义一个索引值使图像以透明的方式显示，使得在图像的选定位置处，图像后面的背景图像可以被显示出来。Java中，这一点在创建图像的颜色模型(IndexColorModel)时是可以控制的。作为一个示例，为了将程序8.3中的颜色索引2设为透明，第37～39行代码需要按如下修改：

```
int tIdx=2;                       //透明颜色索引
IndexColorModel icm2=new
  IndexColorModel(pixBits,mapSize,Rmap,Gmap,Bmap,tIdx);
ip.setColorModel(icm2);
```

然而，ImageJ不支持透明特性，因而在显示时不会考虑透明度信息，在图像保存时这些信息会被丢弃。

ImageJ中的彩色图像转换

在ImageJ中，具有ImagePlus类型的不同种类彩色和灰度图像对象和具有ImageProcessor类型的处理对象之间的转换是可行的。

1. 转换ImageProcessor类型的图像

在ImageJ中，ImageProcessor类型的对象可以通过表8.1中列出的方法进行转换。如果原始图像不是目标类型，每一种方法将返回一个新的ImageProcessor对象。如果原始图像就是目标类型，则只是返回原始图像处理器的一个引用，即不进行复制和修改。下面示例展示了从任意一种图像类型到RGB彩色图像的转换。

```
ByteProcessor ip1;
...
ImageProcessor ip2=ip1.convertToRGB();
//现在 ip2 具有 ColorProcessor 类型,ip1 没有被修改
...
```

在这种情况下,创建了一个具有 ColorProcessor 类型的新对象(ip2),而原始对象(ip1)保持不变。

表 8.1 ImageProcessor 类型图像的转换方法。在前两种方法中,如果 doScaling 为真,像素值会按比例自动以新图像的最大范围为标准进行调整

ImageProcessor convertToByte(boolean doScaling)
　　转换为一个 8 位灰度图像(ByteProcessor)
ImageProcessor convertToShort(boolean doScaling)
　　转换为一个 16 位灰度图像(ShortProcessor)
ImageProcessor convertToFloat()
　　转换为一个 32 位浮点图像(FloatProcessor)
ImageProcessor convertToRGB()
　　转换为一个 32 位的 RGB 彩色图像(ColorProcessor)

2. 转换 ImagePlus 类型的图像

ImageJ 下 ImagePlus 类型的图像对象可以通过 ImageJ 的类 ImageConverter 中的方法进行转换,如表 8.2 中的总结。下面程序展示了转换成 RGB 彩色图像的过程。

```
import ij.process.ImageConverter;
...
ImagePlus ipl;
...
ImageConverter ic=new ImageConverter(ipl);
ic.convertToRGB();
//ipl 现在是一幅 RGB 图像了
```

注意,方法 ConverToRGB()不返回一幅新的图像,而是在原来的 ImagePlus 对象 ipl 上进行修改。

表 8.2 ImageJ 下类 ImageConverter 中转换 ImagePlus 对象的方法。注意:这些方法并不创建新的图像,而是在原始的 ImagePlus 对象 ip1 的基础上进行修改,以将 ImageConverter 实例化

ImageConverter(ImagePlus ipl)
　　将图像 ipl 实例化为一幅 ImageConverter 对象
Void ConvertToGray8()
　　将 ipl 转换为一幅 8 位灰度图像
Void ConvertToGray16()
　　将 ipl 转换为一幅 16 位灰度图像
Void ConvertToGray32()
　　将 ipl 转换为一幅 32 位灰度图像(浮点)

续表

Void ConvertToRGB() 　　将 ipl 转换为一幅 RGB 彩色图像
Void ConvertRGBToIndexedColor(int nColors) 　　将 RGB 真彩色图像 ipl 转换为一幅 8 位索引值、nColors 中颜色的索引图像(执行了颜色量化)
Void ConvertToHSB() 　　将 ipl 转换为一幅使用 HSB 颜色空间(参见 8.2.3 节)的彩色图像
Void ConvertHSBToRGB() 　　将一幅 HSB 彩色空间图像 ipl 转换为一幅 RGB 彩色图像

8.2 颜色空间与颜色转换

RGB 颜色系统很适用于编程,因为它操作简单,并且与常用的显示硬件直接对应。在 RGB 空间中对颜色进行修改时,记住一点是很重要的:在颜色空间中的度量或者测量距离,与人类对颜色的感知是不成比例的(比如,将红色分量的值加倍,并不意味着颜色看起来比原来红两倍)。一般情况下,在这个空间中,对不同的颜色点进行相同数量的修改会导致截然不同的结果。另外,在 RGB 空间中的亮度变化在感知上也是非线性的。

因为坐标的任何移动都会立即改变颜色的色调、饱和度和亮度,因此,在 RGB 空间进行颜色选择是困难的并且不够直观。然而,在诸如 HSV(参见 8.2.3 节)颜色空间中进行颜色选择则是相当直观的,因为感知上的颜色特征(比如饱和度)是分开表示的,并且可以单独进行修改。除了 RGB 颜色空间外,其他的颜色空间也会在下述一些场合得到应用:彩色背景的自动目标分离(电视中的蓝箱技术)、传输中的电视信号编码或者印刷,因此其他颜色空间与数字图像处理也是相关的。

图 8.9 展示了一幅自然图像在三个不同颜色空间中的颜色分布情况。本小节的前半部分主要介绍这些颜色系统以及在它们之间进行相互转换所用到的方法,之后再讨论如何将一幅彩色图像正确地转换为灰度图像。除了在编程中应用最为广泛的典型颜色系统外,精确参考系统(比如 CIEXYZ 颜色空间)在实际的颜色处理中也受到越来越多的关注。

8.2.1 转换为灰度图像

将一幅 RGB 彩色图像转换为灰度图像,是通过计算每一个 RGB 像素的等效灰度或者亮度值 Y 来进行的。在最简单的情况下,Y 可以取为 R、G、B 三分量的平均值:

$$Y = \mathrm{Avg}(R,G,B) = \frac{R+G+B}{3} \tag{8.4}$$

实际上,由于红色和黄色看上去比蓝色亮,这就会导致图像的红、黄区域比较暗,而蓝色区域比较亮。因此,我们应用颜色分量的加权和来计算等效的亮度值。

$$Y = \mathrm{Lum}(R,G,B) = w_R \cdot R + w_G \cdot G + w_B \cdot B \tag{8.5}$$

常用的权值源自模拟彩色信号编码(参见 8.2.4 节):

$$w_R = 0.299,\quad w_G = 0.587,\quad w_B = 0.114 \tag{8.6}$$

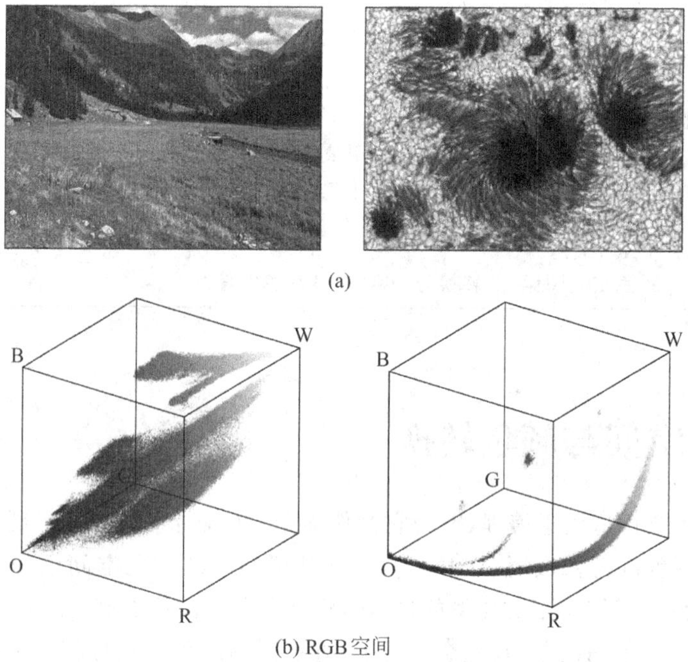

图 8.9 一幅自然图像在三个不同的颜色空间中的颜色分布示例。原始图像：以绿色和蓝色为主的风景照片和有着丰富的红色和黄色成分的太阳斑点(a)。在 RGB 颜色空间中的颜色分布(b)

ITU-BT.709[20]推荐使用的数字彩色编码权值如下：

$$w_R = 0.2125,\quad w_G = 0.7154,\quad w_B = 0.072 \tag{8.7}$$

式(8.4)所描述的每一个颜色分量取相同的权值，这只是式(8.5)的一个特例。

注意，尽管这些权值是通过电视信号发展起来的，但是它们仅仅对线性 RGB 分量值是最优的，即不包含 γ 校正的信号。然而，在很多场合下，RGB 分量值实际上是非线性的，尤其对于 sRGB 图像。在这种情况下，为了应用上面的权值得到正确的亮度值，首先必须对 RGB 分量进行线性化。一个可选方案就是不通过线性化来对灰度值进行估计，这需要应用一个不同的权值集合来对非线性分量进行加权求和。

在一些颜色系统中，并不是使用 RGB 颜色分量的加权和来计算亮度值，而是通过一个非线性亮度函数来计算亮度值 Y，比如 HSV 空间中的 V 值(参见 8.2.3 节的式(8.11))和 HLS 空间中的灰度值 L(式(8.21))。

无色调(灰色)彩色图像

当每一个像素 $I(u,v)=(R,G,B)$ 的 RGB 分量值相等时，这幅 RGB 图像是无色调的，或者说是灰色的。也就是说，

$$R = G = B$$

因此，为了彻底地清除 RGB 图像上的色彩，只须简单地将每一个像素的 R、G、B 值换成等效的灰度值 Y，比如用式(8.5)给出的 $Y=\mathrm{Lum}(R,G,B)$。

$$I_g(u,v) \leftarrow \begin{pmatrix} R_g \\ G_g \\ B_g \end{pmatrix} = \begin{pmatrix} Y \\ Y \\ Y \end{pmatrix} \tag{8.8}$$

最终的灰度图像应该与最初的彩色图像主观上有相同的亮度。

ImageJ 中灰度图像的转换

在 ImageJ 中，将(ColorProcessor 类型的)RGB 彩色图像转换成 8 位灰度图像的最简单方法是使用如下方法

```
convertToByte(Boolean doSaling)
```

该方法返回一幅新的 ByteProcessor 类型的图像(参见表 8.1 和 8.1 节的示例)。针对 RGB 分量，ImageJ 使用默认的权值(见式(8.4))，在 Edit→Options→Conversions 对话框中的 Weighted RGB Conversions 选项被选中的情况下，$w_R=0.299$，$w_G=0.587$，$w_B=0.114$（见式(8.6)）。我们可以通过 ColorProcessor 的下面静态方法为以后的转换操作定义任意的权值(w_r，w_g，w_b)。

```
setWeightingFactors(double wr,double wg,double wb)
```

类似地，静态方法 ColorProcessor.getWeightingFactors()可以将当前权值变为三元素的 double 数组。注意到这里没有对颜色分量进行线性化，而这在(非线性)sRGB 图像中是应该考虑的。

8.2.2 彩色图像的去饱和

去饱和就是在 RGB 图像中以连续的方式统一削减颜色量。它通过将每一个 RGB 像素替换为一个去饱和的颜色(R_d，G_d，B_d)来实现，其中(R_d，G_d，B_d)是在 RGB 空间中通过在像素的原始颜色和相应的灰度点(Y，Y，Y)之间进行线性插值求得，即

$$\begin{pmatrix} R_d \\ G_d \\ B_d \end{pmatrix} \leftarrow \begin{pmatrix} Y \\ Y \\ Y \end{pmatrix} + s_{col} \cdot \begin{pmatrix} R-Y \\ G-Y \\ B-Y \end{pmatrix} \tag{8.9}$$

其中因子 $s_{col} \in [0,1]$用来控制所剩的颜色饱和度(见图 8.10)。这种逐渐的变换称为

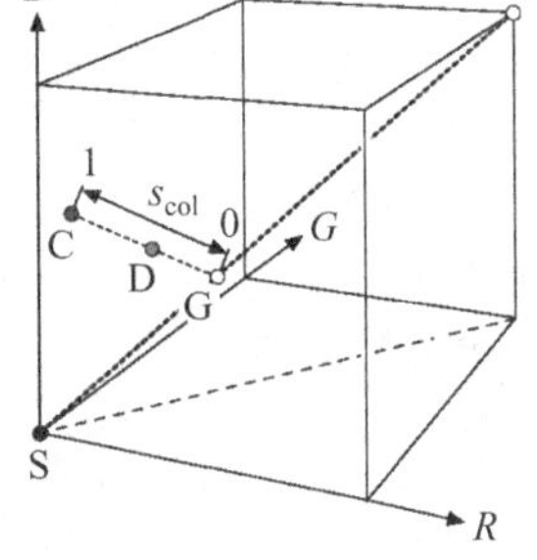

图 8.10　RGB空间去饱和。原始颜色点 $C=(R,G,B)$，其相应的灰度点 $G=(Y,Y,Y)$，去饱和颜色点 $D=(R_d,G_d,B_d)$。饱和度由因子 s_{col} 控制

彩色图像去饱和。$s_{col}=0$ 表示将所有的颜色消除，生成一幅真正的灰度图像；$s_{col}=1$ 意味着颜色值没有改变。在程序 8.5 中，式(8.9)定义的连续去饱和用作 ImageJ 的一个插件。

程序 8.5 对 RGB 彩色图像连续去饱和(ImageJ 插件)。颜色饱和度由第 9 行定义的变量 sCol 控制(见式(8.9))

```
1  //文件 Desaturate_Rgb.java
2
3  import ij.ImagePlus;
4  import ij.plugin.filter.PlugInFilter;
5  import ij.process.ImagProcessor;
6
7  public class Desaturate_Rgb implements PlugInFilter {
8
9      static double sCol=0.3          //颜色饱和度因子
10
11     public int setup(String arg,ImagePlus im) {
12         return DOES_RGB;
13     }
14
15     public void run(ImageProcessor ip) {
16
17         //对所有像素重复操作
18         for (int v=0;v<ip.getHeight();v++) {
19             for ( int u=0;u<ip.getWidth();u++) {
20
21                 //得到 int 型彩色像素值
22                 int c=ip.get(u,v);
23
24                 //从颜色像素中提取 RGB 分量
25                 int r=(c & 0xff0000)>>16;
26                 int g=(c & 0x00ff00)>>8;
27                 int b=(c & 0x0000ff);
28
29                 //计算相应的灰度值
30                 double y=0.299*r+0.587*g+0.114*b;
31
32                 //线性插值(yyy)↔(rgb)
33                 r=(int)(y+sCol*(r-y));
34                 g=(int)(y+sCol*(g-y));
35                 b=(int)(y+sCol*(b-y));
36
37                 //重新排列颜色像素
38                 c=((r & 0xff)<<16)|((g & 0xff)<<8)|b & 0xff;
39                 ip.set(u,v,c);
```

```
                }
            }
        }

}    //类 Desaturate_Rgb 结束
```

8.2.3 HSV/HSB 与 HLS 彩色空间

在 HSV 颜色空间中，颜色由色调、饱和度和明度三分量确定。通常，就如在 Adobe 产品和 Java 应用程序接口中一样，HSV 空间也称为 HSB 空间，虽然首字母不一样(在这种情况下，B 表示亮度(brightness))[①]，但指的却是同一个空间。HSV 颜色空间通常描述为一个倒立的六棱锥(见图 8.11(a))，其中垂直中轴线代表 V 值，到中轴线的水平距离代表 S 值，H 值表示一个角度。棱锥的顶点代表黑色点，棱锥底部的中心代表白色点。底部六个顶点分别代表三基色红、绿、蓝及其两两混合得到的黄、青、品红。虽然该空间通常描述为一个棱锥，但是根据其数学定义，该空间实际上是一个如图 8.13 所示的圆柱。

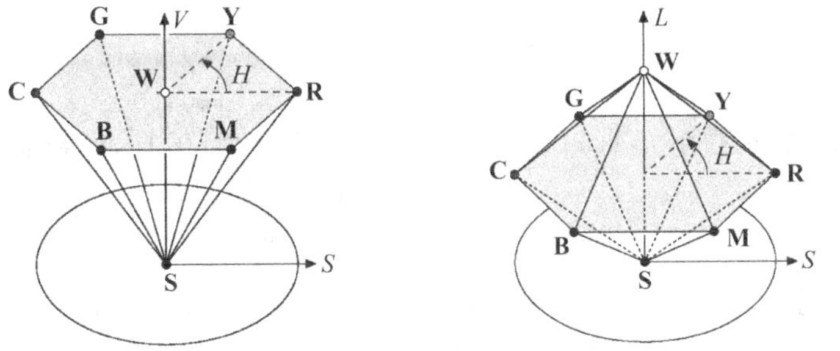

(a) HSV　　(b) HLS

图 8.11　HSV 和 HLS 空间通常分别被视为单六棱锥和双六棱锥。用垂直中轴线表示亮度值 V(或 L)，用棱锥中轴线的半径来表示饱和度 S，用角度来表示色调 H。在这两种情况下，三基色红(R)、绿(G)、蓝(B)及其混合色黄(Y)、青(C)、品红(M)都处在一个共同的平面上，黑色都处在相同的顶点上。HSV 和 HLS 空间本质的不同是白色点(W)的位置

HLS[②] 颜色空间(色调(hue)、灰度(luminance)、饱和度(saturation))和 HSV 空间很相似，实际上，这两个空间中的色调分量是完全一样的。灰度值和饱和度值也分别对应于垂直中轴线和半径，但是定义不同。通常将 HLS 空间表示为一个双棱锥(见图 8.11(b))，下顶点表示黑色，上顶点表示白色。两棱锥之间的六边形的顶点表示基本颜色。尽管我们通常以这种直观的方式描述 HLS 空间，但是数学上它也是一个圆柱(见图 8.15)。

RGB→HSV

为了实现从 RGB 颜色空间到 HSV 颜色空间的转换，我们首先按照下式计算 RGB 颜

① 有时 HSV 空间也称为“HIS”空间，其中“I”表示亮度(intensity)。

② 其中首字母 HLS 和 HSL 可以互换使用。

色分量 $R,G,B\in[0,C_{\max}]$ 的饱和度，其中 $C_{\max}$ 表示颜色分量的最大值（典型值 255）：

$$S_{\mathrm{HSV}}=\begin{cases}\dfrac{C_{\mathrm{rng}}}{C_{\mathrm{high}}} & C_{\mathrm{high}}>0\\ 0 & \text{其他}\end{cases}\tag{8.10}$$

按下式计算辉度（明度）：

$$V_{\mathrm{HSV}}=\frac{C_{\mathrm{high}}}{C_{\max}}\tag{8.11}$$

其中 C_{high}、C_{low}、C_{rng} 定义如下：

$$C_{\mathrm{high}}=\max(R,G,B),\quad C_{\mathrm{low}}=\min(R,G,B),\quad C_{\mathrm{rng}}=C_{\mathrm{high}}-C_{\mathrm{low}}\tag{8.12}$$

最后，需要确定色调 H_{HSV}。当三个 RGB 分量相等时（$R=G=B$），摆在我们面前的是非彩色（灰色）像素。在这种特殊的情况下，$C_{\mathrm{rng}}=0$，饱和度 $S_{\mathrm{HSV}}=0$，因此，色调无定义。为了计算 $C_{\mathrm{rng}}>0$ 情况下的 H_{HSV} 值，首先将各分量归一化：

$$R'=\frac{C_{\mathrm{high}}-R}{C_{\mathrm{rng}}},\quad G'=\frac{C_{\mathrm{high}}-G}{C_{\mathrm{rng}}},\quad B'=\frac{C_{\mathrm{high}}-B}{C_{\mathrm{rng}}}\tag{8.13}$$

然后，基于原始颜色分量中的最大值，计算出一个初步的色调 H'：

$$H'=\begin{cases}B'-G' & R=C_{\mathrm{high}}\\ R'-B'+2 & G=C_{\mathrm{high}}\\ G'-R'+4 & B=C_{\mathrm{high}}\end{cases}\tag{8.14}$$

因为 H' 的值处在区间 $[-1,5]$，通过将其归一化到区间 $[0,1]$，得到最终的色调值：

$$H_{\mathrm{HSV}}=\frac{1}{6}\cdot\begin{cases}(H'+6) & H'<0\\ H' & \text{其他}\end{cases}\tag{8.15}$$

因此，三个分量 H_{HSV}、S_{HSV}、V_{HSV} 都位于区间 $[0,1]$。色调值 H_{HSV} 也可以在角度区间进行计算，比如在 0°～360°之间按下式进行计算：

$$H^{\circ}_{\mathrm{HSV}}=H_{\mathrm{HSV}}\cdot 360$$

在这种定义下，RGB 空间中的单位立方体被映射为高和半径均为 1 的圆柱体（见图 8.13）。相比于传统的表示（图 8.11），位于整个圆柱体中的 HSB 点都对应于 RGB 颜色空间中的有效颜色坐标。从 RGB 到 HSV 空间的映射是非线性的，这可以从黑色点映射为整个圆柱体的底面看出来。图 8.12 给出了图 8.2 中测试图的 HSV 各分量的效果（以灰度方式）。图 8.13 画出了一些关键颜色点的位置，并且将它们与 RGB 空间中的位置进行了比较（也可对照图 8.1）。

H_{HSV}　　S_{HSV}　　V_{HSV}

图 8.12　图 8.2 中测试图的 HSV 分量。H_{HSV} 分量图中的黑色区域对应于红色和黄色，色调角度几乎是零

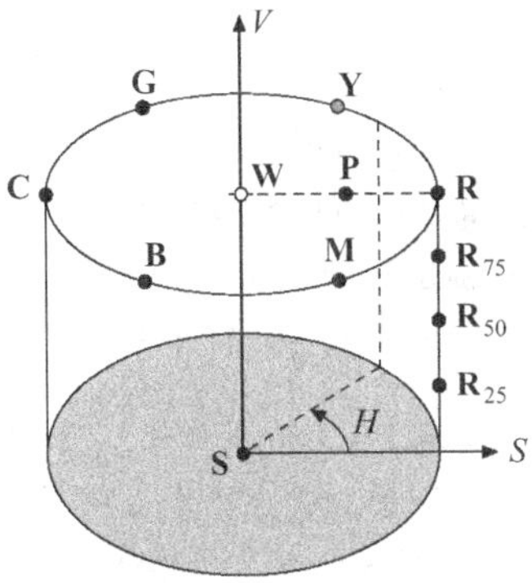

Pt.	颜色	RGB/HSV 值 R	G	B	H	S	V
S	黑	0.00	0.00	0.00	—	0.00	0.00
R	红	1.00	0.00	0.00	0	1.00	1.00
Y	黄	1.00	1.00	0.00	1/6	1.00	1.00
G	绿	0.00	1.00	0.00	2/6	1.00	1.00
C	青	0.00	1.00	1.00	3/6	1.00	1.00
B	蓝	0.00	0.00	1.00	4/6	1.00	1.00
M	紫	1.00	0.00	1.00	5/6	1.00	1.00
W	白	1.00	1.00	1.00	—	0.00	1.00
$\mathbf{R}_{75}$	75% 红	0.75	0.00	0.00	0	1.00	0.75
$\mathbf{R}_{50}$	50% 红	0.50	0.00	0.00	0	1.00	0.50
$\mathbf{R}_{25}$	25% 红	0.25	0.00	0.00	0	1.00	0.25
P	粉红	1.00	0.50	0.50	0	0.5	1.00

图 8.13 HSV 颜色空间。插图以圆柱体的形式向我们展示了 HSV 颜色空间，其中 H(色调)用角度表示，S(饱和度)用半径表示，V(亮度)用连接黑色点 S 和白色点 W 的垂直中轴线上的一段距离来表示。表中列出了插图中标出的点的(R,G,B)值和(H,S,V)值。纯色(由一种或者两种分量组成)位于圆柱体的表面(S=1)，就如逐渐饱和的红色(R_{25},R_{50},R_{75},R)所示

Java 实现

在 Java 中，RGB 到 HSV 的转换通过类 java.awt.Color 中的如下方法

```
float[] RGBtoHSB (int r,int g,int b,float[] hsv)
```

来实现(HSV 和 HSB 表示相同的颜色空间)。该方法带有三个 int 型的参数 r、g、b(位于区间[0,255])，返回一个包含位于区间[0,1]的 H、S、V 值的 float 型数组。当一个已经存在的 float 型数组以参数 hsv 的形式传递进来时，结果就放在里面，否则(即 hsv=null)，就创建一个新的数组。下面是一个简单的实现示例。

```
import java.awt.Color;
...
float [] hsv=new float[3];
int red=128,green=255,blue=0;
hsv=Color.RGBtoHSB(red,green,blue,hsv);
float h=hsv[0];
float s=hsv[1];
float v=hsv[2];
...
```

程序 8.6 给出了 Java 方法 RGBtoHSB()的实现，该方法采用了式(8.11)～式(8.15)中的定义。

程序 8.6 RGB→HSV 转换。这个 RGB→HSV 转换的 Java 方法遵循文中给的过程，计算出一个单一的颜色数组。与标准 Color.RGBtoHSB()方法相比，它携带相同的参数，并且返回一致的结果

```
static float[] RGBtoHSV (int R,int G,int B,float[] HSV) {
    //R,G,B ( [0,255]
    float H=0,S=0,V=0;
    float cMax=255.0f;
    int cHi=Math.max(R,Math.max(G,B));        //最大颜色值
    int cLo=Math.min(R,Math.min(G,B));        //最小颜色值
    int cRng=cHi-cLo;                         //颜色范围

    //计算明度 V
    V=cHi/cMax;

    //计算饱和度 S
    if (cHi>0)
    S=(float) cRng/cHi;

    //计算色调 H
    if (cRng>0) {                             //只有彩色像素才存在色调定义
        float rr=(float)(cHi-R)/cRng;
        float gg=(float)(cHi-G)/cRng;
        float bb=(float)(cHi-B)/cRng;
        float hh;
        if (R==cHi)                           //R 是最大颜色值
            hh=bb-gg;
        else if (G==cHi)                      //G 是最大颜色值
            hh=rr-bb+2.0f;
        else                                  //B 是最大颜色值
            hh=gg-rr+4.0f;
        if (hh<0)
            hh=hh+6;
        H=hh/6;
        }

    if (HSV==null)                            //如果需要,创建一个新的 HSV 数组
    HSV=new float[3];
    HSV[0]=H; HSV[1]=S; HSV[2]=V;
    return HSV;
}
```

HSV→RGB

为了将 HSV 数组(H_{HSV},S_{HSV},V_{HSV})(其中 H_{HSV}、S_{HSV}和 $V_{\mathrm{HSV}} \in [0,1]$)转换为相应的(R,G,B)颜色值,首先确定合适的颜色扇形区:

$$H' = (6 \cdot H_{\mathrm{HSV}}) \bmod 6 \tag{8.16}$$

其中 $0 \leqslant H' < 6$,然后计算中间值:

$$c_1 = \lfloor H' \rfloor \qquad x = (1 - S_{\mathrm{HSV}}) \cdot v$$
$$c_2 = H' - c_1 \qquad y = (1 - (S_{\mathrm{HSV}} \cdot c_2)) \cdot V_{\mathrm{HSV}} \tag{8.17}$$
$$z = (1 - (S_{\mathrm{HSV}} \cdot (1 - c_2))) \cdot V_{\mathrm{HSV}}$$

根据 c_1 值，由 $v=V_{\mathrm{HSV}}$、x、y 和 z 值[①]计算得到归一化的 RGB 分量值：

$$(R',G',B') = \begin{cases} (v,z,x) & 当\ c_1 = 0 \\ (y,v,x) & 当\ c_1 = 1 \\ (x,v,z) & 当\ c_1 = 2 \\ (x,y,v) & 当\ c_1 = 3 \\ (z,x,v) & 当\ c_1 = 4 \\ (v,x,y) & 当\ c_1 = 5 \end{cases} \tag{8.18}$$

然后将 RGB 分量值缩放到$[0,N-1]$(典型值 $N=256$)

$$R = \min(\mathrm{round}(N \cdot R'), N-1)$$
$$G = \min(\mathrm{round}(N \cdot G'), N-1)$$
$$B = \min(\mathrm{round}(N \cdot B'), N-1) \tag{8.19}$$

Java 实现

在 Java 中，HSV→RGB 的转换由标准 AWT 类 java.awt.Color 的下面方法执行

```
int HSBtoRGB(float h,float s,float v)
```

该方法带有三个 float 型的参数 h、s、$v \in [0,1]$返回 int 型的 RGB 分量值，该值为 3×8 位，按照标准的 Java RGB 格式排列。程序 8.7 展示了该方法的一个实现。

程序 8.7　HSV→RGB 转换。这个 Java 方法和标准方法 Color.HSBtoRGB()带有相同的参数，返回一致的结果

```
static int HSVtoRGB (float h,float s,float v) {
    //h,s,v∈[0,1]
    float rr=0,gg=0,bb=0;
    float hh=(6*h)%6;              //h'←(6·h)mod 6
    int c1=(int) hh;               //c1←⌊h'⌋
    float c2=hh-c1;
    float x=(1-s)*v;
    float y=(1-(s*c2))*v;
    float z=(1-(s*(1-c2)))*v;
    switch (c1) {
        case 0: rr=v;gg=z;bb=x;break;
        case 1: rr=y;gg=v;bb=x;break;
        case 2: rr=x;gg=v;bb=z;break;
        case 3: rr=x;gg=y;bb=v;break;
        case 4: rr=z;gg=x;bb=v;break;
```

① 这里的 x、y、z 变量和 CIEXYZ 颜色空间(见 8.3.1 节)中的变量无关。

```
        case 5: rr=v;gg=x;bb=y;break;
    }
    int N=256;
    int r=Math.min(Math.round(rr * N),N-1);
    int g=Math.min(Math.round(gg * N),N-1);
    int b=Math.min(Math.round(bb * N),N-1);
    //创建 int 型 RGB 颜色
    int rgb=((r&0xff)<<16)|((g&0xff)<<8)|b&0xff;
    return rgb;
}
```

RGB→HLS

在 HLS 模型中,色调 H_{HLS}的计算方法和 HSV 模型一样(式(8.13)~式(8.15)),即

$$H_{\text{HLS}} = H_{\text{HSV}} \tag{8.20}$$

另外两个值,L_{HLS}和 S_{HLS},按如下方法计算(C_{high}、C_{low}和 C_{rng}的定义参见式(8.12)):

$$L_{\text{HLS}} = \frac{C_{\text{high}} + C_{\text{low}}}{2} \tag{8.21}$$

$$S_{\text{HLS}} = \begin{cases} 0 & \text{当 } L_{\text{HLS}} = 0 \\ 0.5 \cdot \dfrac{C_{\text{rng}}}{L_{\text{HLS}}} & \text{当 } 0 < L_{\text{HLS}} \leqslant 0.5 \\ 0.5 \cdot \dfrac{C_{\text{rng}}}{1 - L_{\text{HLS}}} & \text{当 } 0.5 < L_{\text{HLS}} < 1 \\ 0 & \text{当 } L_{\text{HLS}} = 1 \end{cases} \tag{8.22}$$

图 8.14 以灰度图的形式展示了测试图像的各个 HLS 分量。根据上面的定义,RGB 空间中的单位立方体再次映射为一个高和半径都是 1 的圆柱体(见图 8.15)。相比于 HSV 空间(见图 8.13),基本颜色位于 $L_{\text{HLS}}=0.5$ 的水平面上,白色点位于 $L_{\text{HLS}}=1$ 的平面上。通过这些非线性变换,黑色点和白色点分别被映射到圆柱体的底部和顶部。

H_{HSV}　　S_{HSV}　　V_{HSV}

图 8.14　HLS 各颜色分量:H_{HLS}(色调),L_{HLS}(亮度)和 S_{HLS}(饱和度)。注意:S 和 L 图像交换了顺序,以便与 HSV 空间的顺序一致(见图 8.12)

HLS→RGB

当从 HLS 空间到 RGB 空间进行转换时,假设 H_{HLS}、S_{HLS}、$L_{\text{HLS}} \in [0,1]$。在 $L_{\text{HLS}}=0$ 或

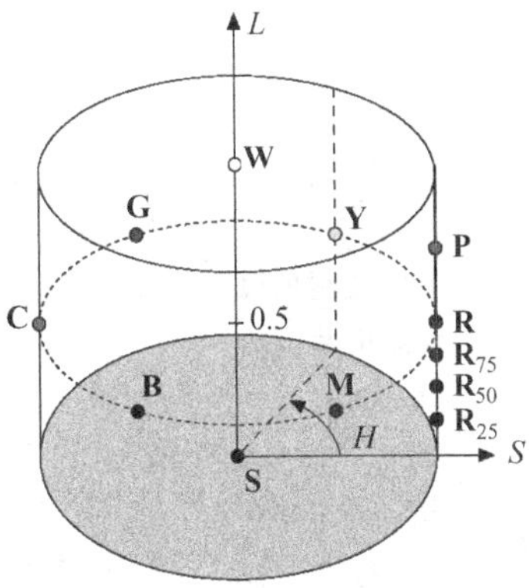

pt.	颜色	RGB/HSV 值 R	G	B	H	S	L
S	黑	0.00	0.00	0.00	—	0.00	0.00
R	红	1.00	0.00	0.00	0	1.00	0.50
Y	黄	1.00	1.00	0.00	1/6	1.00	0.50
G	绿	0.00	1.00	0.00	2/6	1.00	0.50
C	青	0.00	1.00	1.00	3/6	1.00	0.50
B	蓝	0.00	0.00	1.00	4/6	1.00	0.50
M	紫	1.00	0.00	1.00	5/6	1.00	0.50
W	白	1.00	1.00	1.00	—	0.00	1.00
$\mathbf{R}_{75}$	75% 红	0.75	0.00	0.00	0	1.00	0.375
$\mathbf{R}_{50}$	50% 红	0.50	0.00	0.00	0	1.00	0.250
$\mathbf{R}_{25}$	25% 红	0.25	0.00	0.00	0	1.00	0.125
P	粉红	1.00	0.50	0.50	0/6	1.00	0.75

图 8.15　HLS 颜色空间。插图以圆柱体的形式向我们展示了 HLS 颜色空间，其中 H(色调)用角度表示，S(饱和度)用半径表示，L(亮度)用连接黑色点 S 和白色点 W 的垂直中轴线上的一段距离来表示。表中列出了插图中标出的纯色(由一种或者两种分量组成)点的(R,G,B)值和(H,S,L)值。这些点位于圆柱体的表面($S=1$)，就如逐渐饱和的红色(R_{25}，R_{50}，R_{75}，R)所示。那些三基色中至少有一个颜色分量达到完全饱和的混合色位于圆柱体外表面的上半部分，比如点 P(粉红色)

者 $L_{\mathrm{HLS}}=1$ 的情况下有

$$(R',G',B') = \begin{cases} (0,0,0) & \text{当 } L_{\mathrm{HLS}} = 0 \\ (1,1,1) & \text{当 } L_{\mathrm{HLS}} = 1 \end{cases} \tag{8.23}$$

其他情况下我们也要先确定合理的颜色扇形区

$$H' = (6 \cdot H_{\mathrm{HLS}}) \bmod 6 \tag{8.24}$$

其中 $0 \leqslant H' < 6$，然后，基于得到的颜色扇形区，我们确定以下值：

$$\begin{aligned} c_1 &= \lfloor H' \rfloor & d &= \begin{cases} S_{\mathrm{HLS}} \cdot L_{\mathrm{HLS}} & \text{当 } L_{\mathrm{HLS}} \leqslant 0.5 \\ S_{\mathrm{HLS}} \cdot (L_{\mathrm{HLS}} - 1) & \text{当 } L_{\mathrm{HLS}} > 0.5 \end{cases} \\ c_2 &= H' - c_1 & & \\ w &= L_{\mathrm{HLS}} + d & y &= w - (w - x) \times c_2 \\ x &= L_{\mathrm{HLS}} - d & z &= x + (w - x) \times c_2 \end{aligned} \tag{8.25}$$

RGB 值的确定和式(8.18)类似，即

$$(R',G',B') = \begin{cases} (w,z,x) & \text{当 } c_1 = 0 \\ (y,w,x) & \text{当 } c_1 = 1 \\ (x,w,z) & \text{当 } c_1 = 2 \\ (x,y,w) & \text{当 } c_1 = 3 \\ (z,x,w) & \text{当 } c_1 = 4 \\ (w,x,y) & \text{当 } c_1 = 5 \end{cases} \tag{8.26}$$

最后，像式(8.19)所做的，将归一化的 R'、G'、$B' \in [0,1]$缩放到区间$[0,255]$。

Java 实现(RGB↔HLS)

目前，无论是标准 Java API，还是 ImageJ，都没有将颜色值在 RGB 空间和 HLS 空间之

间进行转换的方法。程序 8.8 根据式(8.20)～式(8.22)中的定义,给出了一个 RGB→HLS 转换的可行办法。HLS→RGB 的转换方法在程序 8.9 中给出。

程序 8.8 RGB→HLS 转换(Java 方法)

```
static float[] RGBtoHLS (float R,float G,float B) {
    //假设 R、G、B 在[0,1]区间
    float cHi=Math.max(R,Math.max(G,B));        //最大颜色值
    float cLo=Math.min(R,Math.min(G,B));        //最小颜色值
    float cRng=cHi-cLo;                         //颜色范围

    //计算亮度 L
    float L=(cHi+cLo)/2;

    //计算饱和度 S
    float S=0;
    if (0<L && L<1) {
        float d=(L<=0.5f)?L: (1-L);
        S=0.5f*cRng/d;
    }

    //计算色调 H
    float H=0;
    if (cHi>0 && cRng>0) {                      //彩色像素
        float rr=(float)(cHi-R)/cRng;
        float gg=(float)(cHi-G)/cRng;
        float bb=(float)(cHi-B)/cRng;
        float hh;
        if (R==cHi)                             //R 是最大颜色值
            hh=bb-gg;
        else if (G==cHi)                        //G 是最大颜色值
            hh=rr-bb+2.0f;
        else                                    //B 是最大颜色值
            hh=gg-rr+4.0f;

      if (hh<0)
      hh=hh+6;
      H=hh/6;
      }

    return new float[] {H,L,S};
}
```

程序 8.9 HLS→RGB 转换(Java 方法)

```
static float[] HLStoRGB (float H,float L,float S){
    //假设 H、L、S 在\区间
    float R=0,G=0,B=0;

    if (L<=0)                              //黑色
        R=G=B=0;
    else if (L>=1)                         //白色
        R=G=B=1;
    else {
        float hh=(6 * H)%6;
        int c1=(int) hh;
        float c2=hh-c1;
        float d=(L<=0.5f) ? (S * L) : (S * (1-L));
        float w=L+d;
        float x=L-d;
        float y=w-(w-x) * c2;
        float z=x+(w-x) * c2;
        switch (c1) {
            case 0: R=w;G=z;B=x;break;
            case 1: R=y;G=w;B=x;break;
            case 2: R=x;G=w;B=z;break;
            case 3: R=x;G=y;B=w;break;
            case 4: R=z;G=x;B=w;break;
            case 5: R=w;G=x;B=y;break;
        }
    }
    return new float\ {R,G,B};
}
```

比较 HSV 和 HLS

尽管这两个颜色空间有如图 8.16 所示的显而易见的相似性，但是在 V/L 和 S 上的本质区别确实存在。HSV 和 HLS 空间的本质区别是位于白色点 W 和纯色(R,G,B,Y,C,M)之间的颜色排列，这里的“纯色”是指最多包含两种基色、并且至少有一种基色完全饱和的颜色。

RGB、HSV 和 HLS 空间中的颜色分布的差异在图 8.17 中可以很明显地看出来。这些颜色分布是由 1331(11×11×11)个颜色数组组成的，这些颜色数组是通过对 RGB 空间中的每一维以 0.1 为间隔进行均匀采样得到的。

HSV 和 HLS 空间在实际中都得到了广泛应用，比如在图像编辑或者图形设计中进行颜色的选择。在数字图像处理中，当背景为同性质颜色时，它们可以用作色彩调整(也就是通过色调来区分目标)，此时，背景亮度不一定是常数。

图 8.16　HSV 分量和 HLS 分量对比：饱和度(上一排图)和亮度(下一排图)。在饱和度差值 $S_{HSV}-S_{HLS}$ 图像(上面)中，亮的区域对应于正值，暗的区域对应于负值。在 HLS 空间中，饱和度的值很大，尤其是在图像比较亮的部分，这就导致了在差值图像中的负值。对于亮度图像(分别是指明度和灰度)，一般有 $V_{HSV} \geqslant L_{HLS}$，因此，差值 $V_{HSV}-L_{HLS}$(下图)总是正值。色调分量 H(没有给出)在两种表示下是一样的

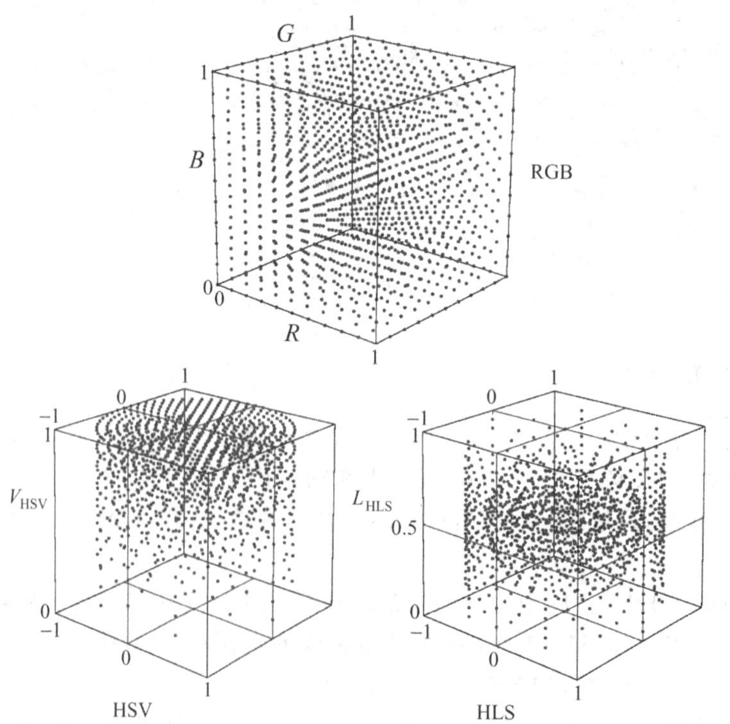

图 8.17　RGB、HSV 和 HLS 空间的颜色分布。样点是在 RGB 空间中平均分布的(上图)。对应的颜色点在 HSV 空间的分布是非对称的，在 HLS 空间中分布是对称的且都在一个圆柱体内部

8.2.4　电视颜色空间：YUV、YIQ 与 YC_bC_r

这些颜色空间是电视信号的记录、存储、传输和显示标准所必须的一部分。YUV 和 YIQ 是模拟 NTSC 系统和 PAL 系统基本的颜色编码方法，YC_bC_r 是数字电视国际标准的一部分[19]。所有这些颜色空间有一个共同的特点：将亮度分量 Y 从两种色度分量中分离出来，并且是针对颜色差别进行编码，而不是直接针对颜色进行。通过这种方法，不仅实现了和黑白系统的兼容，与此同时，可以通过给亮度分量和色彩分量分配不同的传输带宽以实现信号带宽的优化。由于人类的视觉系统不容易感觉出视频信号中色彩分量的细节，却能够感觉出亮度分量的细节，因此色彩通道的信息量，也就是带宽，几乎可以缩减到亮度分量的 1/4。而且，在压缩数字图像时也用到了这一点，这就是 JPEG 编码将 RGB 图像转换为 YC_bC_r 的原因。以上就是这些颜色空间在数字图像处理中的重要性，但未经处理的 YIQ 和 YUV 图像在实际应用中是不多见的。

YUV

YUV 是北美 NTSC 系统和欧洲 PAL 系统中模拟电视信号编码的基础。根据录像重放的电视编码标准，假设 RGB 分量值已经经过了 γ 校正（$\gamma_{NTSC}=2.2$，$\gamma_{PAL}=2.8$，见 5.7 节），亮度分量 Y 就如式(8.6)一样从 RGB 分量得到：

$$Y = 0.299 \cdot R + 0.587 \cdot G + 0.114 \cdot B \tag{8.27}$$

UV 分量分别由亮度值和蓝、红分量的差值加权得到：

$$U = 0.492 \cdot (B - Y) \quad 和 \quad V = 0.877 \cdot (R - Y) \tag{8.28}$$

从 RGB 到 YUV 的完整变换如下：

$$\begin{pmatrix} Y \\ U \\ V \end{pmatrix} = \begin{pmatrix} 0.299 & 0.587 & 0.114 \\ -0.147 & -0.289 & 0.436 \\ 0.615 & -0.515 & -0.100 \end{pmatrix} \cdot \begin{pmatrix} R \\ G \\ B \end{pmatrix} \tag{8.29}$$

从 YUV 到 RGB 的反变换可以通过对式(8.29)中的矩阵求逆得到：

$$\begin{pmatrix} R \\ G \\ B \end{pmatrix} = \begin{pmatrix} 1.000 & 0.000 & 1.140 \\ 1.000 & -0.395 & -0.581 \\ 1.000 & 2.032 & 0.000 \end{pmatrix} \cdot \begin{pmatrix} Y \\ U \\ V \end{pmatrix} \tag{8.30}$$

一组自然图像的 YUV 空间的颜色分布如图 8.18 所示。

YIQ

原始的 NTSC 系统应用了 YUV 的一个变体 YIQ（I 代表“同相分量”，Q 代表“正交分量”），其中 U 和 V 颜色向量被旋转镜像为：

$$\begin{pmatrix} I \\ Q \end{pmatrix} = \begin{pmatrix} 0 & 1 \\ 1 & 0 \end{pmatrix} \cdot \begin{pmatrix} \cos\beta & \sin\beta \\ -\sin\beta & \cos\beta \end{pmatrix} \cdot \begin{pmatrix} U \\ V \end{pmatrix} \tag{8.31}$$

其中 $\beta=0.576(33°)$。Y 分量和 YUV 中一样。尽管在带宽要求方面 YIQ 有一些优势，但是它已经完全被 YUV 取代了[22]。

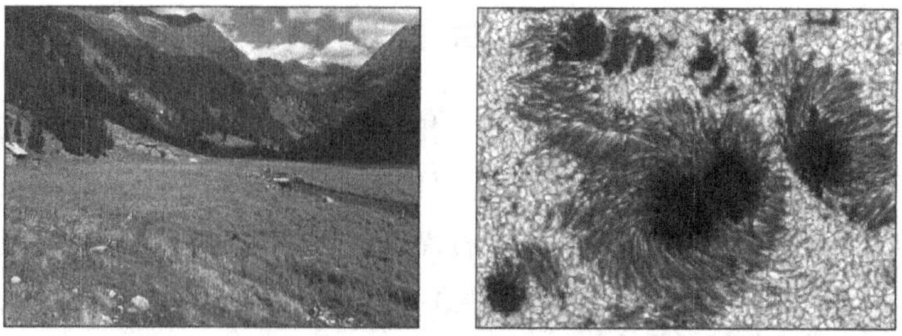

(a)

(b) HSV空间

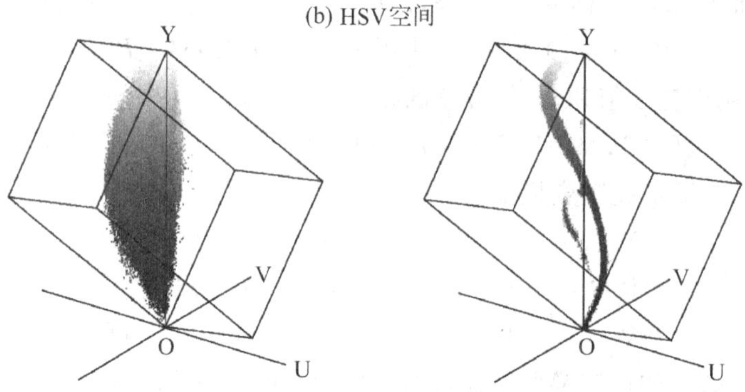

(c) YUV空间

图 8.18 自然图像在不同颜色空间中的颜色分布示例。原始图像(a)；在 HSV 空间中的颜色分布(b)；在 YUV 空间中的颜色分布(c)。在 RGB 空间中的分布如图 8.9 所示

$\mathbf{YC_bC_r}$

YC_bC_r 颜色空间是 YUV 的国际标准化变体，在数字电视和图像压缩(比如 JPEG)方面都有应用。色彩分量 C_b 和 C_r(与 U、V 相似)分别是辉度值和蓝、红分量的差值。与 YUV 不同的是，求解辉度 Y 的 RGB 各分量的权值直接取决于色度分量 C_b 和 C_r 的系数[35]。对于任意的权重 w_B、w_R，变换定义如下：

$$Y = w_R \cdot R + (1 - w_B - w_R) \cdot G + w_B \cdot B$$

$$C_b = \frac{0.5}{1-w_B} \cdot (B-Y)$$

$$C_r = \frac{0.5}{1-w_R} \cdot (R-Y) \tag{8.32}$$

从 YC_bC_r 到 RGB 的反变换如下：

$$R = Y + \frac{1-w_R}{0.5} \cdot C_r$$

$$G = Y - \frac{w_B \cdot (1-w_B) \cdot C_b - w_R \cdot (1-w_R) \cdot C_r}{0.5 \cdot (1-w_B-w_R)}$$

$$B = Y + \frac{1-w_B}{0.5} \cdot C_b \tag{8.33}$$

ITU① 在 BT. 601[21]中规定：$w_R=0.299$，$w_B=0.114$（$w_G=1-w_B-w_R=0.587$）。有了这些值，变换可以写为：

$$\begin{pmatrix} Y \\ C_b \\ C_r \end{pmatrix} = \begin{pmatrix} 0.299 & 0.587 & 0.114 \\ -0.169 & -0.331 & 0.500 \\ 0.500 & -0.419 & -0.081 \end{pmatrix} \cdot \begin{pmatrix} R \\ G \\ B \end{pmatrix} \tag{8.34}$$

反变换可写为：

$$\begin{pmatrix} R \\ G \\ B \end{pmatrix} = \begin{pmatrix} 1.000 & 0.000 & 1.403 \\ 1.000 & -0.344 & -0.714 \\ 1.000 & 1.773 & 0.000 \end{pmatrix} \cdot \begin{pmatrix} Y \\ C_b \\ C_r \end{pmatrix} \tag{8.35}$$

颜色空间的应用不同，权值的规定也不同，比如，ITU-BT. 709[55]规定数字 HDTV 产品中，$w_R=0.2125$，$w_B=0.0721$。U、V、I、Q 和 C_b、C_r 的值可能同为正值或者负值。为了便于对 C_b、C_r 进行数字化编码，经常加上一个合适的偏移，以得到正值，比如对于 8 位的分量，该偏移值为 $128=2^7$。

图 8.19 将三个颜色空间 YUV、YIQ 和 YC_bC_r 放在一起进行比较。右面两帧图像中的 U、V、I、Q 和 C_b、C_r 的值已经加过了偏移值 128，所以没有负值出现。因此，在这些图像中，0 值代表中灰。在这些图像中，YC_bC_r 编码和 YUV 编码几乎是分不开的，因为它们的颜色分量的求解采用了相近的权值。

8.2.5　用于印刷的颜色空间：CMY 与 CMYK

不同于加性 RGB 颜色方案（及其各式各样的颜色模型），彩色印刷采用减性颜色方案，每一种印刷颜色都会降低该位置反射光的强度。彩色印刷要求至少三种基本颜色，传统上使用青（C）、品红（M）和黄（Y）②。

在白色背景下采用碱性颜色混合方案，$C=M=Y=0$（没有油墨）表示白色，$C=M=Y=1$（三种油墨都达到饱和）表示黑色。青色油墨对红光（R）的吸收很强，品红油墨吸收绿光（G），黄色油墨吸收蓝光（B）。CMY 模型最简单的形式定义如下：

---

① 国际电信联盟（International Telecommunication Union）（www. itu. int）。

② 注意：这里的 Y 表示黄色，和 YUV 以及 YC_bC_r 空间中的亮度分量 Y 无关。

图 8.19 YUV、YIQ 和 YC_bC_r 分量值比较。在三种颜色空间中，Y 值是相等的

$$
\begin{aligned}
C &= 1 - R \\
M &= 1 - G \\
Y &= 1 - B
\end{aligned}
\tag{8.36}
$$

实际上，三种油墨都饱和的情况下生成的颜色并不是物理上的黑色。因此，通常给三种基本颜色 C、M、Y 增补一种黑色油墨(K)来提高颜色的覆盖范围(色域)。在最简单的情况下，黑色值为

$$K = \min(C, M, Y) \tag{8.37}$$

然而，随着黑色成分的提高，C、M、Y 分量的强度可以逐渐减小。降低基本颜料的方法有很多，这里我们看以下三种。

1. CMY→CMYK(版本 1)

在这种简单的变体下，C、M、Y 值随着 K 值的增加线性降低，修改之后的分量 C'、M'、Y'、K'定义如下：

$$
\begin{pmatrix} C' \\ M' \\ Y' \\ K' \end{pmatrix} = \begin{pmatrix} C - K \\ M - K \\ Y - K \\ K \end{pmatrix}
\tag{8.38}
$$

2. CMY→CMYK(版本 2)

第二种变体将 C、M、Y 分量降低为原来的 $1/(1-K)$，这就会在图像较暗的区域产生较强的颜色：

$$\begin{pmatrix} C' \\ M' \\ Y' \\ K' \end{pmatrix} = \begin{pmatrix} (C-K)\cdot s \\ (M-K)\cdot s \\ (Y-K)\cdot s \\ K \end{pmatrix} \quad 其中\ s = \begin{cases} \dfrac{1}{1-K} & K < 1 \\ 1 & 其他 \end{cases} \tag{8.39}$$

在这两种版本下，第四个分量没有经过任何修饰而直接应用(式(8.37))，所有的灰色(即 $R=G=B$)都是通过黑色油墨 K'印刷的，C'、M'和 Y'则没有任何作用。

这两种简单的定义被广泛应用，但是印刷质量都不高。图 8.20 给出了来自版本 2 的结果(图 8.20(a))和来自 Adobe Photoshop 的结果(图 8.20(c))。其中青色分量 C 的差别特别明显，还有就是图像中黑色值(K)比较大的地方差别也很明显。

实际上，所需要的 K 值以及 C、M、Y 值和印刷过程以及印刷纸张的种类有很大的关系，所以印刷工作需要单独校准。

3. CMY→CMYK(版本 3)

在印刷产品中，会应用特定的变换函数来调整这种结果。比如，Adobe PostScript 阅读器[26]有一个底色去除函数 $f_{UCR}(K)$来逐渐降低 CMY 分量值，有一个黑色生成函数 $f_{BG}(K)$来控制黑色油墨量。这些函数应用如下：

$$\begin{pmatrix} C' \\ M' \\ Y' \\ K' \end{pmatrix} = \begin{pmatrix} C - f_{UCR}(K) \\ M - f_{UCR}(K) \\ Y - f_{UCR}(K) \\ f_{BG}(K) \end{pmatrix} \tag{8.40}$$

其中 $K=\min(C,M,Y)$(如式(8.37)所定义的)。函数 f_{UCR}和 f_{BG}通常是非线性的，结果值会被缩放到区间[0,1]。图 8.20(b)中展示的图像所用的函数如下：

$$f_{UCR}(K) = s_K \cdot K \tag{8.41}$$

$$f_{BG}(K) = \begin{cases} 0 & 当\ K < K_0 \\ K_{max} \cdot \dfrac{K-K_0}{1-K_0} & 当\ K \geqslant K_0 \end{cases} \tag{8.42}$$

其中 $s_K=0.1$，$K_0=0.3$，$K_{max}=0.9$(见图 8.21)。根据这个定义，f_{UCR}将 CMY 分量减少 K 值的 10%(根据式(8.40))，这主要影响图像中 K 值比较大的黑色区域。函数 f_{BG}(式(8.42))的作用是当 $K<K_0$(图像中比较暗的区域)时，不加黑色油墨。在区间 $K=K_0,\cdots,1.0$ 中，黑色分量线性增加至最大值 K_{max}。图 8.20(b)中的结果和图 8.20(c)所示的 Photoshop① 的 CMYK 分量比较接近。通过调整函数参数 s_K、K_0 和 K_{max}(见式(8.40))可以得到进一步的提高。

尽管最后一个将 RGB 转换为 CMYK 的版本(3)结果比较好，但是它只是一个大致的

---

① 实际上，Adobe Photoshop 不执行从 RGB 到 CMYK 的直接转换，而是先转换到 CIELab 颜色空间，然后再从 CIELab 空间进行转换(参见 8.3.1 节)。

图 8.20　RGB→CMYK 转换比较。应用式(8.39)进行的简单转换(a),应用式(8.40)中底色去除函数和黑色生成函数的转换(b)以及来自 Adobe Photoshop 的结果(c)。颜色亮度是以相反的形式显示的,即比较暗的区域表示有比较大的 CMYK 值。简单转换(a)和 Photoshop 结果(c)相比,各个颜色分量都有比较大的偏差,尤其是 C 和 K 分量。(b)中的结果和 Photoshop 的结果比较接近,而且通过调整相应的函数参数可以进一步提高效果

近似,而且对于专业工作来说还不够精确。就像在 8.3 节将要讨论的,技术上正确的颜色转换需要基于精确的比色分析。

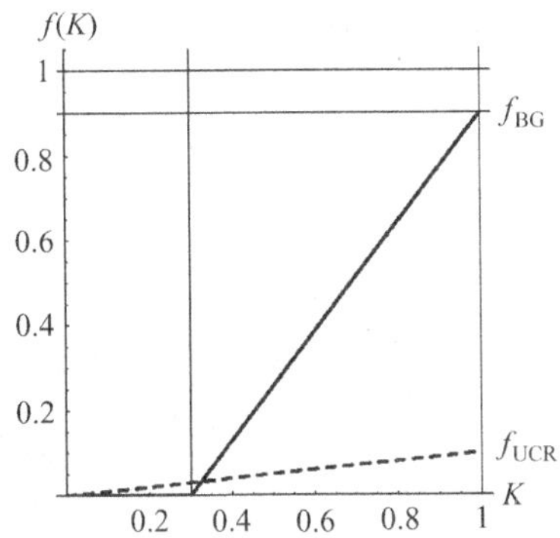

图 8.21　底色去除函数 f_{UCR}(式(8.41))和黑色生成函数 f_{BG}(式(8.42))的示例。参数设置为 $s_K=0.1, K_0=0.3, K_{max}=0.9$

8.3　彩色图像的统计分析

8.3.1　一幅图像中有多少种颜色

针对彩色图像，有一个不重要但是经常会涉及的任务：确定在一幅彩色图像中有多少种不同的颜色。一种方法就是创建一个直方图数组，对于每一种颜色，用一个整数元素来填充，然后数出整数值大于 0 的直方图数目。但是由于一幅 24 位的 RGB 图像本质上包含 $2^{24}=16\ 777\ 216$ 种颜色，最终的直方图数组(大小为 64 兆字节)在大多数情况下会比图像本身还大。

这个问题的一个简单的解决方法就是将像素值在(一维)像素数组中进行分类，这样，相同的颜色就被放在了一起。排列顺序当然是不相干的，在排好的像素向量中，相邻颜色块的数目取决于图像中不同颜色的数目。可以通过简单地数一下相邻颜色块的过渡次数就可以得到这个数目，如程序 8.12 所示。当然，这里不会对原始的像素数组进行排列{(这会毁掉原始图像)，而是对图像的副本进行排序，这个副本可以通过 Java 的 clone()方法[①]得到。程序 8.10 中一维数组的排序通过 Java 方法 Arrays. sort()完成(第 9 行)，这个方法是十分有效的。

程序 8.10　计算 RGB 图像中颜色的数量。方法 countColors()首先复制一维 RGB 像素数组(int 型)(第 8 行)，然后对数组进行排序，最后计算相同颜色的连续块的过渡次数

```
1  import ij.process.ColorProcessor;
2  import java.util.Arrays;
3
4  public class ColorStatistics {
5
```

① Java 数组执行根类 Object 中的方法，包括由 Cloneable 接口确定的方法 clone()(亦可参考附录 B.2.5)。

```
    static int countColors (ColorProcessor cp) {
        //复制像素数组并排序
        int [] pixels= ((int[]) cp.getPixels()).clone();
        Arrays.sort(pixels);

        int k=1;          //图像至少包含一种颜色
        for (int i=0;i<pixels.length-1;i++) {
            if (pixels[i] !=pixels[i+1])
              k=k+1;
        }
        return k;
    }

}                            //类 ColorStatistics 结束
```

8.3.2 颜色直方图

在 3.5 节中简要地谈到了彩色图像的直方图，那时仅仅考虑了颜色亮度和独立的颜色通道的一维分布。例如，当 ImageJ 的内置方法 getHistogram()应用于 ColorProcessor 类型的一个对象时，仅仅是计算相应灰度值的亮度直方图：

```
ColorProcessor cp;
int[] H=cp.getHistogram();
```

作为一种选择，可以分别计算三个颜色通道的亮度直方图，尽管(如 3.5.2 节讨论的)这不会提供图像实际颜色的任何信息。当然，类似地，可以计算其他颜色空间各分量的分布，比如 HSV 或者 $L^* a^* b^*$。

一个完整的 RGB 图像的直方图是三维的，并且如前所述，包含 $256\times256\times256=2^{24}$(对 8 位颜色分量来说)个 int 类型的单元。这样的直方图不仅很大[①]，而且很难进行可视化。

2D 颜色直方图

除了完整的 RGB 三维直方图，还可以选择二维直方图投影(图 8.22)。根据投影方向的不同，可以分别得到带坐标的二维直方图，即红绿直方图(H_{RG})、红蓝直方图(H_{RB})和绿蓝直方图(H_{GB})，其值如下：

$$\begin{aligned} H_{RG}(r,g) &\leftarrow I_{RGB}(u,v) = (r,g,*) \text{ 的像素数} \\ H_{RB}(r,b) &\leftarrow I_{RGB}(u,v) = (r,*,b) \text{ 的像素数} \\ H_{GB}(g,b) &\leftarrow I_{RGB}(u,v) = (*,g,b) \text{ 的像素数} \end{aligned} \tag{8.43}$$

---

① 这里好像有一个矛盾：虽然 RGB 直方图经常比图像本身大很多，但是通常情况下直方图仍然不足以重建原始图像。

其中 * 表示任意分量值。得到的是一组大小为 256×256(对于 8 位的 RGB 图像来说)的二维直方图(其大小和原始图像的大小无关),这可以可视化为图像。注意：求解联合二维直方图是没有必要得到完整的 RGB 直方图的(见程序 8.11)。

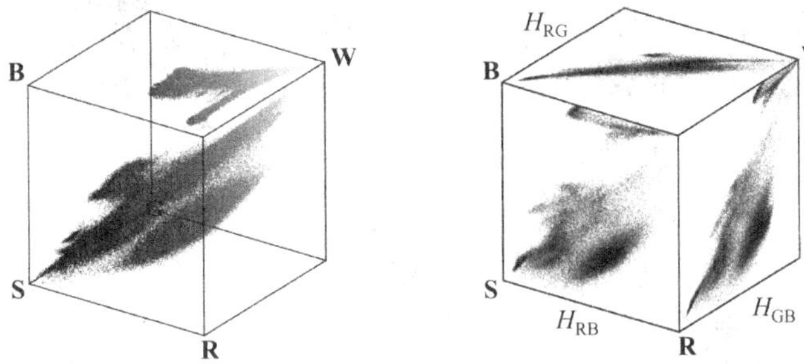

(a)　　(b)

图 8.22　二维 RGB 直方图投影。三维 RGB 立方体表明了一幅图像的颜色分布(a)。颜色点表示的是相应的像素颜色,而不是颜色频度。红绿(H_{RG})、红蓝(H_{RB})和绿蓝(H_{GB})联合直方图是三维直方图的投影(b)。对应的图像见图 8.9(a)

程序 8.11　用来计算联合二维颜色直方图的方法 get2dHistogram()。颜色分量(直方图的轴)有参数 c1 和 c2 确定。颜色分布 H 以二维 int 型数组的形式返回。该方法在类 ColorStatistics 中定义(见程序 8.10)

```
static int [][] get2dHistogram
                (ColorProcessor cp,int c1,int c2) {
    //c1,c2:R=0,G=1,B=2
    int [] RGB=new int[3];
    int [][] H=new int[256][256];         //直方图数组 H[c1][c2]

    for (int v=0;v<cp.getHeight();v++) {
        for (int u=0;u<cp.getWidth();u++) {
            cp.getPixel(u,v,RGB);
            int i=RGB[c1];
            int j=RGB[c2];
            //相应直方图单元的增加
            H[j][i] ++;                   //i 沿水平方向变化,j 沿垂直方向变化
        }
    }
    return H;
}
```

正如图 8.23 中的示例所示,联合颜色直方图确实在一定程度上表达了图像的颜色特点。因此,它们是有用的,例如,可以用来确定所描绘场景的大致类型,或者估计图像之间的相似度等(见练习题 8.6)。

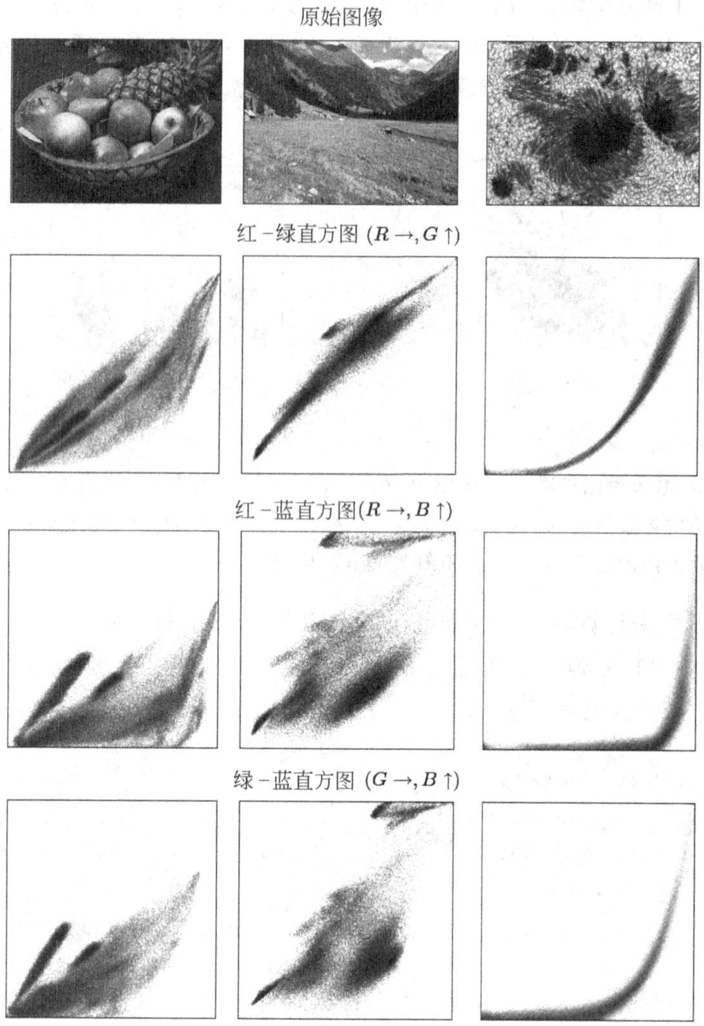

图 8.23 组合彩色直方图示例

8.4 练习题

8.1 创建一个 ImageJ 插件，实现 RGB 各颜色分量的旋转，即 $R \to G \to B \to R$。

8.2 创建一个 ImageJ 插件，将一幅 8 位索引图像的颜色表显示为一幅包含 16×16 个矩形颜色区域的新图像，并以适当的方法标记出未使用的颜色表入口。以程序 8.3 作为一个开始。

8.3 证明：以 $(r,g,b) \to (y,y,y)$ 形式（其中 y 是等效的亮度值（见式(8.8)））生成的“去饱和”RGB 像素有相同的亮度 y。

8.4 拓展程序 8.5 中用来对彩色图像去饱和的 ImageJ 插件，使其只对用户选择的感兴趣区域(region of interest，ROI)进行修饰。

8.5 有时使用伪彩色来显示灰度图像(比如,以较高的动态范围来观察医学图像)。创建一个 ImageJ 插件,实现 8 位灰度图像到 256 色索引图像的转换,并模拟烧红的铁的色调(从深红到黄、白)。

8.6 确定不同尺寸图像的相似性是一个经常遇到的问题(例如,在图像数据库中)。颜色统计经常应用于此,因为这会降低图像大致分类的困难,比如风景画、肖像画等。然而,二维的颜色直方图(8.4.2 节中所描述的)通常太大了,应用于此不太灵活。一个简单的想法是将二维直方图甚至是完全 RGB 直方图分成 K 个条目,然后将 K 维特征向量的相应入口联合起来,就可以用来做粗略的比较。为这个过程建立一个想法,再讨论一下可能存在的问题。

附录A　数学记号

A.1　符号

下面的符号用于本书正文，基本上表示后面给出的含义。当有些符号用于不同于所列出的时，可以根据上下文得到其准确含义。

$\{a,b,c,d,\cdots\}$　表示一个集合，即一个无序、不重复的元素集合体。一个特定元素 x 在一个集合中最多出现一次。集合也可以是空的(用{}表示)。

$(a_1,a_2,\cdots,a_n)$　表示一个向量，即一个大小固定、元素类型相同的集合体。$(a_1,a_2,\cdots,a_n)^{\mathrm{T}}$ 表示向量的转置。编程时，向量通常实现为一维数组，其元素由位置(索引)决定。

$[c_1,c_2,\cdots,c_m]$　序列或列表，即一个可变长度的元素集合体。元素可以加入到序列中(插入)或者从序列中删除。序列可以是空的(用[]表示)。编程时，序列通常实现为动态数据结构，如链表。Java 的 Collections 框架(参见附录 B.2.7)提供许多随时可用的此类实现。

$(a_1,a_2,\cdots,a_k)$　元组，即一个元素的有序列表，每个元素的类型可以不相同。典型地，元组实现为对象(Java 或 C++ 语言)或结构(C 语言)，其元素通过名字访问。

$*$　线性卷积算子(5.3.1 节)。

$\oplus$　形态学膨胀算子(7.2.3 节)。

$\ominus$　形态学腐蚀算子(7.2.4 节)。

∂　偏微分算子(6.2.1 节)。例如，$\frac{\partial f}{\partial x}(x,y)$，表示函数 $f(x,y)$ 在 (x,y) 处对变量 x 的一阶导，$\frac{\partial^2 f}{\partial^2 x}(x,y)$ 是二阶导，等等。

∇　梯度。∇f 是一个多维函数 f 的偏导数向量(6.2.1 节)。

$\lfloor x \rfloor$　x 的“下界”，是小于 $x\in\mathbb{R}$ 的最大整数 $z\in\mathbb{Z}$(即 $z=\lfloor x \rfloor\leqslant x$)。例如，$\lfloor 3.141 \rfloor=3$，$\lfloor -1.2 \rfloor=-2$。

α　像素值(通常 $0\leqslant\alpha<K$)。

$\mathrm{Arctan}(x,y)$　反正切函数，与 $\arctan\left(\frac{y}{x}\right)=\tan^{-1}\left(\frac{y}{x}\right)$ 相似，但它有两个参数且返回的是区间 $[-\pi,\pi]$ 内的角度值(即涵盖所有四个象限)。它对应 Java 方法 Math.atan2(y, x)(6.3 节，B.1.6 节)。

$\mathrm{card}\{\cdots\}$　一个集合的势(大小)，$\mathrm{card}\,A\equiv|A|$(3.1 节)。

$\mathbf{h}(i)$	图像直方图在像素值(或条目)i 处的值(3.1 节)。
$\mathbf{H}(i)$	图像累积直方图在像素值(或条目)i 处的值(3.6 节)。
$I(u,v)$	图像 I 在(整数)位置(u,v)处的强度值。
K	可能的像素值个数。
M,N	图像的列数(宽度)和行数(高度)($0\leqslant u<M,0\leqslant v<N$)。
mod	求模算子:(a mod b)是整数除法 a/b 的余数(B.1.2)。
$\mathbf{p}(i)$	概率密度函数(4.6.1 节)。
$\mathbf{P}(i)$	概率分布函数或者累积概率密度(4.6.1 节)。
round(x)	圆整函数:将 x 圆整为最近的整数值。round$(x)=\lfloor x+0.5\rfloor$
truncate(x)	截断函数:将 x 截断为零值方向的最近的整数值。例如,truncate(3.141)=3,truncate(−2.5)=−2。

A.2 集合算子

$\|A\|$	集合 A 的大小(元素个数)(等价于 card A)。
$\forall_x$	“全取”量词(对于所有 x,…)。
$\exists_x$	“存在”量词(存在某个 x 满足…)。
$\cup$	集合并运算(例如,$A\cup B$)。
$\cap$	集合求交(例如,$A\cap B$)。
$\bigcup_{R_i}$	对多个集合 R_i 求并集。
$\bigcap_{R_i}$	对多个集合 R_i 求交集。

A.3 算法复杂度和 O 记号

术语“复杂度”描述了求解一个特定问题时,相对于“问题规模”n 的算法或者过程的工作量(即计算时间或存储空间)。通常复杂度在文献中使用“大 O”来描述[18,9.2 节],如下例所示。考虑一个 20 列、30 行的电子表格的问题。很显然,累加该电子表格中的所有条目需要执行 30×20 次加法。我们可以更一般化地使用 M 和 N 分别表示列数和行数,这样就需要执行 $M\times N$ 次加法。如果我们将每个位置替换为其 8 邻域的和,那么情况又会如何?这时将需要 $M\times N\times 8$ 次运算。如果我们对比这两个算法,我们将看到算法的核心都是要执行某些运算 $M\times N$ 次。因为大 O 记号析出常数项(如 8),所以说这两个算法的复杂度为 $O(MN)$。

$O(MN)$是算法所需要的关于输入大小 MN 的运算次数的上界。由于图像常常具有大致相同的行列数,所以可以通过选取行数和列数中较大值的方式(即 $n=\max(M,N)$)简化此记号。这时,因为已经知道 $n\cdot n\geqslant M\cdot N$,所以可以说算法的复杂度为 $O(n\cdot n)$或者更一

般的 $O(n^2)$。大 O 记号使得可以比较算法的级别，发现这里的两个算法都属于 $O(n^2)$ 级别的，这也就告诉我们，无论对代码进行了多少程度的优化，算法的核心将需要 n^2 次运算。

类似地，对于图像大小为 $n\times n$、卷积核大小为 $k\times k$ 的线性卷积的直接计算算法(6.3.1)的时间复杂度为 $O(n^2k^2)$。另一个示例，长度为 $n=2^k$ 的信号向量的快速傅里叶变换(FFT)只要 $O(n\log_2(n))$ 时间。

关于复杂度的其他细节可以在有关计算机算法方面的好的书籍中找到，如[1,9]。

附录 B Java 摘记

作为工学课程的本科生教材，本书假设读者具有过程语言（如 C 或 Java）的基本编程能力；能够在一些介绍性的 Java 书籍或者某些在线教程的帮助下轻松读懂本书正文中的示例。然而经验表明，一些基本 Java 概念上的理解困难在较高层次上依然存在，并且常常导致理解混乱。下面章节将致力于解决这些典型问题中的一部分。

B.1 算术运算

Java 是一门“强类型”的编程语言，也就是说每一个变量都有一个固定的、不能动态改变的类型。此外，一个表达式的结果是由相关操作数而不是（赋值的情况下）“接收”变量的类型决定的。

B.1.1 整数除法

整型操作数的除法常常导致错误的发生。如果变量 a 和 b 都是 int 类型的，那么表达式 (a/b) 要根据整数除法的规则来计算其值。其值（a 所包含的 b 的倍数）也是 int 型的。例如，执行 Java 语句

```
int a=2;
int b=5;
double c=a/b;
```

之后，c 的值不是 0.4 而是 0.0，因为表达式的右边 a/b 产生 int 值 0，然而该值自动转换成 double 类型的值 0.0。

如果要把 a/b 作为浮点运算来计算其值（正如大多数袖珍计算器所做的那样），那么相关的操作数至少有一项必须转换为浮点值，例如，通过显式的类型变换（double）：

```
double c= (double) a/b;
```

注意，类型转换（double）只是作用于紧随其后的项（即 a）而不是整个表达式 a/b，即此除法表达式中第二个操作数（b）的值依然是 int 型。

示例

例如，假设要对一幅图像的任意像素值 a 进行比例缩放，使得最大像素值 a_{max} 映射到 255(参见第 4 章)。使用数学记号，将像素值的比例缩放简单地表示为

$$c \leftarrow \frac{a}{a_{max}} \cdot 255$$

并且转换成 Java 代码如下：

```
int a_max=ip.getMaxValue();
...
int a=ip.getPixel(u,v);
int c=(a/a_max)*255;            ←有问题！
ip.putPixel(u,v,a);
...
```

正如所预料的，除那些原始像素值为 a_max(它们将映射为 255)的外，图像的其余像素将全部变为黑色(0 值)。其原因还是因为两个 int 型操作数的除法(a/a_max)问题，当除数(a_max)大于被除数(a)时结果为 0。

当然，整个运算可以通过对其中一个操作数进行类型转换(如前所述)从而在浮点数范围执行，但是这在本例中不是必须的。相反，可以通过简单地交换操作数的顺序、先进行乘法运算的方式来实现，

```
int c=a*255/a_max;
```

为什么可以这么做？首先计算子表达式 a * 255，[①]生成大的中间值，使得后面的(整数)除法不会出问题。另外，当计算整数的分数时，总是应该考虑舍入问题以得到更精确的结果(参见 B.1.5 节)。

B.1.2 求模算子

求模算子的结果

$$a \bmod b$$

(在正文中多处用到)定义为整数除法 a/b 的余数，

$$a \bmod b \triangleq \begin{cases} a & \text{当 } b=0 \\ a-b\cdot\left\lfloor\frac{a}{b}\right\rfloor & \text{其他} \end{cases} \quad (B.1)$$

遗憾的是，在标准 Java API 中没有 mod 算子(或者等价的库方法)。Java 本身的%(求余)算子定义为

$$a\%b \triangleq a-b\cdot \mathrm{truncate}\left(\frac{a}{b}\right),\quad \text{其中 } b\neq 0 \quad (B.2)$$

① 在 Java 中，同一级的表达式总是按照从左到右的顺序进行计算，因而此例中不需要圆括号(尽管在此例中加入圆括号也不会带来坏处)。

但只是对正的操作数 $a \geqslant 0$ 和 $b > 0$ 能得到相同的结果。例如，

$$13 \bmod 4 \rightarrow 1 \qquad 13\% 4 \rightarrow 1$$
$$13 \bmod -4 \rightarrow -3 \qquad 13 \% -4 \rightarrow 1$$
$$-13 \bmod 4 \rightarrow 3 \qquad -13\% 4 \rightarrow -1$$
$$-13 \bmod -4 \rightarrow -1 \qquad -13\% -4 \rightarrow -1$$

下面 Java 方法根据式(B.1)中的定义实现了 mod 算子：

```
Static int Mod(int a,int b) {
    if (b==0)
        return a;
    if (a * b>=0)
        return a-b * (a/b);
    else
        return a-b * (a/b-1);
}
```

B.1.3　无符号字节型

Java 和 ImageJ 中的大多数灰度图像和索引图像是由 byte 型像素组成，对于大多数彩色图像的各个分量也是如此。一个字节由 8 位组成，因此能表示 $2^8=256$ 种不同的位模式或者值，通常映射到数值范围 0～255。遗憾的是，Java(与 C 和 C++ 不同)不提供恰当的“无符号”8 位数据类型。原始的 Java 类型 byte 是“有符号的”，它用其 8 位中的一位表示±号，能表示－128～127 之间范围的值。

Java 的 byte 数据也能用于表示 0～255 之间的值，但是必须执行适当的算术运算以进行转换。例如，执行语句

```
int a=200;
byte b=(byte) a;
```

后，变量 a(32 位 int 型)和 b(8 位 byte 型)分别包含二值模式

$$a=00000000000000000000000011001000$$
$$b=11001000$$

作为一个(有符号的)byte 值(其最左边的一位[①]为符号位)，变量 b 表示十进制值－56。因此，执行语句

```
int a1=b;    //a1==-56
```

后，新的 int 变量 $a1$ 的值为－56！为了使用有符号 byte 数据来表示无符号数据，可以通过将 b 的内容当作逻辑(即非算术的)位模式的方法回避 Java 的标准转换机制，例如，通过

① Java 使用标准的“2 的补码”表示法，其中符号为 1 时表示负值。

```
int a2=(0xff & b);        //a2==200
```

其中 0xff（十六进制表示）是一个 int 型值，表示二值位模式 00000000000000000000000011111111，& 是按位 AND 操作符。现在变量 a2 包含的是正确的整型值(200)，因此有了使用 Java 的(有符号)byte 数据类型存储无符号值的方法。在 ImageJ 中，像素数据的访问依照惯例是通过这种方法来实现的，这种方法比使用 getPixel() 和 putPixel()方法要快很多。

B.1.4 数学函数(Math 类)

Java 在 Math 类中以静态方法的形式提供了标准的数学函数，如表 B.1 中所列。Math 类是 java.lang 包中的一部分，因此不需要显式导入。大多数 Math 方法接收 double 类型的参数并返回 double 类型的值。举一个简单的示例，余弦函数 $y=\cos(x)$ 的典型用法如下：

```
double x;
double y=Math.cos(x);
```

类似地，Math 类定义了一些公用数值常量作为静态变量，例如 π 的值可以按如下方法使用：

```
double x=Math.PI;
```

表 B.1 Java 的 Math 类中定义的方法和常量

double	abs(double a)	double	max(double a, double b)
int	abs(int a)	float	max(float a, float b)
float	abs(float a)	int	max(int a, int b)
long	abs(long a)	long	max(long a, long b)
double	ceil(double a)	double	min(double a, double b)
double	floor(double a)	float	min(float a, float b)
double	rint(double a)	int	min(int a, int b)
long	round(double a)	long	min(long a, long b)
int	round(float a)	double	random()
double	toDegrees(double rad)	double	toRadians(double deg)
double	sin(double a)	double	asin(double a)
double	cos(double a)	double	acos(double a)
double	tan(double a)	double	atan(double a)
double	atan2(double y, double x)		
double	log(double a)	double	exp(double a)
double	sqrt(double a)	double	pow(double a, double b)
double	E	double	PI

B.1.5　舍入

Java 的 Math 类提供了三种对浮点值的不同舍入方法：

```
double rint (double x)
long round (double x)
int round (float x)
```

例如，一个 double 型值 x 可以用如下的方法之一圆整成一个 int 值：

```
double x; int k;
k= (int) Math.rint(x);
k= (int) Math.round(x);
k=Math.round((float)x);
```

如果参数 x 已知为正值（正如典型的像素值那样），那么舍入处理可以通过下面方法实现而无须调用任何方法：

```
k= (int) (x+0.5);        //仅适用于 x≥0 的情况
```

此例中，表达式（x+0.5）首先作为浮点（double）值进行计算，然后通过显式（int）类型转换进行截断（朝 0 值方向）。

B.1.6　反正切函数

正文中多处用到反正切函数 $\varphi=\tan^{-1}(a)$ 或 $\varphi=\arctan(a)$。此函数是通过 Java 的 Math 类中的方法 atan(double a)来实现的。atan()的返回值位于区间$[-\pi/2,\pi/2]$之中，因而限制在四个象限中的两个之内。在没有其他约束的情况下，其结果角度是有歧义的。然而，在许多实际情况下，a 给定为如下形式的直角三角形两条直角边$(\Delta x,\Delta y)$的比值

$$\varphi=\tan^{-1}\left(\frac{\Delta y}{\Delta x}\right)$$

为此，在正文中使用的是（自定义的）双参数函数

$$\varphi=\mathrm{Arctan}(\Delta y,\Delta x)$$

函数 $\arctan(\Delta y,\Delta x)$是通过 Java 的 Math 类中的静态方法 $a$tan2(dy，dx)来实现的，其返回值为一个取值在$[-\pi,\pi]$之间的确切角度 φ，即单位圆的所有四个象限中的任意角度[①]。

B.1.7　Float 和 Double（类）

Java 中浮点数的表示遵循 IEEE 标准，因此 float 和 double 类型包含下列值：

```
POSITIVE_INFINITY
NEGATIVE_INFINITY
```

---

① 大多数流行编程语言，包括 Java、C 和 C++，都有函数 atan2(dy, dx)。

```
NaN("not a number")
```

这些值定义为对应的包装类 Float 和 Double 中的常量。如果某个值出现在某个计算过程中(例如 POSITIVE_INFINITY 是除以 0 的结果)[①],Java 将继续运行而不产生任何错误。

B.2 数组和集合

B.2.1 创建数组

不同于大多数传统编程语言(如 FORTRAN 或 C),Java 中的数组可以动态创建,这意味着数组的大小可以在运行时采用变量或算术表达式的值来指定。例如:

```
int N=20;
int [] A=new int[N];
int [] B=new int[N*N];
```

但是,任何 Java 数组一旦分配好后其大小都将是固定而不能改变的。为了得到额外的可变性,Java 提供了大量的通用容器类(如 Vector 类)用于各种各样的应用场合。

数组变量定义后可以通过任意其他兼容数组或常数值 null 来赋值,如:

```
A=B;            //这时 A 指向 B 的数据
B=null;
```

通过上面的赋值语句 A=B,A 初始指向的数组变成不可访问的了,从而成了垃圾。与 C 和 C++ 之类不必要的存储空间需要显式释放的语言相比较,Java 语言是通过其内建的"垃圾收集器"来进行处理的。新创建的数值元素类型(int、float、double 等)数组自动初始化为 0 的机制也是很方便的。

B.2.2 数组大小

由于数组可以动态创建,所以其实际大小能在运行时确定是很重要的。这是通过访问数组的 length 属性[②]来得到:

```
int k=A.length;         //A 的元素个数
```

令人惊讶的是,Java 数组可以有零个(非 null)元素!如果一个数组是超过一维的,那么必须分别得到每一维的大小(长度)。数组的大小是数组本身的属性,因而根据方法内部传递过来的数组参数可以得到数组的大小。因此(与 C 不同)Java 语言中不需要将数组的大小作为单独的函数参数传递。

---

① Java 中,这只对浮点运算成立。整数除法中除以 0 依然会导致异常。

② 注意数组的 length 属性不是一个方法!

B.2.3　访问数组元素

Java 中，数组的第一个元素的索引总是 0，对于总共有 N 个元素的数组来说其最后一个元素的索引是 $N-1$。为了循环遍历一个任意大小的一维数组 A，要使用如下的典型结构：

```
for (int i=0;i<A.length;i++){
    //使用 A\做些事情
}
```

因为 Java 和 ImageJ 中的图像存储为一维数组（通过 ImageProcessor 的 getPixels()方法来访问），大多数点运算可以通过这种方法高效实现。

B.2.4　二维数组

多维数组是导致曲解的一个普遍因素。在 Java 中，所有的数组都是一维的，而多维数组是通过将一维数组作为子数组来实现的（图 B.1）。例如，3×3 矩阵

$$A=\begin{bmatrix}A_{0,0} & A_{0,1} & A_{0,2}\\ A_{1,0} & A_{1,1} & A_{1,2}\\ A_{2,0} & A_{2,1} & A_{2,2}\end{bmatrix}=\begin{bmatrix}1 & 2 & 3\\ 4 & 5 & 6\\ 7 & 8 & 9\end{bmatrix} \tag{B.3}$$

表示为一个二维浮点数组

```
double[][]= A={{1,2,3},
              {4,5,6},
              {7,8,9}};
```

A 实际上是一个包含三个项目的一维数组，每个项目又是一个 double 型的一维数组。

通常假设数组的元素按照行优先的顺序组织，如图 B.1 所示。因此，第一个索引对应行号 row，而第二个索引对应列号 col。

$$a_{\text{row,col}} \equiv \text{A[row][col]} \quad 或\ a_{i,j} \equiv \text{A[i][j]}$$

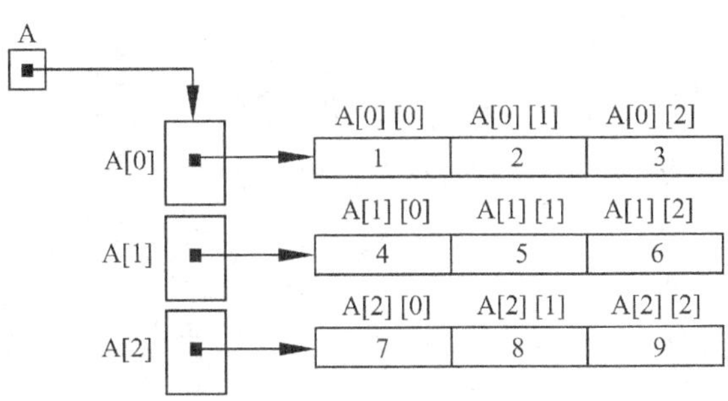

图 B.1　Java 中的多维数组是通过一维数组来实现的，其元素也是一维数组

这样做是很方便的，因为在上面的代码段中，数组的初始化看起来与式(B.3)中的原始矩阵一致。

如果此矩阵表示一幅图像或者滤波核，那么行索引号自然地对应纵坐标 v(或 j)，而列索引号对应横坐标 u(或 i)。例如，如果将滤波核

$$H(i,j)=\begin{bmatrix}H(0,0) & H(1,0) & H(2,0)\\ H(0,1) & H(1,1) & H(2,1)\\ H(0,2) & H(1,2) & H(2,2)\end{bmatrix}=\begin{bmatrix}-1 & -2 & 0\\ -2 & 0 & 2\\ 0 & 2 & 1\end{bmatrix}$$

如下表示为一个二维 Java 数组：

```
double [][] H={{-1,-2,0},
               {-2,0,2},
               { 0,2,1}};
```

那么，为了访问到正确的元素，索引必须反转过来。在此例中，这种方法用于诸如程序 5.2 中实现的 3×3 滤波器插件。

$$H(i,j)\equiv H[j][i]$$

多维数组的大小

多维数组的大小可以通过查询其子数组大小的方法来得到。例如，给定如下 $P\times Q\times R$ 的三维数组：

```
int B[][][]=new int [P][Q][R];
```

B 沿三维的大小可以通过以下语句得到：

```
int p=B.length;              //=P
int q=B[0].length;           //=Q
int r=B[0][0].length;        //=R
```

这至少对于“矩形”Java 数组是能正常工作的，这种矩形数组是指各级子数组长度相同的多维数组。如果不是矩形数组，那么每个子数组的长度必须分别确定以避免“索引越界”的错误。因此，对一个三维(假定为“非矩形”)数组的所有元素执行循环遍历，应该实现为如下代码：

```
for (int i=0;i<C.length;i++) {
  for (int j=0;j<C[i].length;j++) {
    for (int k=0;k<C[i][j].length;k++) {
      //使用 C[i][j][k]做一些事情
    }
  }
}
```

B.2.5 克隆数组

Java 数组实现了标准的 java.lang.Cloneable 接口，提供 clone()方法用于执行单个级

（“浅的”）形式的复制，即复制此数组的顶层结构。作用于一个一维的、其元素为基本数据类型的数组，例如：

```
int [] A1={1,2,3,4};
int [] A2=(int[]) A1.clone();
```

其结果 A2 是数组 A1 的一个准确、独立的副本，符合我们的期望。如果原始数组包含真实的（即非基本类型）Java 对象，clone()不能复制各个对象本身，但是两个数组各单元指向相同的原始对象。

类似地，将 clone()应用于一个二维（或多维）数组仅复制该数组的顶层结构而非其子数组。Java 没有用于多维数组的全深度复制的标准方法。程序 B.1 的（复杂）方法 duplicateArray()表明，可以通过递归来实现对任意元素类型和维数数组的全深度复制。

程序 B.1　工具方法 duplicateArray()用于克隆任意元素类型和维数的数组。数组内的对象不被复制

```
import java.lang.reflect.Array;

public static Object duplicateArray(Object orig) {
    Class origClass=orig.getClass();
    if (!origClass.isArray())
    return null;                        //没有数组被复制
    Class compType=origClass.getComponentType();
    int n=Array.getLength(orig);
    Object dup=Array.newInstance(compType,n);
    if (compType.isArray())             //数组元素还是数组
        for (int i=0;I<n;i++)
            Array.set(dup,I,duplicateArray(Array.get(orig,i)));
    else                                //数组元素是对象或者基本数据类型
        System.arraycopy(orig,0,dup,0,n);
    return dup;
}
```

B.2.6　对象数组与排序

如前所述，可以在 Java 中动态创建数组，即数组的大小可以在运行时确定。这便于将数组的大小适应于实际的问题。例如，可以编写如下代码：

```
Corner[] cornerArray=new Corner[n];
```

来创建一个有 n 个 Corner 类型对象的数组。但应该知道，这时新数组还没有填入角点值而是初始化为 null（即空引用），因此事实上数组是空的。可以通过如下代码将一个 Corner 对象插入到数组的第一个（或其他任意）单元中：

```
cornerArray[0]=new Corner(10,20,6789.0f);
```

使用 java. util. Arrays 类中的静态方法可以对数组进行快速排序：

```
Arrays.sort(type [] arr)
```

其中 arr 可以是任意的基本数据类型(int、float 等)数组或者对象数组。在后一种情况下，此数组可能不包含 null 条目。另外，数组中每个包含的对象的类必须实现了 Comparable 接口，即提供公用方法

```
int compareTo(Object obj)
```

根据相对于对象 obj 的预期顺序，其返回值为 int 型的－1、0 或 1。例如，在 Corner 类内，compareTo()方法可以定义如下：

```
public int compareTo (Object obj){          //在 Corner 类内
    Corner c2= (Corner) obj;
    if (this.q>c2.q) return -1;
    if (this.q<c2.q) return 1;
    else return 0;
}
```

其中隐含假设：Corner 类的对象不需要与其他类型的对象进行比较[①]。

总的来说，数组是一种高效的数据结构，它可以实现快速的查找和排序，因此任何场合当固定大小不是问题时都应该使用数组。

B. 2. 7 集合体(Collection)

Java 数组创建以后其大小被固定而不能扩展或收缩。因此将数组用于收集图像中检测到的角点信息不是一个好的方法，因为事先并不知道图像包含多少个角点。如果在初始化时将数组设置得太小，那么在处理过程中会遇到空间不够的问题；而如果将数组设置得太大，那么在大多数情况下会浪费许多存储空间。

当试图从图像中提取实体(例如角点)时，事先并不知道将找到多少个实体。此外，这些感兴趣的实体的属性也可能变化。这是一个常见情况，大多数数字影像的简单过程中使用固定大小数字数组，而通常高级任务则需要动态数据结构。顺便提一句，这也是 Java 强大的一个方面。事实上，Java 提供一个完整的集合体框架，包含数个使用方便的数据结构，这些数据结构单独实现起来却是很复杂的。

一个"集合体"表示一组对象(即集合体中的元素)，因此这里多次用到的数组自然属于集合体。Java 的集合体框架是一个统一的架构，用于表示和操作集合体，其操作与集合体表示的细节无关。此框架在提供高性能的同时还能减小编程工作量，它具有在无关 API 之间实现协同工作的能力，在设计和学习新 API 时减少工作量，并促进软件重用。此框架建

① 注意：类型转换(Corner)obj(compareTo 方法的第 2 行)具有潜在的风险，当 obj 不是 Corner 类型时将创建一个运行时异常。

立在 6 个集合体接口之上，它包括这些接口和操作接口的算法的实现。一些类型的集合体允许元素复制而另一些不允许；一些集合体是有序的而另一些是无序的。

Java SDK 不提供任何此接口的直接实现，但是它实现了更具体的子接口，如 Set 和 List。此接口通常用于传递集合体并在需要最大通用性的地方操作它们。Collection 接口的具体实现包括 Vector 类和 ArrayList 类以及 HashSet 类(方便哈希表的构造)。

更多的细节及应用实例可以在 Java SDK 文档[①]中找到。对于 Java 编程的常用提示来说，文献[4]是一个特别有价值的资源。

① http://java.sun.ocm/javase/reference。

参考文献

[1] A. V. AHO, J. E. HOPCROFT, AND J. D. ULLMAN. "The Design and Analysis of Computer Algorithms". Addison-Wesley, Reading, MA (1974).

[2] K. ARNOLD, J. GOSLING, AND D. HOLMES. "The Java Programming Language". Addison-Wesley, Reading, MA, fourth ed. (2005).

[3] W. BAILER. "Writing ImageJ Plugins—A Tutorial" (2003). http://www.imagingbook.com.

[4] J. BLOCH. "Effective Java Programming Language Guide". Addison-Wesley, Reading, MA (2001).

[5] W. BURGER AND M. J. BURGE. "ImageJ Short Reference for Java Developers" (2008). http://www.imagingbook.com.

[6] W. BURGER AND M. J. BURGE. "Principles of Image Processing—Core Algorithms". Springer, New York (2009).

[7] P. J. BURT AND E. H. ADELSON. The Laplacian pyramid as a compact image code. *IEEE Transactions on Communications* **31**(4), 532–540 (1983).

[8] J. F. CANNY. A computational approach to edge detection. *IEEE Trans. on Pattern Analysis and Machine Intelligence* **8**(6), 679–698 (1986).

[9] T. H. CORMEN, C. E. LEISERSON, R. L. RIVEST, AND C. STEIN. "Introduction to Algorithms". MIT Press, Cambridge, MA, second ed. (2001).

[10] L. S. DAVIS. A survey of edge detection techniques. *Computer Graphics and Image Processing* **4**, 248–270 (1975).

[11] B. ECKEL. "Thinking in Java". Prentice Hall, Englewood Cliffs, NJ, fourth ed. (2006). Earlier versions available online.

[12] N. EFFORD. "Digital Image Processing—A Practical Introduction Using Java". Pearson Education, Upper Saddle River, NJ (2000).

[13] D. FLANAGAN. "Java in a Nutshell". O'Reilly, Sebastopol, CA, fifth ed. (2005).

[14] J. D. FOLEY, A. VAN DAM, S. K. FEINER, AND J. F. HUGHES. "Computer Graphics: Principles and Practice". Addison-Wesley, Reading, MA, second ed. (1996).

[15] A. FORD AND A. ROBERTS. "Colour Space Conversions" (1998). http://www.poynton.com/PDFs/coloureq.pdf.

[16] A. S. GLASSNER. "Principles of Digital Image Synthesis". Morgan Kaufmann Publishers, San Francisco (1995).

[17] R. C. GONZALEZ AND R. E. WOODS. "Digital Image Processing". Addison-Wesley, Reading, MA (1992).

[18] R. L. GRAHAM, D. E. KNUTH, AND O. PATASHNIK. "Concrete Mathematics: A Foundation for Computer Science". Addison-Wesley, Reading, MA, second ed. (1994).

[19] R. W. G. HUNT. "The Reproduction of Colour". Wiley, New York, sixth ed. (2004).

[20] International Telecommunications Union, ITU, Geneva. "ITU-R Recommendation BT.709-3: Basic Parameter Values for the HDTV Standard for the Studio and for International Programme Exchange" (1998).

[21] International Telecommunications Union, ITU, Geneva. "ITU-R Recommendation BT.601-5: Studio Encoding Parameters of Digital Television for Standard 4:3 and Wide-Screen 16:9 Aspect Ratios" (1999).

[22] K. JACK. "Video Demystified—A Handbook for the Digital Engineer". LLH Publishing, Eagle Rock, VA, third ed. (2001).

[23] B. JÄHNE. "Practical Handbook on Image Processing for Scientific Applications". CRC Press, Boca Raton, FL (1997).

[24] B. JÄHNE. "Digitale Bildverarbeitung". Springer-Verlag, Berlin, fifth ed. (2002).

[25] A. K. JAIN. "Fundamentals of Digital Image Processing". Prentice Hall, Englewood Cliffs, NJ (1989).

[26] J. KING. Engineering color at Adobe. In P. GREEN AND L. MACDONALD, editors, "Colour Engineering", ch. 15, pp. 341–369. Wiley, New York (2002).

[27] R. A. KIRSCH. Computer determination of the constituent structure of biological images. *Computers in Biomedical Research* **4**, 315–328 (1971).

[28] T. LINDEBERG. Feature detection with automatic scale selection. *International Journal of Computer Vision* **30**(2), 77–116 (1998).

[29] D. MARR AND E. HILDRETH. Theory of edge detection. *Proceedings of the Royal Society of London, Series B* **207**, 187–217 (1980).

[30] J. MIANO. "Compressed Image File Formats". ACM Press, Addison-Wesley, Reading, MA (1999).

[31] P. A. Mlsna and J. J. Rodriguez. Gradient and laplacian-type edge detection. In A. Bovik, editor, "Handbook of Image and Video Processing", pp. 415–431. Academic Press, New York (2000).

[32] J. D. Murray and W. VanRyper. "Encyclopedia of Graphics File Formats". O'Reilly, Sebastopol, CA, second ed. (1996).

[33] T. Pavlidis. "Algorithms for Graphics and Image Processing". Computer Science Press / Springer-Verlag, New York (1982).

[34] W. S. Rasband. "ImageJ". U.S. National Institutes of Health, MD (1997–2007). http://rsb.info.nih.gov/ij/.

[35] I. E. G. Richardson. "H.264 and MPEG-4 Video Compression". Wiley, New York (2003).

[36] L. G. Roberts. Machine perception of three-dimensional solids. In J. T. Tippet, editor, "Optical and Electro-Optical Information Processing", pp. 159–197. MIT Press, Cambridge, MA (1965).

[37] J. C. Russ. "The Image Processing Handbook". CRC Press, Boca Raton, FL, third ed. (1998).

[38] Y. Schwarzer, editor. "Die Farbenlehre Goethes". Westerweide Verlag, Witten (2004).

[39] N. Silvestrini and E. P. Fischer. "Farbsysteme in Kunst und Wissenschaft". DuMont, Cologne (1998).

[40] M. Stokes and M. Anderson. "A Standard Default Color Space for the Internet—sRGB". Hewlett-Packard, Microsoft, www.w3.org/Graphics/Color/sRGB.html (1996).

[41] A. Watt. "3D Computer Graphics". Addison-Wesley, Reading, MA, third ed. (1999).

[42] A. Watt and F. Policarpo. "The Computer Image". Addison-Wesley, Reading, MA (1999).

[43] G. Wolberg. "Digital Image Warping". IEEE Computer Society Press, Los Alamitos, CA (1990).

[44] T. Y. Zhang and C. Y. Suen. A fast parallel algorithm for thinning digital patterns. *Communications of the ACM* **27**(3), 236–239 (1984).